Guía paso a paso para tocar guitarra desde cero de forma rápida y sencilla:

Acordes, escalas y todo lo necesario para tocar como tus artistas favoritos.

Ivan González

Si te gusto el libro recuerda dejarnos una reseña ☺

Índice

Módulo I:

Módulo II:

Módulo III:

Canal de Youtube

Instagram

Facebook

Introducción

En los más de 10 años que tengo de enseñar guitarra a través de diferentes medios, he notado la falta de una guía que indique un camino óptimo para aprender a tocar. Hoy en día hay tanto contenido en internet (videos, blogs etc..) que es muy fácil que el alumno se pierda y no sepa que pasos seguir para aprender a ejecutar este bello instrumento.

Es por eso qué en este método te enseñaré a tocar guitarra paso a paso. Aprenderás desde las partes de la guitarra, hasta acordes, escalas y teoría musical para tocar como tus artistas favoritos, todo de una manera divertida y didáctica, ya que cada capítulo esta reforzado con videos y pistas para que puedas tocar y comprender los temas a la perfección.

Así que si eres un guitarrista principiante este es el libro ideal para ti, y si ya eres más experimentado, este método te puede servir para ampliar tu conocimiento y reforzar lo aprendido.

Mi nombre es Ivan González y a través de mi canal ChordHouse he enseñado música a más de 150 millones de personas, me gustaría que tú fueras la siguiente, así que déjame ayudarte a descubrir este gran instrumento y todas las grandes experiencias que vienen con el.

CHORDHOUSE®

MÓDULO I

PARTES DE LA GUITARRA Y POSTURA

Yo sé que ya estas ansioso de tocar tu guitarra, pero calma, como primer paso es muy importante conocer nuestro instrumento, ya que durante todo el curso y en tu carrera como músico - ya sea por hobbie o por profesión - utilizarás algunos términos para crecer y comunicarte con otros músicos.

La guitarra es un instrumento de la familia de cuerdas y cuenta generalmente con seis, aunque también existen guitarras con siete, ocho, nueve, doce e incluso de 20 cuerdas (no es broma), pero la de seis es la más común.

Las 8 partes fundamentales en la guitarra son:

1. Cuerdas
2. Cuerpo (caja de resonancia)
3. Boca (o pastillas/micrófonos).
4. Diapasón o Brazo.
5. Trastes.
6. Hueso.
7. Clavijas y Clavijero.
8. Puente.

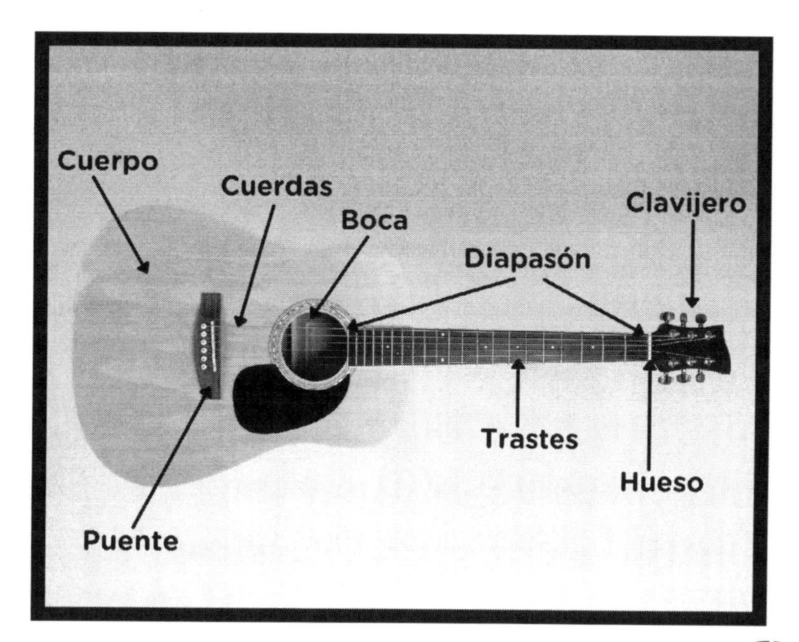

1. Cuerdas

Las cuerdas las vamos a contar de abajo hacia arriba, de la cuerda más cercana a tu pie (la cuerda más delgada), a la cuerda más cercana a tu rostro (la cuerda más gruesa). Las seis notas con las cuerdas al aire, es decir, sin presionar ningún traste, son las siguientes:

- Primera cuerda – mi
- Segunda cuerda – Si
- Tercera cuerda – Sol
- Cuarta cuerda – Re
- Quinta cuerda – La
- Sexta cuerda – Mi

(este Mi, es la nota más baja que puede alcanzar una guitarra de 6 cuerdas en afinación estándar).

A esta forma de afinación se le llama Afinación Estándar, ya que es la más común y más usada en la música popular.

2. Cuerpo

También se le conoce como caja de resonancia, es en dónde se produce el efecto acústico que da volumen a los sonidos producidos por las cuerdas, generalmente entre más grande es el *cuerpo* de un instrumento más volumen y frecuencias graves producirá.

Imagina a un cantante de ópera robusto. Además de su gran entrenamiento vocal, la anatomía de su *cuerpo* le permite producir notas con un mayor volumen. Los cantantes con estas características físicas tienden a ser tenores o barítonos, lo que les permite alcanzar notas graves. En cambio, un cantante de ópera delgado y/o pequeño tendrá menos *cuerpo*, por lo que tenderá a producir sonidos más agudos y con menos volumen.

La diferencia entre los cantantes de ópera y la guitarra o cualquier instrumento con un cuerpo (digamos; un chelo, o un ukulele), es que los cantantes de ópera pueden entrenar sus cuerdas vocales, modificar su anatomía (bajando o subiendo de peso) y controlar su cuerpo para producir sonidos graves o agudos. En la guitarra, por el contrario, su anatomía no se puede cambiar, no puedes "engordarla" o "ponerla a dieta" para modificar su sonido, es decir, no le puedes quitar o agregar cuerpo, tienes que trabajar con lo que tienes, por lo que es muy importante que al momento de elegir una guitarra, escuches a detalle los sonidos que producen distintos cuerpos.

3. Boca (pastillas)

Las guitarras acústicas y electroacústicas usualmente tienen cuerpos más grandes y anchos, además tienen un orificio circular casi en medio llamado *"boca",* que amplifica las vibraciones de las cuerdas que pasan por todo el cuerpo, por lo que no necesitan de un dispositivo externo para amplificar su sonido. Mientras que las guitarras eléctricas si requieren un *amplificador* para sonar más fuerte, ya que no cuentan con una *Boca.*

Como su nombre lo indica, las guitarras *eléctricas* poseen un mecanismo electrónico *(pastillas o micrófonos)* que transforman las vibraciones de las cuerdas de la guitarra en señales eléctricas que son *amplificadas* por un *amplificador de sonido.* Las guitarras eléctricas comúnmente tienen dos o tres pastillas.

Entonces seguramente te estarás preguntando ¿Qué elijo, una guitarra acústica o una eléctrica? 🤔

Si tus amigos ya tienen un cuarto de ensayo con batería y amplificadores, y quieres formar una banda de rock u otro género, será mejor que compres una guitarra eléctrica si es que quieres escucharte y que te escuchen. Si prefieres los géneros de música más suaves, tocar tú solo o estar acompañado por instrumentos más orgánicos que tiendan a sonar más "quedito", entonces una guitarra acústica es para ti. No te preocupes, en cuestión de notas, posiciones y acordes ambas funcionan igual.

Como ya lo sabes soy youtuber también, si te interesa comprar tu primera guitarra aquí te dejo un video donde doy algunos consejos sobre el tema, seguro te sirve:

4. Diapasón o brazo

Es la parte más larga de la guitarra. Es aquí donde se pulsan las cuerdas para conseguir diferentes sonidos o notas.

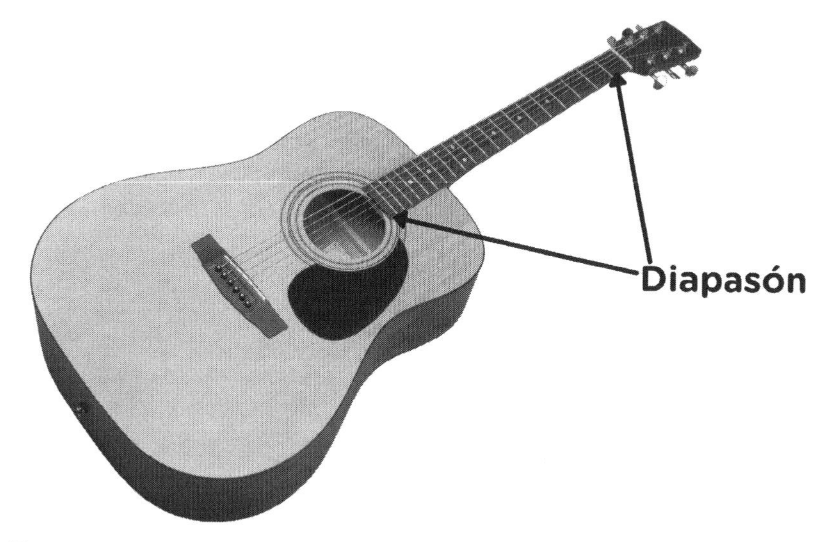

5. Trastes

Ya hice mención a que en el *brazo* es en donde se presionan las cuerdas para producir diferentes notas, pues los *trastes* son las divisiones a lo largo del brazo que te darán estas notas. Los trastes se númeran de esta forma:

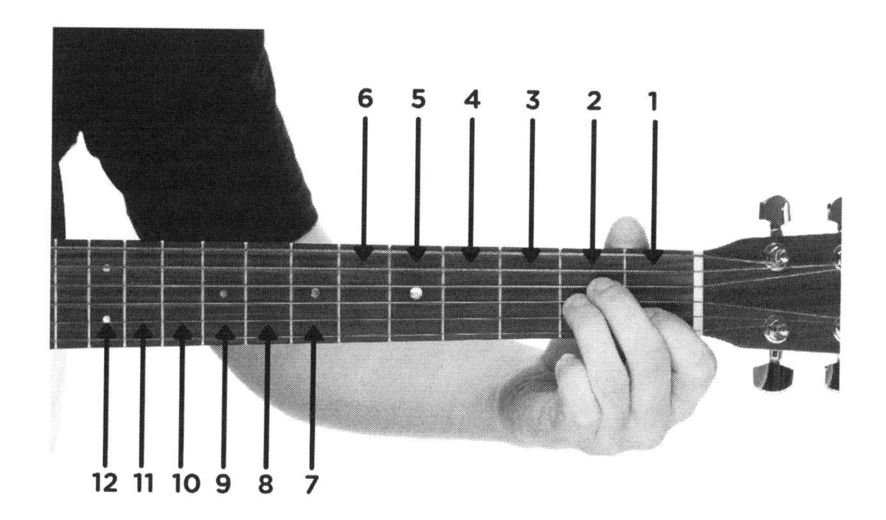

Yo se que quizás no te gustan las matemáticas, pero a mi me gusta ver la guitarra como un plano cartesiano, donde verticalmente tenemos las cuerdas y horizontalmente tenemos los trastes. Vamos a intentar entontrar un punto en este plano, ¿listo?, quiero que toques la cuerda número 2 pulsando el traste número 1.

¿Qué tal, te fue bien? ¡Felicidades! Acabas de tocar tu primer nota musical, ese sonido que emitio tu instrumento es la nota do.

La guitarra es un instrumento temperado gracias a los trastes que tiene a lo largo de su brazo. Es decir, en el caso de guitarras, ukuleles, bajos y otros instrumentos similares, los trastes indican una distancia de medio tono. Por ejemplo: si presionas el primer traste de la segunda cuerda te dará la nota DO, si presionas el segundo traste de esa misma cuerda, te dará la nota DO SOSTENIDO, es decir medio tono arriba de Do.

Es más fácil entender esto visualmente, por eso lo relacionaremos con un piano (seguramente has visto uno), este tiene teclas blancas y negras, cada una representa una nota de nuestra escala cromática, por lo que la distancia entre cada una de estas es de un semitono (igual que la guitarra), entonces imágina que cada traste es una tecla del piano.

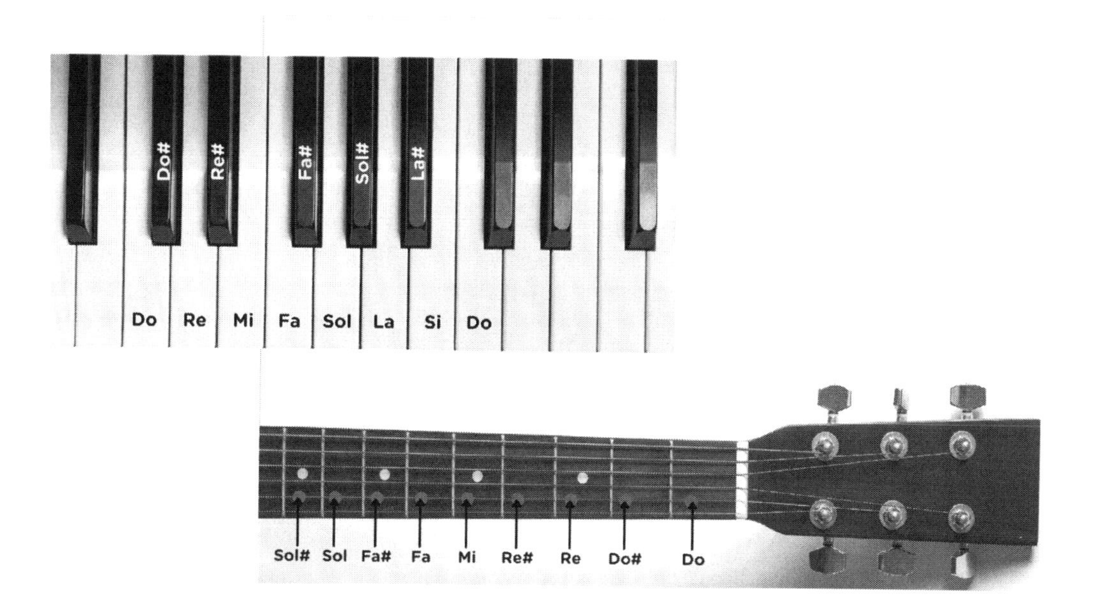

Cómo dice Christopher Nolan en la película TENET *"No trates de entenderlo, solo siéntelo"*, así que experimenta pulsando distintos trastes en distintas cuerdas para que puedas escuchar las distintas notas y sonidos que se producen a lo largo del diapasón, si prestas atención te darás cuenta que si pulsas los trastes más cercanos a la boca obtendrás sonidos más agudos, y mientras más alejado, más graves.

Las guitarras en promedio tienen entre 19 y 24 trastes, esto varia dependiendo de la marca, forma, y de si es acústica o eléctrica.

6. Hueso

El *hueso* es dónde las cuerdas reposan al final del brazo. Todas las guitarras, eléctricas o acústicas lo tienen.

7. Clavijas y Clavijero

Las *clavijas* se encuentran en el *clavijero,* y son usadas para ajustar la tensión de las cuerdas. Si aflojamos una cuerda el sonido será más grave, por el contrario, si la apretamos (poniéndola más tensa) el sonido será más agudo. Es muy importante que experimentes con las clavijas, ya que como podrás suponer, estas se usan para afinar la guitarra.

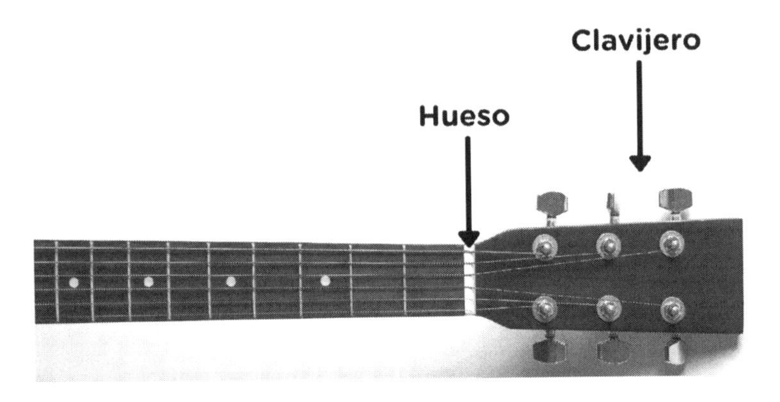

8. Puente

El *puente* se encuentra sobre el *cuerpo* de la guitarra, casi pegado a la *boca.* Sirve para sostener las cuerdas y mantener la tensión de estas por todo el *brazo* hasta cada *clavija.* Las guitarras eléctricas tienen dos tipos de puente: fijo y flotante.

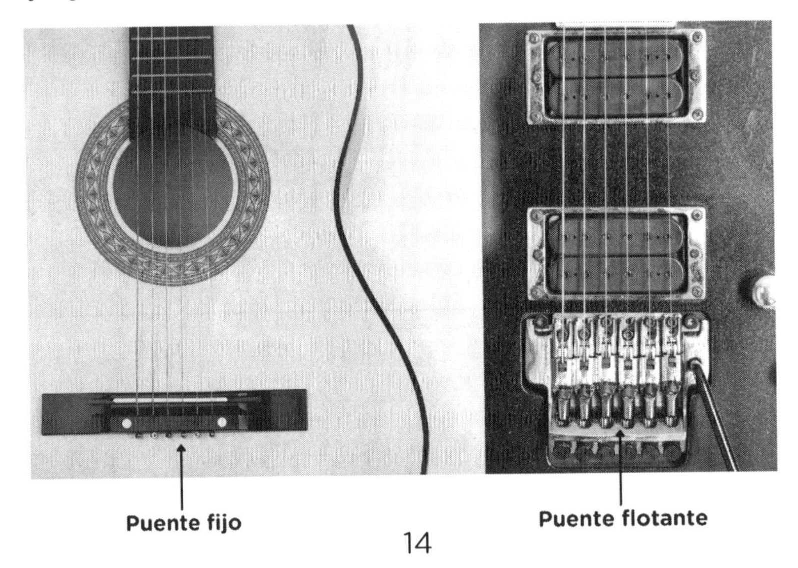

Es importante mencionar que las guitarras eléctricas, además de tener *pastillas,* también tienen *potenciómetros* que son utilizados para ecualizar el sonido y ajustar el volumen de salida. Así mismo cuentan con un *selector de pastillas*, que permite elegir que pastilla queremos que suene, generalmente tienen dos, una cercana al puente y otra cercana al diapasón. Con el *selector de pastillas* puedes cambiar el sonido (más "brillante" o más "opaco") al seleccionar una de las dos ó combinándolas.

Por último, otra distinción común e importante entre guitarras acústicas y eléctricas, es que las eléctricas poseen una entrada de cable en el cuerpo para poder mandar la señal de audio a un amplificador por medio de un *cable plug a plug*, a esta entrada comúmente se le conoce como *Jack.*

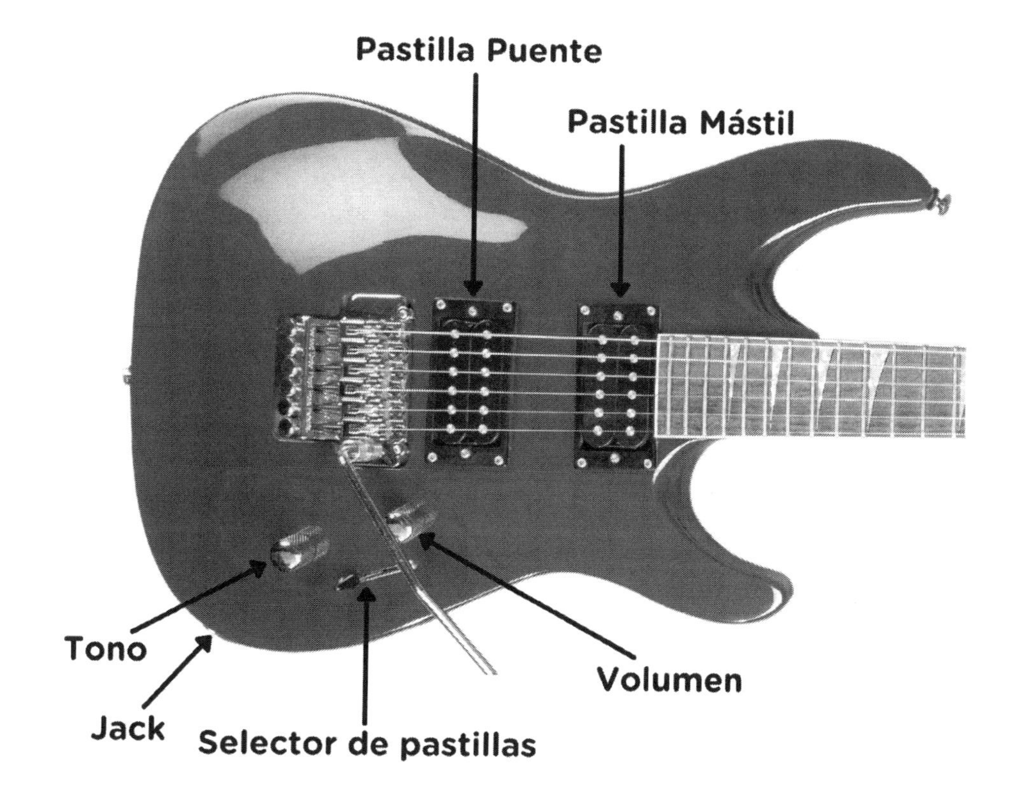

POSTURA

Ya que conocemos las partes de la guitarra y su función, es muy importante conocer la postura en la que vamos a colocar la guitarra para ejecutarla. Hay varios tipos de postura para tocar, las más comunes son: la *popular* y la *clásica.*

1. La popular:

No, no es la chica de la que todos hablan e imitan en la escuela. Le llamamos postura *popular* ya que es la más usada en estilos populares como el pop, funk, rock, metal, jazz, etc.. Es usada en estos estilos ya que se asemeja bastante a la postura que tendríamos si tocáramos estando de pie, algo que se acostumbra hacer cuando se tocan estos géneros en frente de una audiencia.

Esta postura se consigue reposando la guitarra sobre nuestra pierna derecha, así de simple.

2. La clásica:

A diferencia de la postura *popular,* esta postura es usada por guitarristas que tocan estilo clásico. Aquí se requiere de un tronco erguido y se coloca la guitarra en la pierna izquierda. Usualmente los guitarristas que usan esta postura utilizan un banquito o alguna estructura que eleve su pierna un poco más. Esto provoca que la guitarra esté en una posición más en diagonal que en horizontal, lo que facilita el acceso a distintas partes del brazo, sobre todo a los trastes "agudos" de la guitarra.

POSICIÓN DE LAS MANOS

Tocar un instrumento no es tan distinto a jugar fútbol soccer, golf o tener una partida de ajedrez, en el sentido de que entre más relajado estés, menos estrés le producirás a tu cuerpo y te desempeñarás mejor. Por lo que la posición de las manos también es de suma importancia, no solamente para poder tocar bien, sino también para evitar lesiones.

Brazo izquierdo: El brazo izquierdo tiene que estar en una posición como en L, esto hará que no estires demasiado tu brazo, que no recojas muchos tus hombros hacia arriba y que te mantengas más relajado.

Ahora quiero que vayas a tu cocina y tomes una manzana, si no tienes una puedes hacerlo con una pelota. Sostenla con tu mano izquierda como se muestra en la imagen, ahora quitala y acerca tu mano al diapasón sin moverla de posición. Esa es la forma en que vas a colocar tu mano en el brazo y sobre las cuerdas (Guiate por las imágenes).

También puedes guiarte con la posición de tu pulgar. Hay que tratar de evitar que el pulgar este arriba, casi tocando la sexta cuerda, ya que esta posición no va a permitir una buena movilidad ni la apertura total en los otros cuatros dedos, que por cierto...son los que usaremos para tocar. El pulgar de tu mano izquierda debe de estar ya sea a la mitad de la parte anterior del *diapasón* o un poco más arriba, pero siempre evitando estar demasiado arriba.

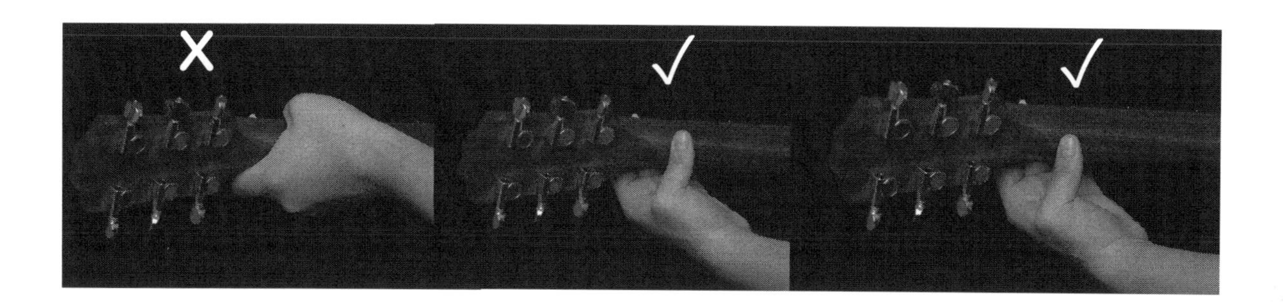

Brazo derecho: Es más sencillo, de igual manera lo que buscamos es relajación, por lo que tu mano derecha puede estar recargada sobre el *cuerpo* de la guitarra como es mostrado en la imagen. Si tu guitarra es más pequeña no te preocupes, el propósito inicial de la mano derecha es tocar sobre la *boca* de la guitarra, preferentemente lo más cercano al inicio de esta, esto para conseguir un sonido más fresco y grande.

ÁNGULO DE LA GUITARRA

El ángulo en el que tenemos nuestra guitarra también es importante. Hay que intentar no tenerla muy atrás, por qué nuestro hombro se va a tensar y no aguantarás mucho tiempo tocando. La guitarra tiene que estar un poco hacia adelante como se muestra en la siguiente imagen.

¡Listo! Ya conocemos los tipos de guitarra y la postura correcta para tocarla ¿Estas listo para continuar? Entonces te espero en el siguiente cápitulo. 😀

MÓDULO I

AFINACIÓN Y LECTURA

Antes de tocar nuestra guitarra debemos afinarla para que suene correctamente. Para eso tenemos que tensar o aflojar las cuerdas utilizando las *clavijas.*
Existen diferentes tipos de afinación, Estándar, Drop D, Drop C, abiertas etc... cada una te da una sonoridad única. Por el momento nos enfocaremos en la afinación estándar, ya que como su nombre lo indica es la más común y usada en la música popular.

La afinación estándar es de esta forma:

1ra cuerda: mi (e)
2da cuerda: Si (B)
3ra cuerda: Sol (G)
4ta cuerda: Re (D)
5ta cuerda: La (A)
6ta cuerda: Mi (E)

Si te fijas a un lado del nombre de las notas hay una letra, a esas letras se les conoce como *cifrado* y se utilizan para representar notas o acordes, no te preocupes, más adelante lo explicaremos más a detalle, lo importante ahora es que entendamos que cada cuerda se representa con una letra y que la afinación estándar consiste en tensar o aflojar cada una de nuestras cuerdas para que vibren a una cierta frecuencia.

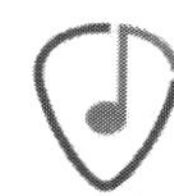

Ahora vamos a tomar de base la escala mayor de Do, seguro la conoces, ya que es la que nos enseñan desde niños.

DO (C) RE (D) MI (E) FA (F) SOL (G) LA (A) SI (B)

Presta mucha atención al orden de las notas, ya que así es como sabrás si tienes que subir (apretar) o bajar (aflojar) cada cuerda.

El siguiente paso es conseguir un afinador, este puede ser digital o físico. El digital lo puedes encontrar en forma de aplicación en tu teléfono, hay muchas que son gratuitas y funcionan con el micrófono de tu móvil. Si prefieres uno físico puedes comprar uno en tu tienda de música más cercana, o bien pedirlo de una página como Amazon.

Un afinador se ve así:

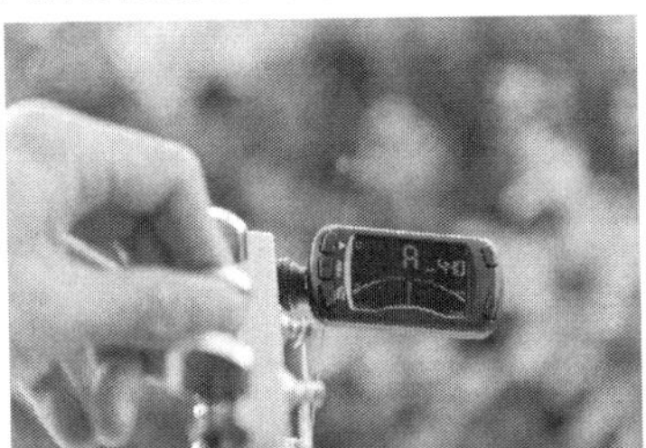

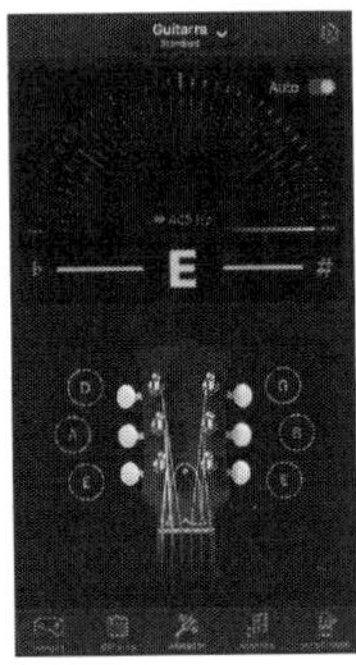

Ya que tengas el afinador a la mano vamos a comenzar a afinar las cuerdas, es importante que memorices o tengas a la mano la letra o nota que corresponde a cada cuerda en la afinación estándar, ya que el afinador nos va a indicar las notas de esta forma.

Coloca el afinador cerca de la boca de la guitarra (si es de clip colócalo en el clavijero) y toca la 6ta cuerda, en la pantalla se te va a indicar en que nota esta afinada. En esta caso la 6ta cuerda tiene que estar afinada en la nota Mi (E).

¿Cómo se si debo apretar o aflojar la cuerda?

Es muy sencillo, solo hay que seguir el orden de las notas de la *escala mayor de do,* por ejemplo: Si el afinador nos indica que la 6ta cuerda esta afinada en la nota Re (D) significa que esta baja, por que la nota Re (D) esta antes de la nota Mi (E) en el orden de la escala. En este caso tenemos que *apretar o subir* la cuerda, esto se hace moviendo el clavijero correspondiente en dirección contraria a las manecillas del reloj o *hacia afuera.*

Si por el contrario, el afinador nos indica que la 6ta cuerda esta afinada en la nota Fa (F), esta se encuentra después de la nota Mi (E) en el orden de la *escala mayor de do,* por lo que hay que *aflojar o bajar* la cuerda, esto se hace moviendo el clavijero correspondiente en dirección a las manecillas del reloj o *hacia adentro.*

Lo más "normal" es que las cuerdas estén flojas y necesiten tensión, si tu guitarra es nueva o lleva rato sin uso lo más seguro es que se encuentre en esa situación.

Hay que seguir el mismo proceso en todas las cuerdas, siempre cuidando que las letras (notas) del afinador coincidan con las de la afinación estándar.

Probablemente en tu afinador te encuentres con otros símbolos como este # o este ♭ a un lado del cifrado, a esos símbolos se les conoce como alteraciones, por ahora no les hagas caso, en este caso en específico estos no modifican el orden de las notas ni la acción de tensar o aflojar la cuerda.

RECOMENDACIONES:

Al inicio es complicado afinar la guitarra por nuestra cuenta, esto no tiene nada de malo, sólo significa que aún no tenemos desarrollado el *oído musical,* lo cual es totalmente normal ya que apenas estamos aprendiendo a tocar.

Lo que yo te recomiendo es que busques ayuda con algún conocido que toque la guitarra, pídele que te ayude a afinarla. Si no conoces a nadie puedes ir a tu tienda de música más cercana y pedirles que te la afinen.

Si se te complica pedir ayuda aquí te dejo un video de apoyo para que puedas entender mejor el proceso:

LECTURA DE TABLATURA

La música es un lenguaje, y así como el español, inglés, francés etc... también se puede escribir y por lo tanto leer. Principalmente existen dos formas de escribir la música en la guitarra: *LA PARTITURA Y LA TABLATURA,* vamos a centrarnos en esta última, ya que es la más sencilla. Esta herramienta te va a permitir escribir tus propias ideas, aprender a tocar canciones, y muy importante, nos va a permitir comunicarnos mucho mejor durante el curso.

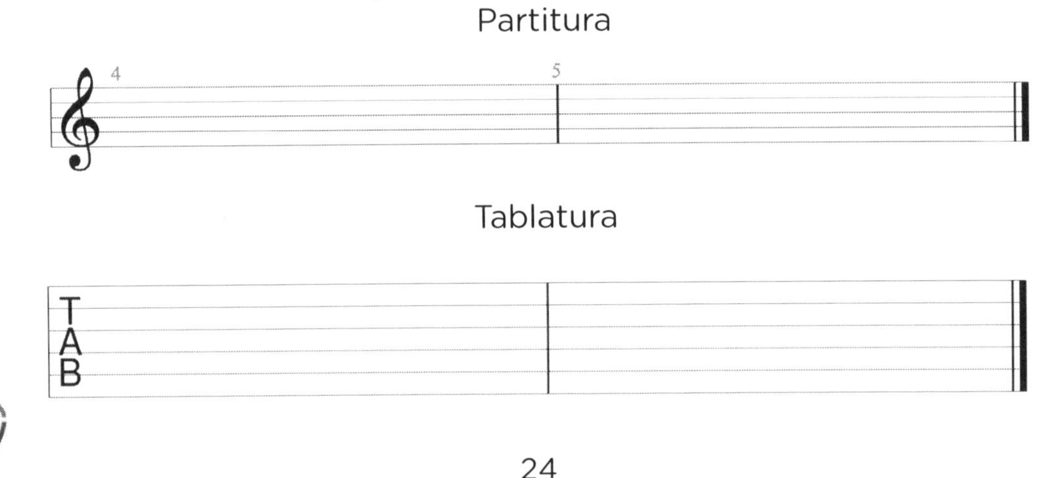

LA TABLATURA es una representación gráfica de las cuerdas de la guitarra, es un dibujo que te muestra que traste y que cuerda tocar. Esta consta de 6 líneas, cada una representa una cuerda de la guitarra.

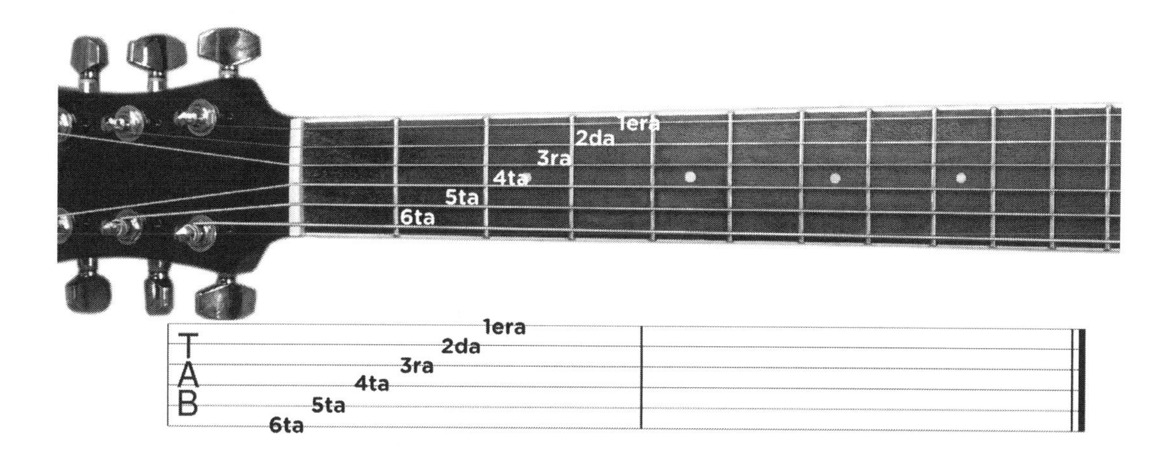

Es importante que prestes atención al orden de las cuerdas, la 6ta cuerda esta *hasta abajo y la 1era cuerda esta hasta arriba.* Para indicar que traste tocar se utilizan números, los cuales se escriben encima de las líneas.

Por ejemplo: si queremos escribir el traste número 1 de la 6ta cuerda sería de esta forma.

Un riff o una melodía sencilla se ve de esta forma:

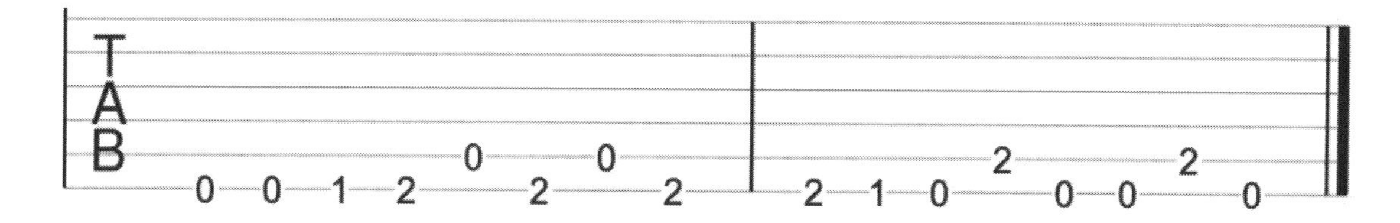

Se que intentaste tocarlo, si conoces la canción por favor ve a mi instagram (ivangonzalezgt) y dime que tema es, si no lo sabes no te preocupes. Este ejemplo nos hizo darnos cuenta de una de las más grandes desventajas de este método de escritura, la cual es QUE NO TIENE RITMO. Es decir, si no conoces la canción que esta escrita va a ser difícil que la puedas leer y tocar. Aún así es un método muy práctico que vamos a utilizar mucho en la parte inicial del curso.

Si queremos escribir/leer dos o más notas que suenan al mismo tiempo, estas se colocan una encima de la otra.

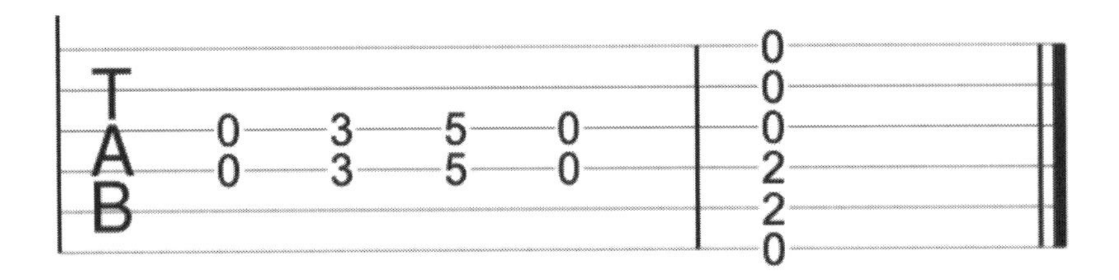

¡Listo! Ya tienes tu guitarra afinada y conoces un método de escritura/lectura que nos ayudará a comunicarnos mejor ¿Estas preparado para sonar tu guitarra? Nos vemos en el siguiente capítulo. ☺

*¿Pensaste que no tenia video sobre la tablatura? Por supuesto que si, te dejo el código aquí:

MÓDULO I

TÉCNICA Y MELODÍA

En este capítulo vamos a empezar a tocar la guitarra con sonidos más ordenados, para eso aprenderemos un ejercicio de técnica llamado "cuadrafónicos" y una canción muy sencilla que seguro reconocerás, así es, al final de este capítulo ya habrás aprendido TU PRIMER CANCIÓN 🎸.

La guitarra requiere una técnica específica en ambas manos para sonar correctamente, no es como un piano en el que tocas una tecla y suena bien, aquí tenemos que presionar y tocar las cuerdas de cierta forma para obtener el sonido más claro posible.

Comencemos con los cuadrafónicos:

<u>¿Qué son los cuadrafónicos?</u>
Es una forma simple - pero efectiva - de practicar técnica, digitación y coordinación en ambas manos.

<u>Técnica empleada:</u>
Mano izquierda: Vamos a asignarle a cada dedo un número, cada uno tocará/presionará un traste. El número de dedo generalmente es indicado en la partitura, a un costado de la nota.

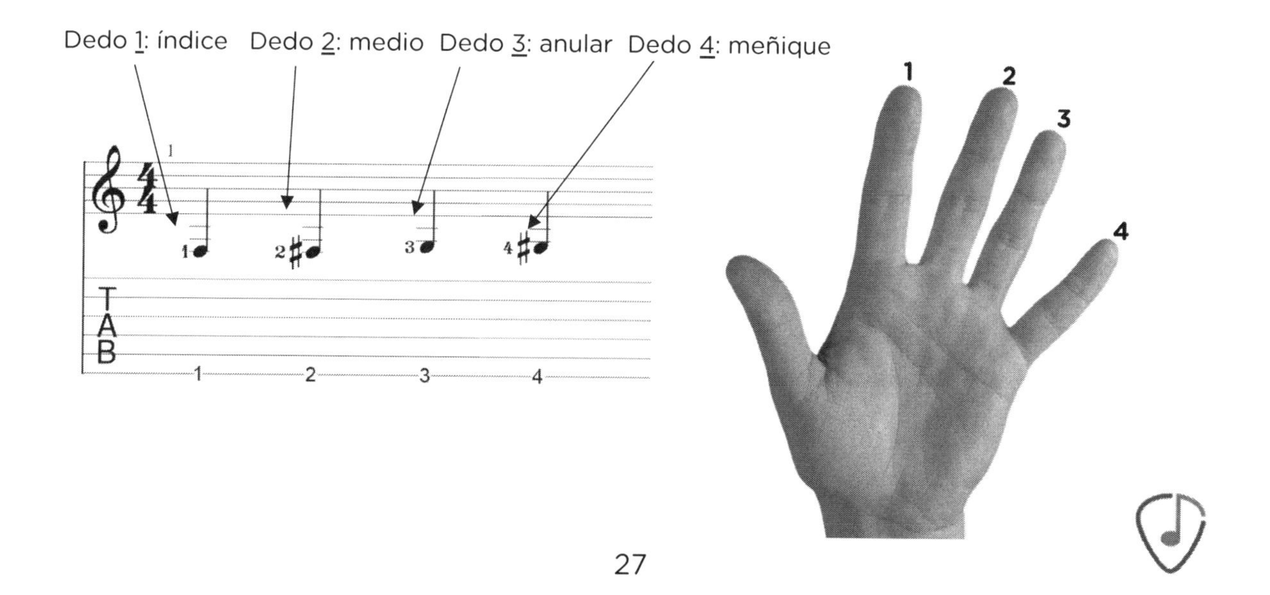

*No te preocupes si no sabes leer partitura aún, solo fíjate en los números y en la tablatura.

Lo que vamos a hacer ahora es presionar el traste número 1 de la 6ta cuerda con el dedo 1 de la mano izquierda, y tocar con tu mano derecha esa misma cuerda. Repite el mismo proceso en el 2ndo traste de la 6ta cuerda, luego el mismo proceso en el 3er traste de la misma cuerda, y por último en el 4to traste de la misma cuerda. RECUERDA RESPETAR LA DIGITACIÓN, es muy fácil hacerlo: el dedo 1 va en el traste 1, el dedo 2 va en el traste 2, dedo 3 en traste 3 y dedo 4 en traste 4.

Es muy importante que a la hora de presionar las cuerdas coloques la punta de tus dedos de la mano izquierda justo atrás de la división del traste, esto para obtener un sonido más claro y afinado. NUNCA toques encima de la división de metal, ya que obtendrás un sonido bastante desagradable.

Mano derecha: En cuánto a la mano derecha, en caso de usar una plumilla o púa, utilizaremos una *técnica* llamada PLUMILLEO ALTERNADO. Es decir, tocarás primero hacia abajo (dirección hacia el piso) y luego hacia arriba (dirección hacia el techo). Abajo-Arriba- Abajo-Arriba- Abajo-Arriba- Abajo-Arriba- Abajo-Arriba- Abajo-Arriba-etc.

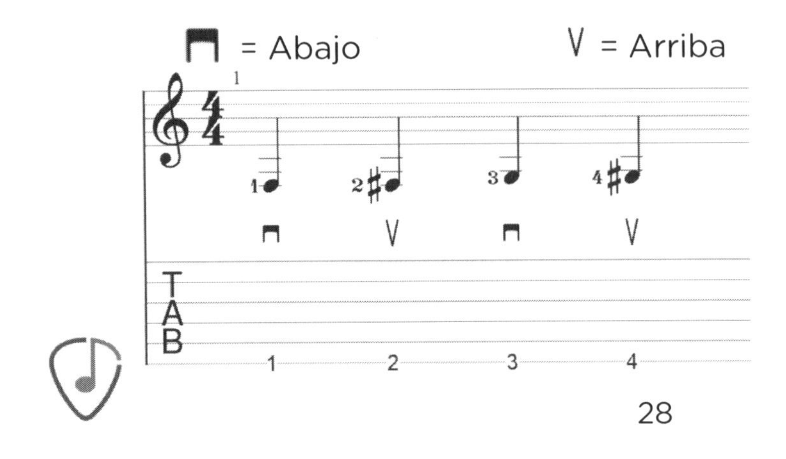

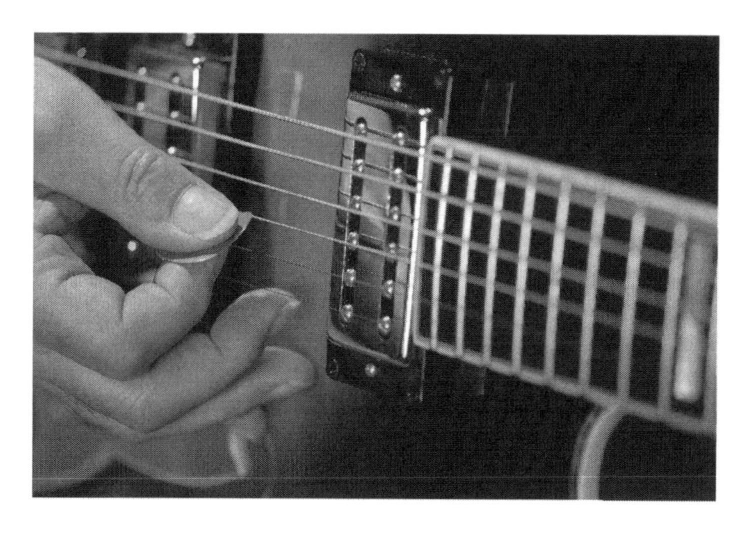

**Presta atención a los símbolos que representan la dirección del plumilleo, ya que los encontrarás bastante en otras partituras/tablaturas.*

**Si no tienes una plumilla o púa puedes comprar una por internet o en tu tienda de musica más cercana.*

Vamos a intentar de nuevo el ejercicio, pero ahora utilizando la técnica correcta en ambas manos, recuerda:

Mano izquierda: Presiona lo más cercano a la división del traste posible y respeta la digitación.

Mano derecha: Utiliza plumilleo alternado

El ejercicio se tiene que ver así.

Ahora sí, estamos listos para tocar *El Vuelo Del Moscardón* de Rimsky Korsakov. Bueno, quizás tengamos que practicar un poco más estos ejercicios para poder llegar a tocar esa pieza musical tan virtuosa. Si no la conoces, escúchala, es un buen tema que todo músico virtuoso conoce y ejecuta, además de que utiliza distintas formas de *cuadrafónicos.*

Los *cuadrafónicos* te servirán mucho para poder **tocar a grandes velocidades, tener un excelente control sobre la mano derecha, una digitación precisa en la mano izquierda y tocar con mucha fluidez.**

Pero no tan rápido (bueno, *El Vuelo del Moscardón,* sí), primero aprenderemos una forma fácil de practicar estos cuadrafónicos, algo que absolutamente TODOS los guitarristas hacen, sin importar que estilo toquen - jazz, rock, metal, pop, bossa nova, funk, ska, reggae, etc – este ejercicio básico de *cuadrafónicos* es fundamental tenerlo en el repertorio de práctica.

Bueno ya, suficiente charla, vamos a extender un poco el ejercicio, para esto repetiremos lo mismo que hicimos en la sexta cuerda pero ahora en las siguientes.

¿Eso es todo? Afortunadamente (o desafortunadamente) no es todo. Como ya lo mencione estos ejercicicios son buenísimos, pero para que realmente funcionen, la idea es poder tocarlos en gran parte del diapasón. Entonces una vez que llegas a la primera cuerda, te recorres un traste hacia adelante y empiezas desde la 1ra cuerda hasta llegar a la 6ta, y este patrón se va a repetir.
Por ahora, ponte una meta inicial, por ejemplo: tocarlo hasta el CUARTO TRASTE.

EJERCICIO DE CUADRAFÓNICOS HASTA CUARTO TRASTE

Para que puedas entender y aprender mejor el ejercicio te dejo un video demostrativo, escanea el código:

ÚLTIMAS RECOMENDACIONES

Si no quieres que Terence Fletcher (maestro en la película Whiplash) venga a regañarte, lo más recomendable es que uses un METRÓNOMO para practicar, ésta es una herramienta que ayuda a los músicos a poder mantener un *tempo o beat* estable. Seguramente lo has visto y/o escuchado, suena como un "tick tick tick" o "beep beep beep" constante, puedes realizar una busqueda rápida en internet para que veas su aspecto y escuches su sonido.

El metrónomo te va a ayudar a estudiar los ejercicios de velocidad y técnica con un "ritmo" o tempo más sólido (sin correr o alentarte), podrás monitorear tu velocidad al gradualmente subir el *tempo,* y también algo muy importante, te ayudará a mejorar tu *tempo interno,* así que es imprescindible que tengas esta herramienta siempre contigo.
Hoy en día en tu celular o móvil puedes bajar alguna aplicación de metrónomo gratis, también puedes encontrarlo en cualquier buscador, o si lo deseas, puedes comprar uno físico en tu tienda de musica más cercana.

El metrónomo marca beats por Minuto (BPM), estos indican el *Tempo.* Configura tu metrónomo en 50 BPM (como está en el ejercicio anterior). Cada "beep" es un beat, empieza tocando una nota por beat. Si sientes que va muy rápido intenta bajarlo a 40 BPM, o si sientes que puedes tocarlo más rápido de una manera fluida y limpia, experimenta con 60 BPM.

Encuentra el *Tempo* ideal al que puedas tocar este ejercicio sin errores y de una manera limpia, que no sea ni muy lento, ni muy rápido. Una vez teniendo tu *tempo* ideal puedes ir subiendo poco a poco los BPM. Ejemplo: El lunes lo practicaste a 50 BPM y te salió muy bien, entonces, suponiendo que practicas diario, cada día súbele 1 o 2 beats. Para el siguiente lunes lo estarás tocando a 57 BPM (si subiste un beat por día) o a 64 BPM (si subiste dos beats por día).

Siendo constante con este ejercicio pronto podrás tocar bastante rápido, no solamente estos cuadrafónicos sino cualquier otra cosa de manera más fácil.

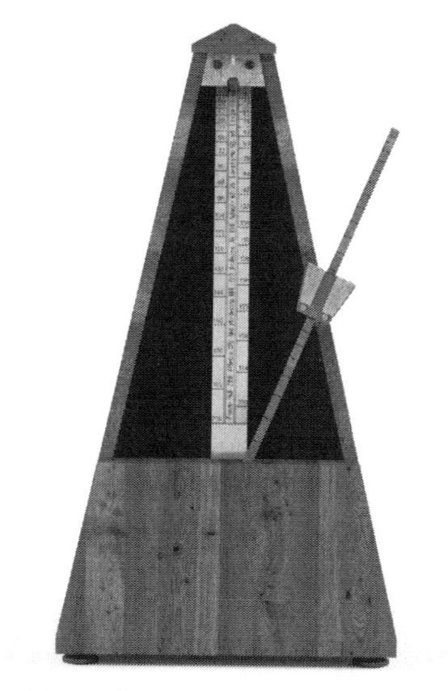

Metrónomo Analógico

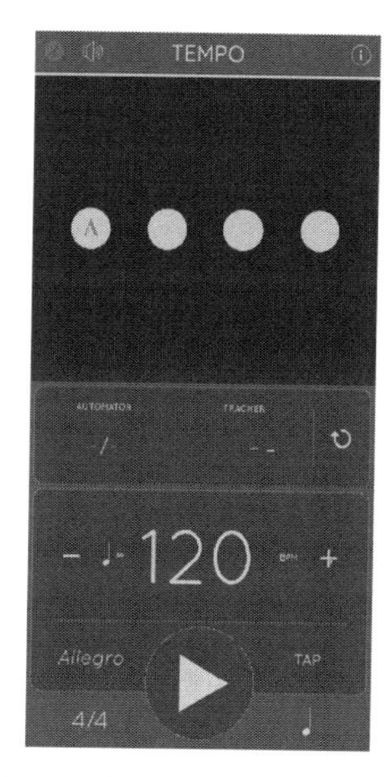

Metrónomo Digital

¿Tienen alguna aplicación práctica los cuadrafónicos?

Además de la aplicación práctica en cuanto al desarrollo de la técnica en ambas manos, los cuadrafónicos - por más raros que se escuchen - son usados en algunas composiciones musicales. Desde música clásica, jazz, hasta metal. Más adelante veremos algunos ejemplos reales de la aplicación de estos ejercicios, así como un EJERCICIO MÁSTER que llevará tu técnica a otro nivel.

APRENDE TU PRIMERA CANCIÓN

Basta de ejercicios, como lo prometí es momento de que aprendas tu primera canción y sorprendas a todos, esta será el famoso "Himno a la Alegría".
Analiza la tablatura y presta atención a la digitación y al plumilleo. Configura tu metrónomo a 60bpm, tocarás una nota por beat a excepción de las partes que veas enmarcadas en un cuadrado (compases 4 y 8). Esas dos partes tienen una ligera variación en la rítmica, pero seguro conoces esta pieza musical e intuitivamente sabrás como tocarlo.
Recuerda ver la digitación de los dedos y poco a poco subirle la velocidad al metrónomo.

Himno a la Alegría

Ludwig van Beethoven (1770-1827)

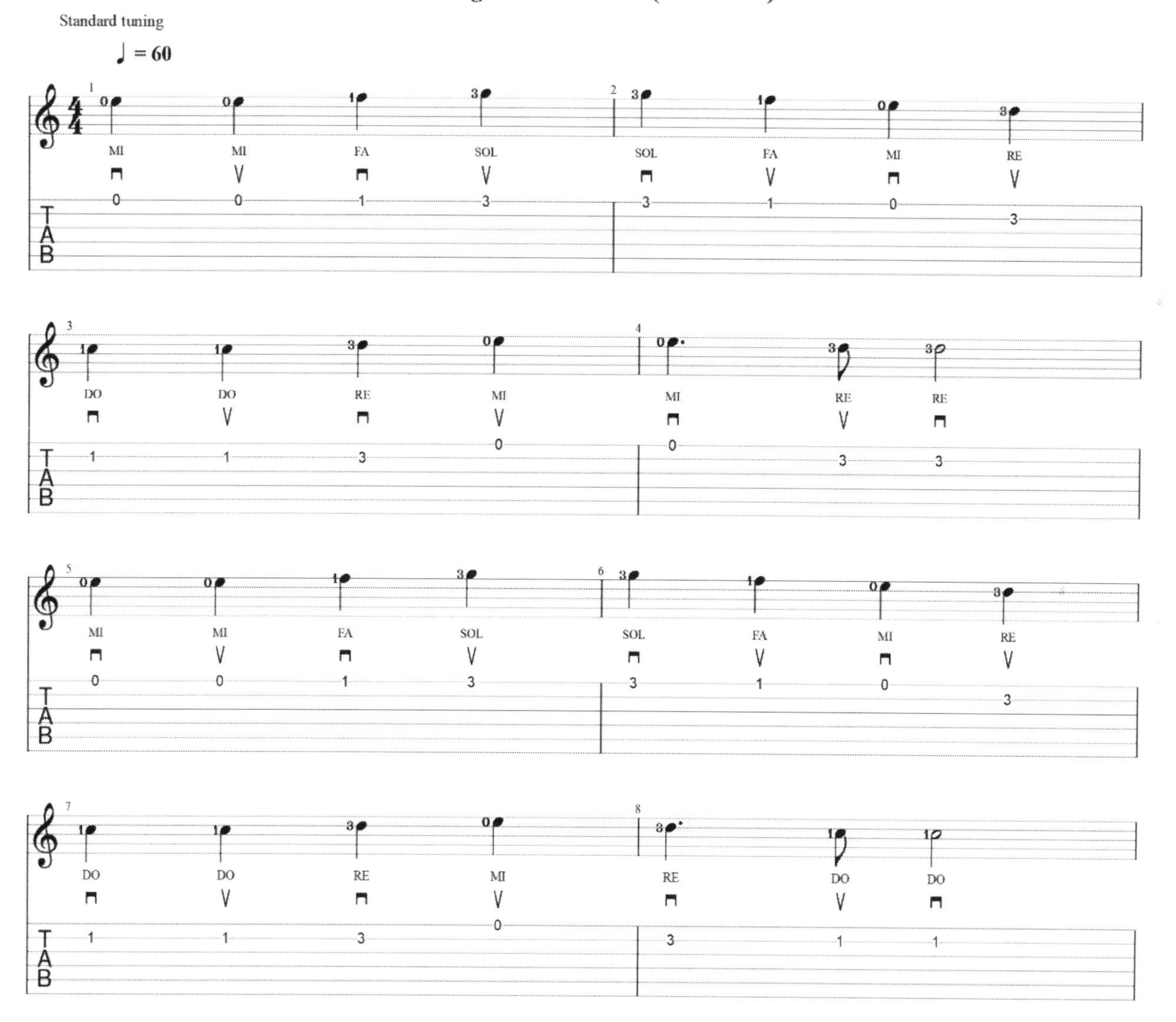

Para incentivar más el aprendizaje te dejo una video-lección de como tocar este tema, escanea el código aquí:

Te soy sincero, este cápitulo me emocionaba bastante, ya quería que tocarás tu guitarra y que mejor forma de hacerlo que aprendiendo algo de técnica con una canción para sonar más musical y no tanto a los típicos "ejercicios de guitarra". Así que ¡felicitaciones por aprender tu primer tema! Acomódate en tu silla, que en el siguiente episodio aprenderás ¡TUS PRIMEROS ACORDES! como te puedes dar cuenta esto se pone cada vez mejor, nos vemos en el siguiente capítulo.

MÓDULO I

TUS PRIMEROS ACORDES

Descansemos un poco de los ejercicios, como lo prometí en este capítulo aprenderemos nuestros primeros ACORDES. Un acorde es una combinación de mínimo tres notas que suenan simultáneamente, seguramente los has escuchado en alguna canción o has visto cuando tu guitarrista favorito los usa. Estos son fundamentales para tocar y componer en cualquier estilo, a veces también se les denomina como ARMONÍA.

Breve descripción: Armonía es la notación musical que se escribe verticalmente con dos o más notas sonando simultáneamente, formando los ACORDES.

MELODÍA = NOTACIÓN HORIZONTAL ARMONÍA (ACORDES) = NOTACIÓN VERTICAL

En esta lección aprenderemos cuatro acordes, los demás los veremos más a detalle en lecciones posteriores ¿Estás listo?
Vamos con el primero.

TU PRIMER ACORDE: MI MENOR (Em)

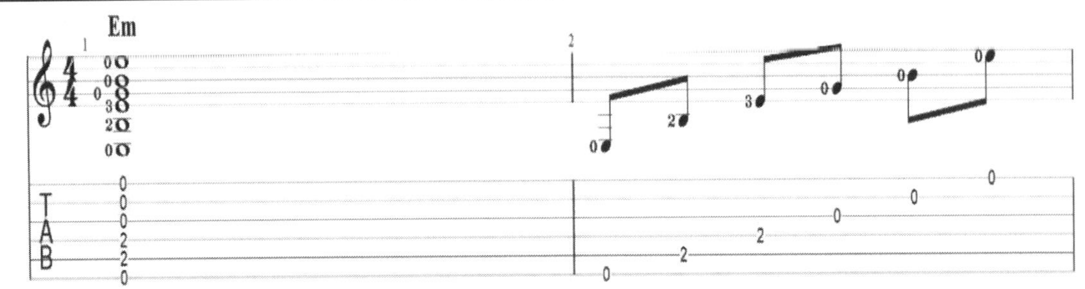

De igual forma como en los *cuadrafónicos,* a cada dedo de la mano izquierda le asignaremos un número.
Recuerda: Dedo 1: índice Dedo 2: medio Dedo 3: anular Dedo 4: meñique

En el primer compás viene el acorde tocado simultáneamente (armonía), y en el segundo compás viene nota por nota. Es recomendable tocarlo de ambas formas (sin despegar los dedos) para que puedas realmente escuchar que estás tocando todas las cuerdas claramente. Por ahora no te preocupes por la mano derecha. Lo importante es que tengas bien la posición del acorde y suenen todas las notas.

Es común al principio que con los mismos dedos de la mano izquierda tapemos alguna cuerda. No te desesperes, una solución muy sencilla para no taparlas tiene que ver con la posición, así que intenta "arquear" un poco la mano izquierda, como si estuvieras haciendo "una cuevita", de esta forma evitaras que el costado externo de tu palma toque las primeras cuerdas de la guitarra. Ten cuidado de no "arquear" demasiado ya que podrías generar una mala postura y no vas a aguantar mucho tiempo tocando, checa las imágenes ejemplo que te dejo aquí abajo e intenta copiar la posición.

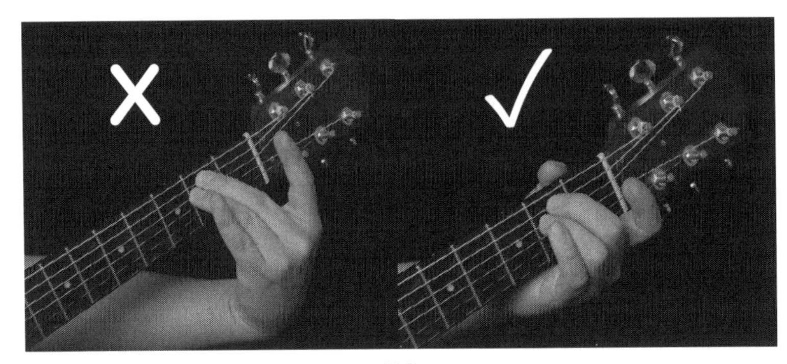

TU SEGUNDO ACORDE: LA MENOR (Am)

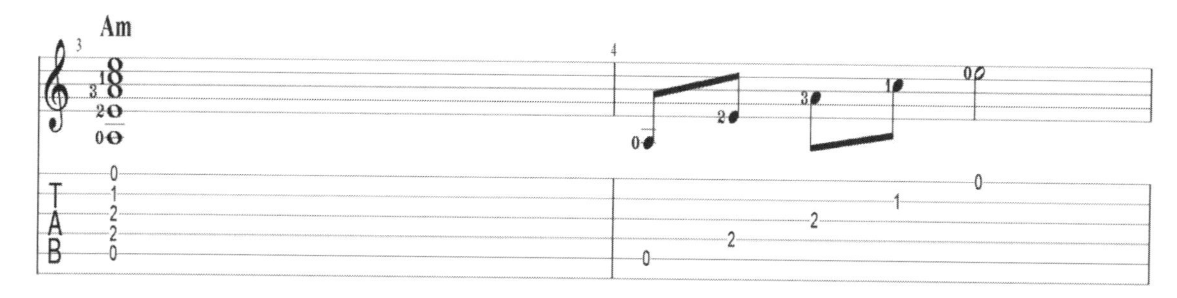

La menor empieza en la quinta cuerda al aire, por lo que la sexta cuerda no se tocará. Es muy similar a Mi menor, solamente bajas los dedos "2" y "3" de cuerda y agregas el dedo "1" en el primer traste de la segunda cuerda.

Recuerda, toca todo el acorde simultáneamente, pero también tócalo nota por nota para escuchar que todas las cuerdas suenen claramente.

Aquí probablemente tambien te encuentres con el mismo problema que en el acorde de Mi menor (Em), si tapas las cuerdas con tus dedos recuerda arquearlos un poco para obtener un sonido claro.

TU TERCER ACORDE: DO MAYOR (C)

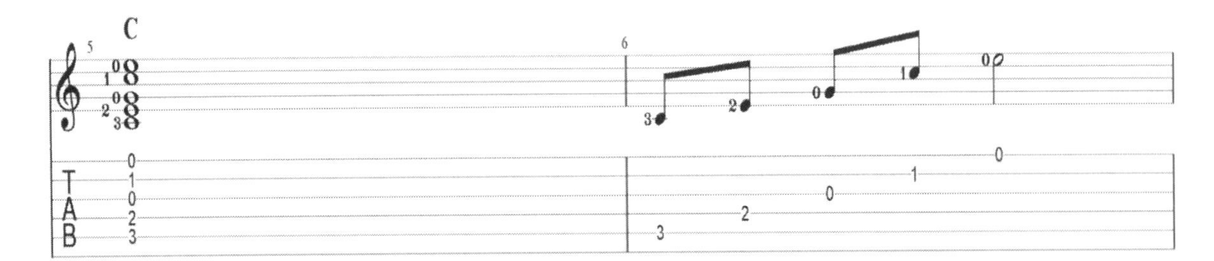

Partiendo de La menor, mueve el dedo “3” a la quinta cuerda en el tercer traste. Ojo: este acorde también empieza en la quinta cuerda, por lo que la sexta cuerda no hay que tocarla.

Probablemente este acorde sea el que menos claro te suene. Trata de “arquear” bien la mano de tal forma que no tapes la primera y/o segunda cuerda. Algo que también pasa a menudo en este acorde es que con los mismos dedos de la mano izquierda se pueden tapar otras cuerdas sin querer. En este caso, quizás tu dedo “2” esté tapando la tercera cuerda, si es así, trata de arquear también tu dedo “2”.

TU CUARDO ACORDE: SOL MAYOR (G)

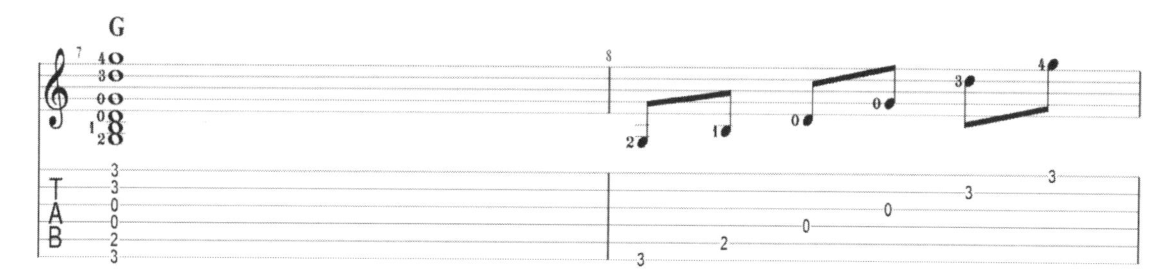

En este acorde hay que tocar todas las cuerdas (desde la sexta hasta la primera), si tapas alguna recuerda arquear tanto tu mano como tus dedos.

¡LISTO! Con esto ya puedes tocar muchas canciones, o pedazos de estas, no es broma, la mayoría de los temas del género Pop usan estos acordes, a veces con la misma secuencia en que los aprendiste, o a veces en otra, pero siguen siendo los mismos. Así que no tengas miedo y experimenta tocándolos en distinto orden.

RASGUEO

Pobre Yamcha, perdón, quise decir la mano derecha; la tenemos muy olvidada. Pero no por eso es menos importante al momento de tocar acordes. De hecho, tiene la misma importancia, ya que con la mano derecha podemos tocar RASGUEOS o arpegios interesantes. Fue Yamcha uno de los primeros grandes oponentes de Gokú y terminaron siendo grandes amigos ayudándose mutuamente en peleas épicas.

Suficiente de Dragon Ball (¿aunque sería bueno aprendernos la canción de Dragon Ball verdad?).

Utilizarás la plumilla para tu primer rasgueo (también puedes ocupar tu mano sin plumilla si gustas). Tocarás dos veces hacia abajo y luego dejarás caer tu mano derecha sobre las cuerdas, como pegándole ligeramente a la *boca* de la guitarra. Eso producirá un efecto percusivo, al que le llamaremos "mutear" o "muteo". La mano izquierda se queda intacta en la posición del acorde.
La forma "popular" de representar los rasgueos es con flechas y los muteos con una "X".

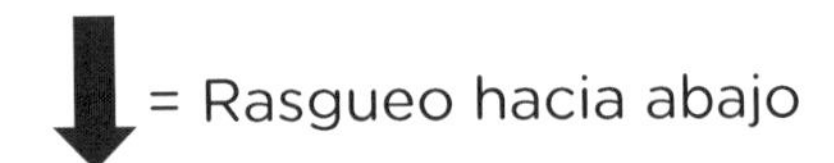 = Rasgueo hacia abajo = Rasgueo hacia arriba.  = Muteo

Entonces, el primer rasgueo que tocaremos será así:

  ...cambias de acorde y repites el rasgueo

Tocarás dos veces ese patrón (abajo, abajo, muteo), y luego cambiarás de acorde en el mismo orden en cómo te los aprendiste. *Mi menor; La menor; Do Mayor; Sol Mayor.* Una vez que acabes de tocar dos veces el rasgueo en Sol Mayor repite cuantas veces quieras esta secuencia.

A las secuencias de acordes, en el lenguaje musical se les llama PROGRESIONES.

AQUÍ TE DEJO UNA PISTA PARA QUE PUEDAS PRACTICAR ESTA PROGRESIÓN DE ACORDES DE UNA MANERA MÁS MUSICAL Y ORGÁNICA.

ENCONTRARÁS UN TRACK, LA PRIMERA PARTE CON GUITARRA PARA QUE VEAS COMO ES EL EJERCICIO Y LA SEGUNDA SIN GUITARRA PARA QUE PUEDAS TOCAR ENCIMA Y SER PARTE DE LA BANDA.

DESCARGA LA PISTA AQUÍ:

*Recuerda también practicar estos rasgueos con metrónomo

Formas de leer y anotar acordes.

Si prestaste atención a todo lo que hemos visto hasta ahora seguro te habrás dado cuenta de que hay diferentes formas de representar un acorde, tenemos la partitura, la tablatura y muy importante unas letras que dicen "Em, Am, C, G..." Entonces ¿Por qué tantas formas de escribir los acordes?

Primero, porque mientras a uno se le facilita leer los acordes escritos en partituras, a otros - generalmente al inicio - se les facilita leerlos en tablatura. Segundo, porque en la vida real te los encontrarás escritos en partituras, en tablaturas, en cifrado, en diagrama ió incluso en todas! Poco a poco las iremos aprendiendo con el propósito de prepararte para cualquier adversidad, ya sea que toques en un concierto y te pongan una *partitura* o que quieras llevarle serenata a alguien y sólo encuentres el *cifrado* en internet. Entonces para que puedas tocar Lamento Boliviano sin problemas (por favor nunca dediques esa canción) ahí te va la explicación.

Hay cuatro formas de leer y escribir los acordes.

1. **Cifrado.**
2. **Diagrama (Fretboard chords).**
3. **Tablatura.**
4. **Partitura.**

Por ahora nos enfocaremos en las primeras tres.

1. Cifrado:

Los acordes escritos en Cifrado no contienen ninguna nota escrita en un pentagrama o tablatura y por mucho es la forma más rápida y fácil de leer acordes una vez que uno ya se aprendió los nombres y la digitación. Hoy en día el cifrado se encuentra agregado en la mayoría de las partituras, generalmente en estilos musicales contemporáneos, como el jazz, bossa nova, pop, rock, y blues. Es el más moderno y por lo tanto es primordial que cualquier guitarrista aprenda esta notación de acordes.

¿En qué consiste el cifrado? El Cifrado utiliza las primeras siete letras del alfabeto para representar acordes, cada letra representa una nota:

A=La
B=Si
C=Do
D=Re
E=Mi
Fa=Fa
G=Sol

Son las siete notas que todos conocemos: Do, Re, Mi, Fa, Sol, La y Si. Aprendiendo que letra del alfabeto corresponde a que nota ya tendrás la mitad del proceso aprendido, la otra mitad es averiguar si un acorde es menor o mayor, para esto el proceso es igual de sencillo, fíjate bien, si la letra viene acompañada de una "m" o un signo de menos "- "es menor, si no tiene ningún símbolo es mayor.

Entonces los acordes que aprendimos en esta lección se representan así:

Em (Mi menor). También puede ser escrito como E-
Am (La menor). También puede ser escrito como A-
C (Do mayor)
G (Sol mayor)

Comúnmente los encontrarás de esta forma:

Em C Am G

2. Diagrama (Fretboard chords):

Esta forma de escritura de acordes es muy utilizada en instrumentos como guitarra y ukulele. Consiste en dibujar el brazo de la guitarra como si se estuviera viendo de frente.

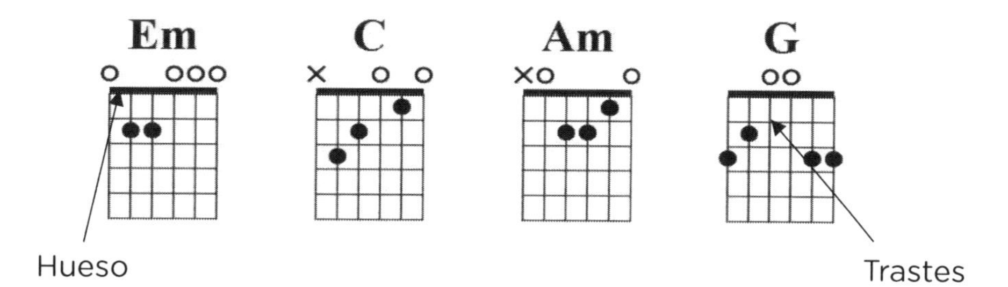

La línea negra es el *hueso* de la guitarra, las líneas horizontales indican los *trastes,* mientras que las líneas verticales indican las seis cuerdas de la guitarra (de izquierda a derecha sería de la sexta cuerda a la primera cuerda). Los puntos negros indican los trastes que se tienen que presionar en las cuerdas indicadas. Los círculos blancos que están por arriba del *hueso* significan que las cuerdas van al aire (sin presionar ningún traste), y el tache indica que esa cuerda no se toca.

El diagrama siempre irá acompañado del *cifrado.*

Antes de seguir avanzando analiza los acordes que ya aprendiste y relaciona los diagramas con la posición de tu mano ¿Todo tiene más sentido ahora verdad?

3. Tablatura:

Ya conoces este método de notación musical, recuerda, cuando encuentres varias notas encimadas de manera vertical, este será un acorde.

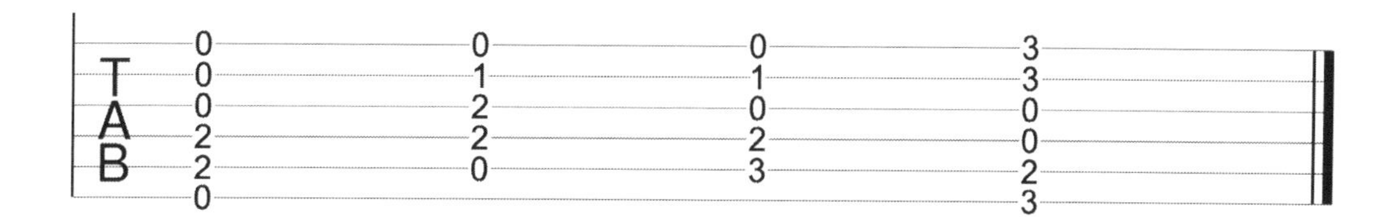

Como en todos los capítulos te dejo una video-lección para reforzar el aprendizaje y aclarar tus dudas, escanea el código aquí:

Aunque no lo creas con estos cuatro acordes podrás tocar muchas canciones, aquí te dejo una lista de algunas que los utilizan, puedes buscar algun tutorial en internet y aprender a
tocarlas ☺

. Love me do – The Beatles: **G C**

. Eleanor Rigby – The Beatles: **Em C**

. Something in the way – Nirvana: **Em C**

. Songbird – Oasis: **G Em**

Mi consejo final es que no te desesperes, las buenas cosas en la vida toman tiempo y el tocar acordes es una de ellas. Practica mucho, sigue todos los pasos, ten mucha paciencia y verás que cuando menos lo esperes ya estarás tocándolos con un sonido súper claro.

En el siguiente capitulo aprenderemos más acordes, así que prepárate para un poco más de diversión.

MÓDULO I

CÍRCULOS DE ACORDES

"En la guitarra yo solamente me sé el círculo de sol"... Ok probablemente seas muy joven para conocer esa canción, si no la has escuchado te recomiendo hacerlo para que comprendas mejor la sonoridad de estos círculos. Te daré unos minutos, ve a Youtube o Spotify y busca la canción "Círculo de Amor" de El Gran Silencio, escúchala y presta mucha atención a la guitarra, te darás cuenta que hay una *progresión de 4 acordes,* es decir el guitarrista toca una secuencia de 4 acordes en bucle o loop.

Un *círculo* es una manera popular de llamarle a una *progresión de acordes* con una cierta secuencia, en esta lección aprenderemos dos de los más populares, el círculo de sol y el círculo de do.

El círculo de sol se compone de cuatro acordes:

1. G (Sol Mayor).
2. Em (Mi menor).
3. Am (La menor).
4. D7 (Re Siete).

Ya conoces estos acordes a excepción del último, D7 (re siete) se toca de la siguiente manera:

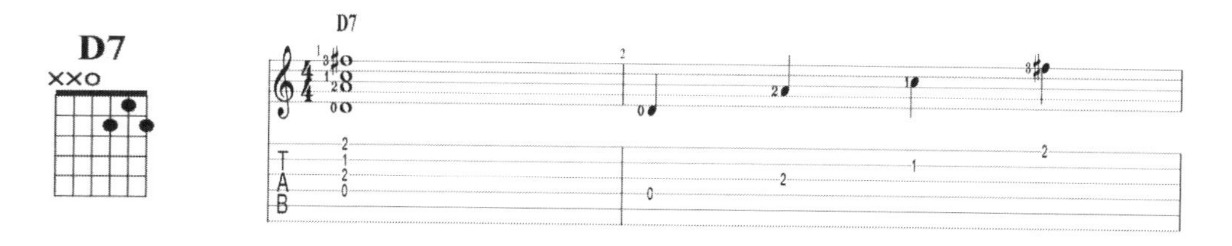

La sexta y quinta cuerda no se tocan.

Si aún te cuesta trabajo tocar el acorde de G aquí te dejo una forma más sencilla de tocarlo, es de la siguiente manera:

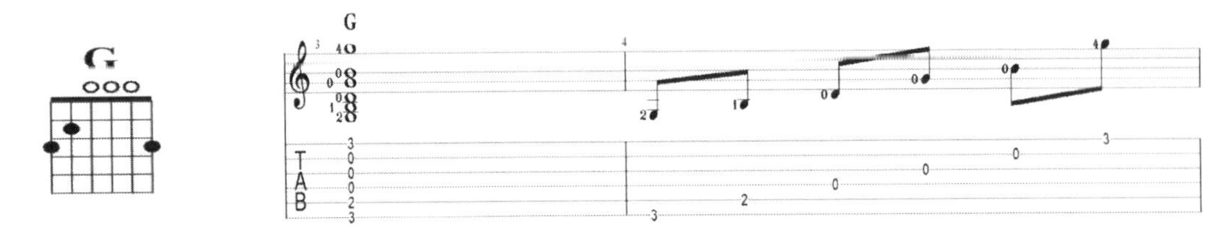

La única diferencia es que la segunda cuerda se toca al aire. Siéntete libre de tocar el acorde de G con cualquiera de las dos formas que vimos hasta ahora.

Rasgueo #2

Ahora veremos otro rasgueo para que puedes implementarlo a tu manera de tocar.

El primer rasgueo que vimos fue

El nuevo rasgueo será:

Es momento de tocar los 4 acordes en secuencia, vamos a hacer un compás de G, un compás de Em, un compás de Am y un compás de D7, te dejo la tablatura para que tengas una representación visual.
Solo recuerda que en la tablatura las cuerdas se leen "al revés" es por eso que el rasgueo hacia abajo se representa con una flecha hacia arriba y viceversa.

Repite una y otra vez este círculo de sol, entre más lo practiques más memoria muscular tendrás y cambiarás de acorde más rápido, sin siquiera pensar que dedo va en cada traste y cuerda.
Puedes tomar como guía la canción "Círculo de amor" que mencione al inicio, ya que tiene los mismos acordes y rasgueo. Recuerda siempre practicar con metrónomo.

Antes de continuar quiero felicitarte ¡YA APRENDISTE TUS PRIMEROS 5 ACORDES Y TÚ PRIMERA CANCIÓN UTILIZÁNDOLOS! Creo que vamos avanzando muy bien ☺

Recapitulemos: entre el capítulo anterior y este aprendimos dos progresiones con estos acordes:

Progresión #1: Em C Am G
Progresión #2: G Em Am D7

¿Recuerdas que se puede cambiar el orden de estos para crear más progresiones? Aquí te dejo algunas variaciones en cifrado para que practiques la lectura, ya que es una forma muy común de encontrarlos en internet cuando queremos sacar canciones.

Progresión #3: C Em Am G
Progresión #4: C Am Em G
Progresión #5: G C Am D7
Progresión #6: G Am C D7
Progresión #7: C Am D7 G
Progresión #8: C Am D7 Em
Progresión #9: C D7 G G

Cómo verás hay muchas variaciones usando tan sólo estos 5 acordes.
De manera muy resumida así es como uno aprende a componer: experimentando, cambiando acordes y escuchando las diferentes emociones que estos transmiten. Lo más importante es que te diviertas.

Ahora vamos a aprender el círculo de do, este será más rápido por que ya conoces la dinámica. *El círculo de do* también tiene 4 acordes y son estos:

C Am Dm G7

Si prestas atención este círculo sigue la misma secuencia que el círculo de sol, ya que iniciamos con un acorde mayor, luego tenemos dos acordes menores y por último un acorde con séptima. Se podría decir que solo estamos *transportando* esa misma secuencia a la tonalidad de do mayor, pongamos los dos círculos juntos para que
tengas una representación visual.

Circulo de G: G Em Am D7
Circulo de C: C Am Dm G7

¿Lo ves? En el papel se ven muy parecidos, ahora vamos a tocarlo para que lo escuches, solo es necesario aprendernos un acorde
más: G7 (sol siete).

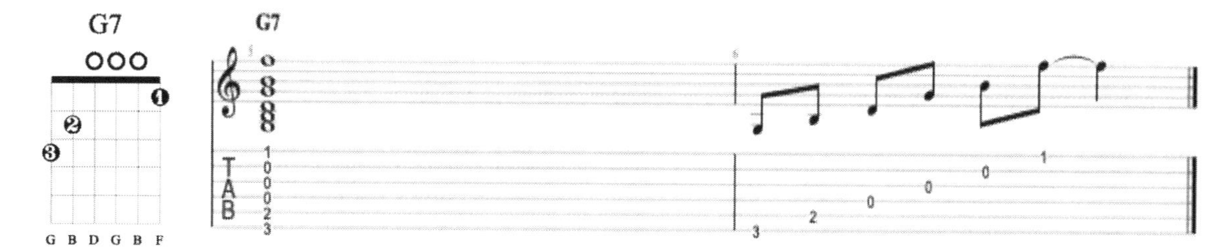

Ahora practica el cambio de acordes con el mismo rasgueo que vimos anteriormente, te dejo la tablatura para que puedas leerlo.

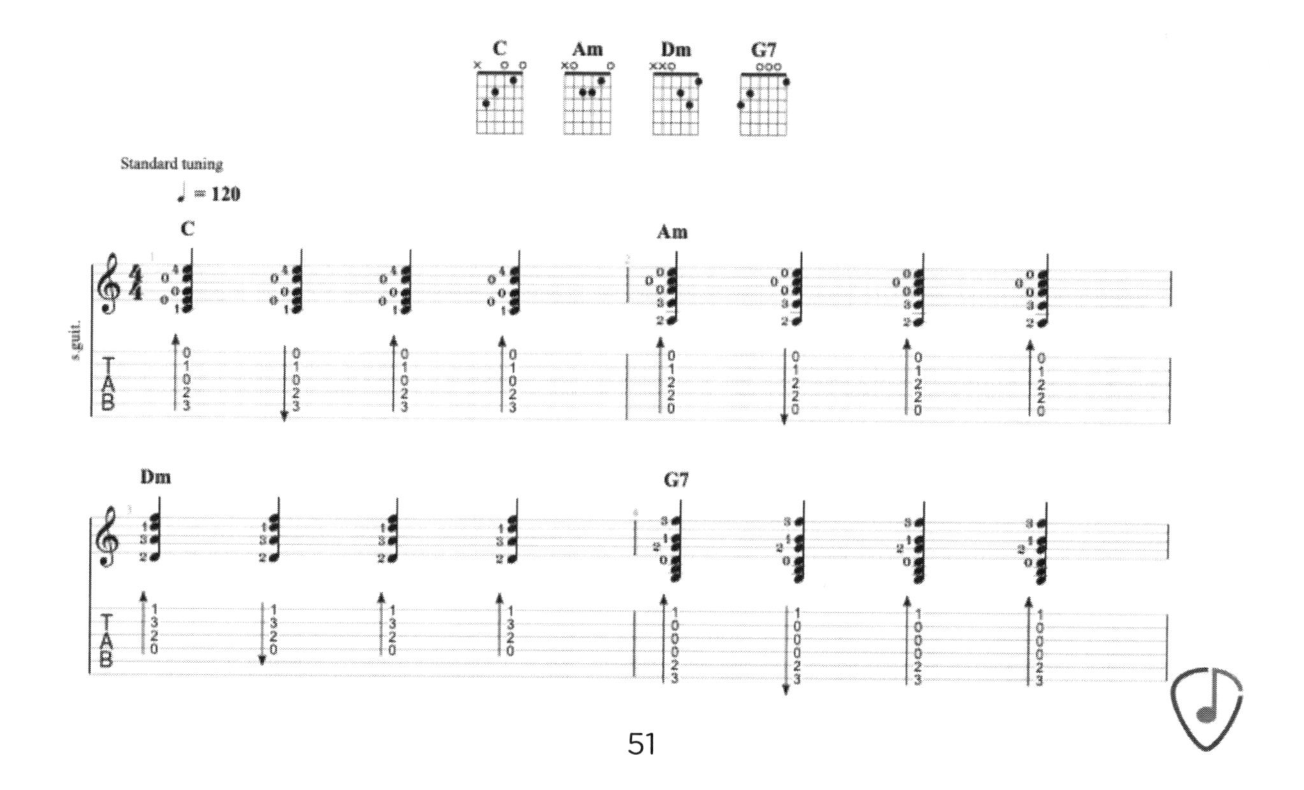

Si escuchas con atención el círculo de G y el de C suenan muy similares, solo uno es más "agudo" que otro, ya que como lo mencione anteriormente, solo estamos transportando los mismos grados de los acordes a otra tonalidad.

No te preocupes, conforme avancemos en el curso vamos a ir aclarando todos estos términos, lo importante ahora es que practiques tu cambio de acordes con estos dos círculos, esto te hará sonar mucho más musical y no tanto a "ejercicios de guitarra". Entonces ya sabes, practica, escucha y diviértete tocando.

*Existen más círculos de acordes partiendo de otras tonalidades mayores, pero por el momento solo veremos estos dos, ya que son los más fáciles de ejecutar.

Antes de pasar al siguiente capitulo me gustaría recordarte que NO TE DESESPERES, puede que tardes un poco en obtener un sonido limpio a la hora de tocar acordes, créeme ES NORMAL, todos los guitarristas pasamos por esto cuando iniciamos. Lo que te puedo recomendar es que practiques mucho y tengas paciencia, cada día que practicas estas más cerca de tocar como siempre has querido, así que no desistas.

Si tienes dudas acércate a los videos del canal, ahí podrás ver mucho material que te ayudará a responder tus dudas.
Nos vemos en el siguiente capítulo.

MÓDULO I

ESCALA MAYOR

Con esto terminamos la descripción de Escala Mayor. Ok, dejando las bromas atrás y cómo analogía a esta imagen: la Escala Mayor es una de las escalas más antiguas y activas en la música occidental. Aprendérla es fundamental para cualquier músico en cualquier estilo, ya que es usada en géneros como el pop, rock, jazz, bossa-nova, funk, música clásica, barroco, metal, bolero, regional, samba, salsa, reggaetón, ballenato, etc...

Breve descripción: Una escala es un conjunto de notas tocadas de manera ascendente, descendente o ambas.

Vamos a empezar con la Escala Mayor de C (Do), ya que como lo hemos mencionado es la que nos enseñan desde niños, es de esta forma:

Do Re Mi Fa Sol La Si

Todas las escalas mayores (y menores) tienen siete notas, y dependiendo de sus variaciones se darán otras escalas como la de Mi menor o La bemol mayor. Eso lo veremos más adelante.

Escala Mayor de Do

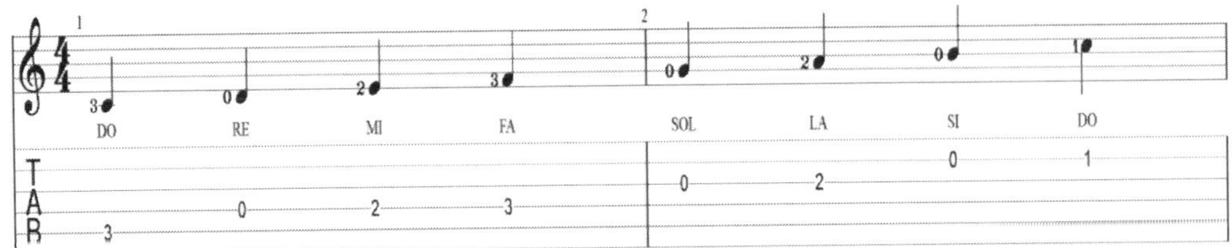

Recuerda, es importante que pongas atención a los números que están a un costado de las notas en el pentagrama, ya que estos indican los dedos de la mano izquierda, esto te ayudará a tener una buena digitación y a optimizar la manera en como tocas la escala.

Mencionaba arriba que la escala contiene siete notas, pero aquí hay ocho ¿por qué? Esto es por que estamos tocando la escala de Do a Do. La nota **Do** que tienes en la *quinta cuerda-tercer traste* es la misma nota **Do** que tienes en la *segunda cuerda-primer traste.* Escúchalas con atención y te darás cuenta de que suenan igual (son la misma nota), la única diferencia es que una suena más grave y la otra más aguda.

Ya tienes la Escala Mayor de Do, pero aún podemos agregarle más notas partiendo tanto del Do agudo como del grave.

A partir del do agudo *(segunda cuerda - primer traste)* vamos a sumar estas notas hacia arriba.

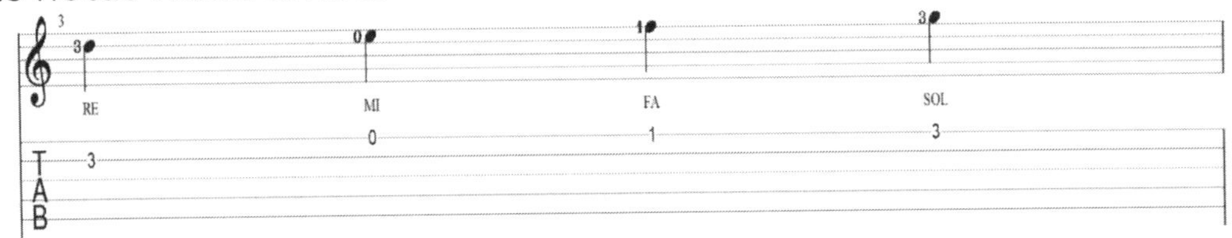

Y a partir del do grave (quinta cuerda - tercer traste) vamos a sumar estas notas hacia abajo.

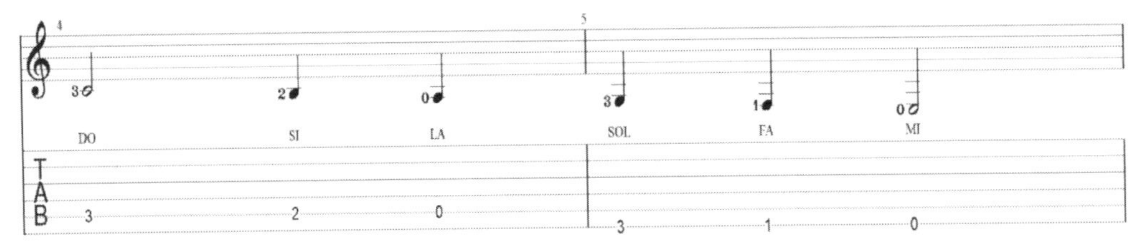

Ya no estás tocando ni siete ni ocho notas. ¿Qué está pasando aquí? Siguen siendo las mismas que corresponden a la Escala Mayor de Do, pero añadimos más notas de la escala con el propósito de ocupar todas las cuerdas.

Ahora tocaremos toda la escala de Do mayor a partir de la nota más baja, es decir, desde la *sexta cuerda al aire* hasta la nota Sol que encontramos en la *primera cuerda-tercer traste.* Por lo tanto empezaremos desde la nota Mi hasta llegar a la nota Sol y de regreso.

Mano derecha: Toca la escala con plumilleo alternado, es decir, abajo-arriba-abajo-arriba-abajo-arriba, etc.

Escala Mayor de Do (tercera posición)

**La nota Do esta enmarcada para que puedas identificarla más fácil, es importante distinguirla ya que es la que le da el nombre a la escala.*

Hay varias posiciones para tocar una escala mayor en la guitarra, a esta forma que acabamos de aprender se le conoce como **Posición Tres,** estas posiciones existen para poder tocar las escalas en todo el brazo, poco a poco aprenderemos el resto.

Se le llama **Posición Tres** por que inicia desde la tercera nota de la escala mayor, en este caso la tercera nota de la escala es Mi.

DO RE **MI** FA SOL LA SI

Por ejemplo, la Quinta Posición sería a partir de la nota Sol.

ÚLTIMAS RECOMENDACIONES

Mientras tocas la escala ve recitando en voz alta la nota que estás tocando, esto te ayudará a reconocer más fácil las notas en el diapasón y a reforzar tú aprendizaje.

¡Practica con metrónomo! Empieza en un *tempo* donde te sientas cómodo y gradualmente incrementa la velocidad.

HIMNO A LA ALEGRÍA

Vamos a retomar una vez más este tema, ya que en el capitulo anterior lo dejamos inconcluso. En la "sección B" de este tema encontraremos algunas notas nuevas dentro de la *escala mayor de do,* como ya la conocemos estás ya no deberían representar ningún problema.

Acá abajo esta la partitura y tablatura de la **parte B,** si no conoces el *ritmo* no podrás leerla, así que haz una busqueda rápida en internet para que puedas escuchar el tema. Es probable que encuentres la canción cantada, si es así guíate por la letra, la sección que aprenderemos es la que dice: "Ven, canta, sueña cantando, vive soñando el nuevo sol, en que los hombres volverán a ser hermanos".

Ya que conoces el ritmo ahora si solo lee la tablatura con esa rítmica.

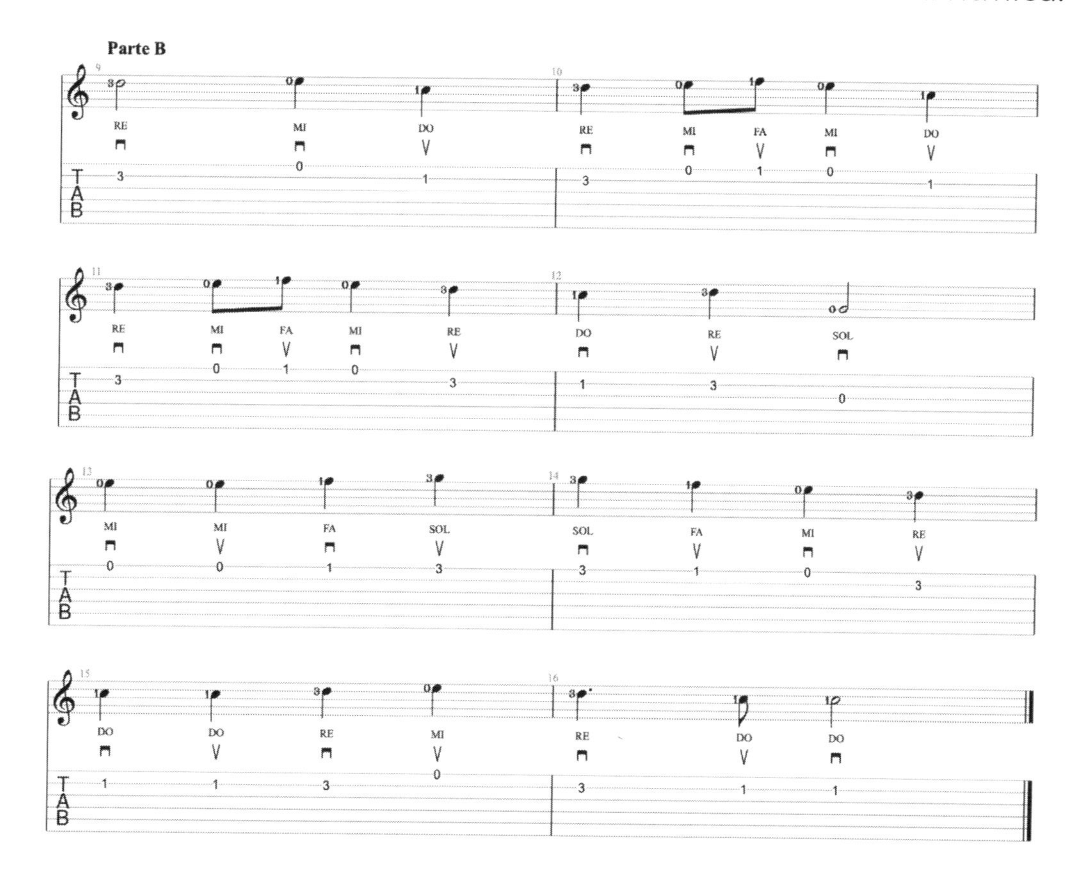

**Presta atención a la digitación y a la dirección del plumilleo en mano derecha.*

¡Muy bien! Ahora quiero que intentes tocar todo el tema, la tablatura esta aquí para que la puedas ir leyendo, recuerda respetar la digitación y tocarla con metrónomo a un *tempo* en el cual te sientas cómodo, para a partir de ahí subirlo gradualmente.

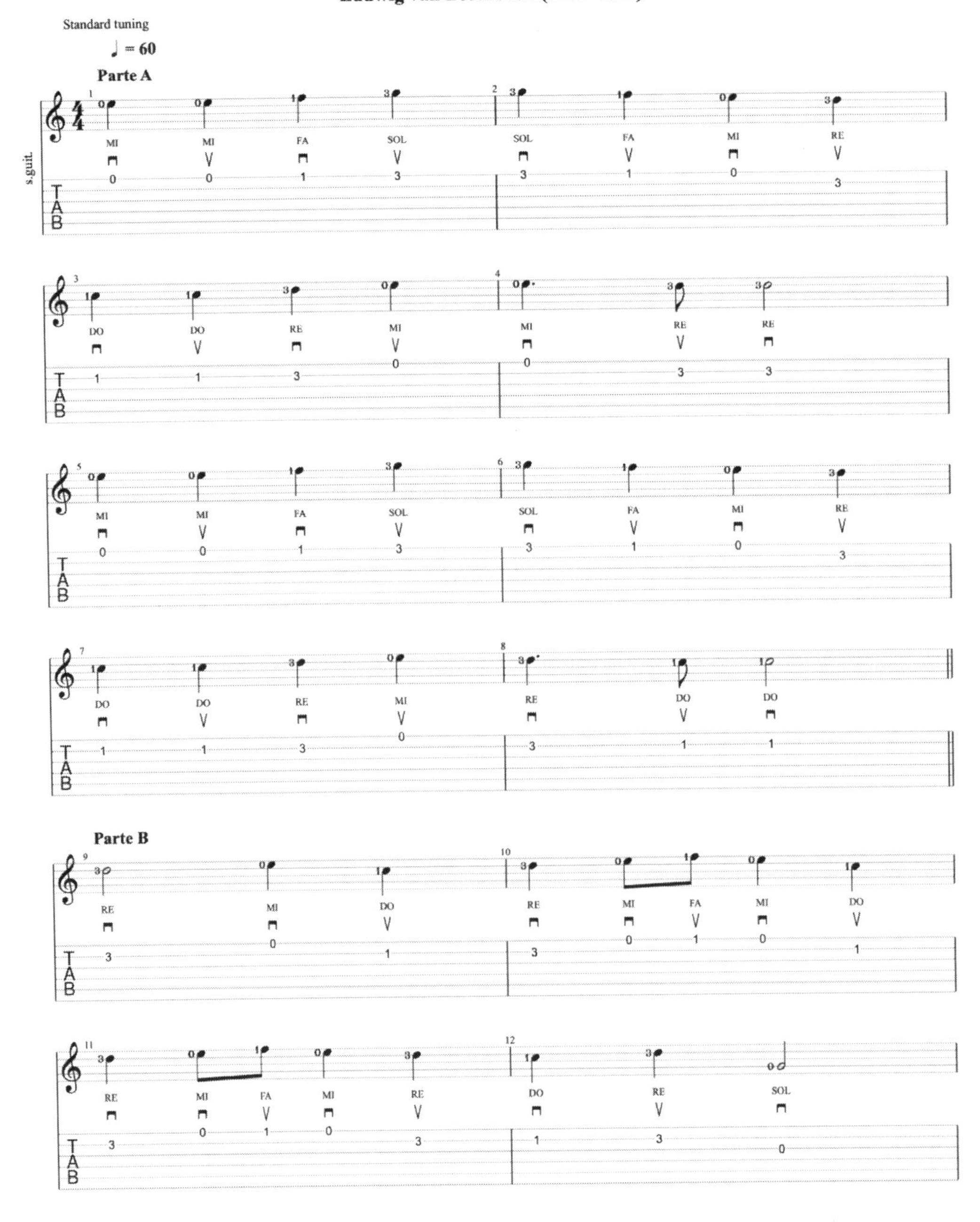

Si te cuesta trabajo seguir todo el tema acá te dejo un video de apoyo:

¿Qué tal? Ya puedes ir con tus padres ó amigos y presumirles que ya sabes tocar melodías en la guitarra. Y esto apenas comienza, en el siguiente cápitulo aprenderemos la ubicación de TODAS las notas en el diapasón de la guitarra, esto llevará tu conocimiento del instrumento a otro nivel, te espero por allá 😀.

MÓDULO I

NOTAS EN EL BRAZO

Ya conocemos las notas de la Escala Mayor de Do (Tercera Posición) en los primeros tres trastes del brazo de la guitarra (incluyendo las cuerdas al aire). Ahora aprenderemos la ubicación de todas las notas en el brazo ¿Cómo sabemos dónde encontrar la nota Sol, digamos en la segunda cuerda o en la cuarta cuerda? ¿Qué nota es la que se toca en el onceavo traste-tercera cuerda? Al final de este cápitulo serás capaz de encontrar la nota que quieras en cualquier parte del diapasón.

Para esto, tener una imagen de las teclas de un Piano nos va a ayudar mucho.

Todas las teclas blancas son las notas que ya conocemos: Do Re Mi Fa Sol La Si. Las teclas negras que están entre *Do y Re; Re y Mi; Fa y Sol; Sol y La; La y Si,* se les conoce como notas alteradas. No, no están estresadas debido a los exámenes finales de la escuela. Existen dos tipos de notas alteradas:

1. Sostenidos
2. Bemoles

Los Sostenidos se utilizan cuando el movimiento es ascendente, por ejemplo:

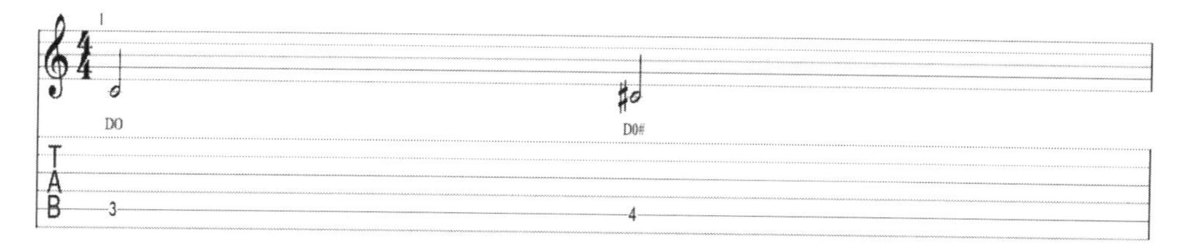

Cuando una nota tiene un Sostenido, la vas a encontrar en el pentagrama o en el cifrado con un signo parecido a este: #. Aquí pasamos de Do a Do# (sostenido).

Los Bemoles se utilizan para movimientos descendentes, por ejemplo:

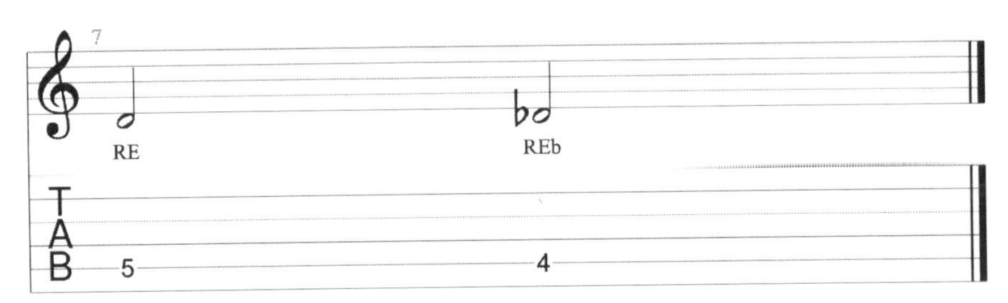

Cuando una nota tiene un Bemol, la vas a encontrar en el pentagrama con un signo parecido a este: ♭
Aquí pasamos de Re a Reb (bemol).

Toma tu guitarra y toca el primer ejemplo, es decir de *Do a Do#* y luego de *Re a Reb* ¿Notaste algo extraño? *¡Do sostenido y Re bemol* suenan igual! De hecho se tocan en el mismo traste *(quinta cuerda traste cuatro).*

Esto sucede por que son el mismo sonido, pero con distinto nombre, a esto se le conoce como **Enarmónico.** Habrá veces que te encontrarás con un Re bemol o con un Do sostenido, eso depende generalmente de dos cosas:

1. Si el movimiento es ascendente es muy probable que te encuentres con el sostenido. Y si es descendente con el bemol.
2. Hay tonalidades (que veremos más adelante) que ocupan sostenidos y otras que ocupan bemoles.

¿Cuántas notas hay en total? ¿siete? ¿nueve? ¿10? Para esto vamos a apoyarnos una vez más de las teclas de un piano.

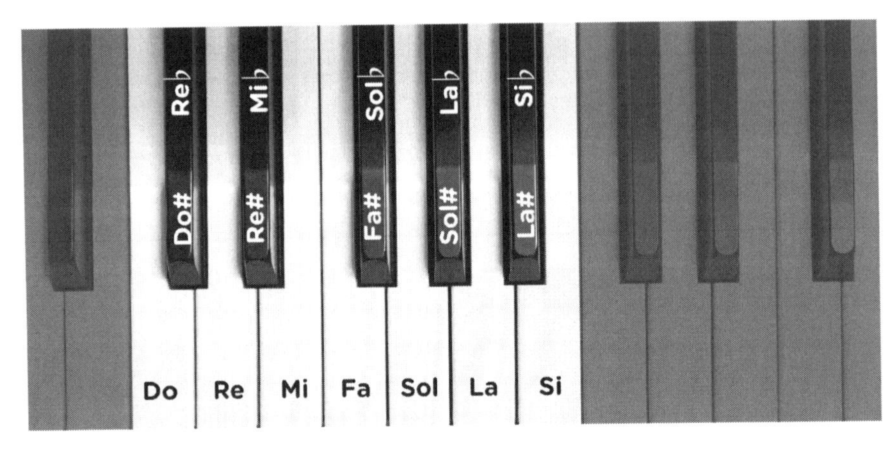

Analizando la imagen podemos observar que son 12 NOTAS: **Do, Do#, Re, Re#, Mi, Fa, Fa#, Sol, Sol#, La, La# y Si** de forma ascendente. De forma descendente tenemos: **Do, Si, Sib, La, Lab, Sol, Solb, Fa, Mi, Mib, Re, Reb,** a esto se le conoce como **Escala cromática.** Es importante que memorices el orden de las notas de la escala cromática, tanto de manera ascendente como descendente.

NOTA: Si observas el piano, entre las notas *Mi - Fa y Si - Do* no existe ninguna tecla negra en medio, esto es por que en ambos casos las notas estan a un semitono de distancia, entonces no hay "espacio" para meter otra tecla en medio. Es conveniente aclarar que **SI EXISTEN** las notas *Mi sostenido, Fa bemol, Si sostenido y Do bemol,* pero estas se utilizan principalmente por razones armónicas. Por el momento no usaremos esos términos, pero es importante que sepas de su existencia, ya que es probable que en algún momento uses o te encuentres esas notas en algúna canción o ejercicio.

Ahora vamos a ubicar esas 12 notas en todo el brazo de la guitarra. Ya habíamos visto previamente que cada cuerda al aire es una nota, recordemos:

Las cuerdas se "cuentan" de abajo hacia arriba, de la cuerda más cercana a tu pie (la cuerda más delgada), a la cuerda más cercana a tu rostro (la cuerda más gruesa). Las seis cuerdas al aire, es decir, sin presionar ningún traste, son las siguientes:

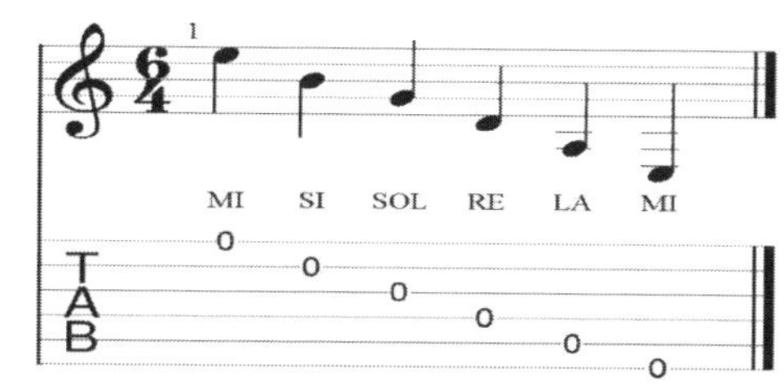

Primera cuerda - Mi
Segunda cuerda - Si
Tercera cuerda - Sol
Cuarta cuerda - Re
Quinta cuerda - La
Sexta cuerda - Mi (este Mi, es la nota más baja que puede alcanzar la guitarra de 6 cuerdas en afinación estándar).

A esta forma de afinar la guitarra se llama **Afinación Estándar**, ya que es la más común.

Suficiente repaso. Vamos a tomar la **Afinación Estándar** como punto de partida, desde el cual seguiremos el orden de las notas de la escala cromática.

Sé que probablemente aún no memorizas la escala cromática, asi que la vuelvo a escribir aquí:

Do Do# Re Re# Mi Fa Fa# Sol Sol# La La# Si
Re♭ Mi♭ Sol♭ La♭ Si♭

Recuerda que cada traste de la guitarra es un semitono (como las teclas del piano), entonces si ya conocemos que la 6ta cuerda al aire es la nota Mi, por ende el primer traste de la 6ta cuerda es la nota F (Fa), el traste número dos sería F#, el traste número tres G(sol), el traste número 4 Sol#, y asi sucesivamente. Analiza con atención y te darás cuenta de que solo hay que seguir el orden de las notas de la escala cromática a partir de la nota Mi. Aquí te dejo todas las notas que corresponden a los trastes de la 6ta y 1era cuerda.

La sexta y la primera cuerda son la misma nota: **Mi.** Por lo que los trastes de esas cuerdas coinciden con las mismas notas, con la única diferencia de que las de la primera suenan dos octavas arriba, es decir, suenan más agudas.

Una OCTAVA es la distancia *(intervalo)* entre dos notas que se da una vez que se paso por toda la escala cromática, la treceava nota es la misma con la que se empezó a "contar", pero en un rango más alto (agudo) si es que es de manera ascendente (octava arriba), o más grave si es que es de manera descendente (Octava abajo).

Si empezamos en el **Do** de la *quinta cuerda - tercer traste* y pasamos por toda la escala cromática, eventualmente nos encontraremos con otro **Do,** este estará una octava arriba y se localiza en la *segunda cuerda - primer traste.*

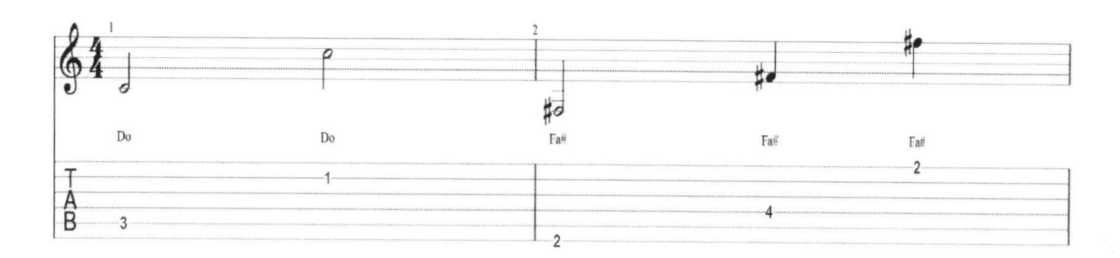

Ahora observa el segundo compás, ahí el tercer Fa# esta una octava más arriba que el segundo Fa#, y dos octavas más arriba que el primer Fa#. También podríamos verlo al revés, es decir: el primer Fa# esta dos octavas más abajo que el tercer Fa#.

Antes de pasar a las siguientes cuerdas, ahí te va un super consejo que te ahorrara mucho tiempo:
Todas las guitarras tienen más de doce trastes, lo que significa que de la cuerda al aire al traste once ya tenemos las doce notas de la escala cromática, entonces, ¿Qué pasa con los trastes del doceavo en adelante? ¿Son notas nuevas? No, no son notas nuevas, simplemente vuelven a empezar, pero ahora una octava más arriba.

En terminos más sencillos podríamos decir que a partir del traste 12 la guitarra "se repite".

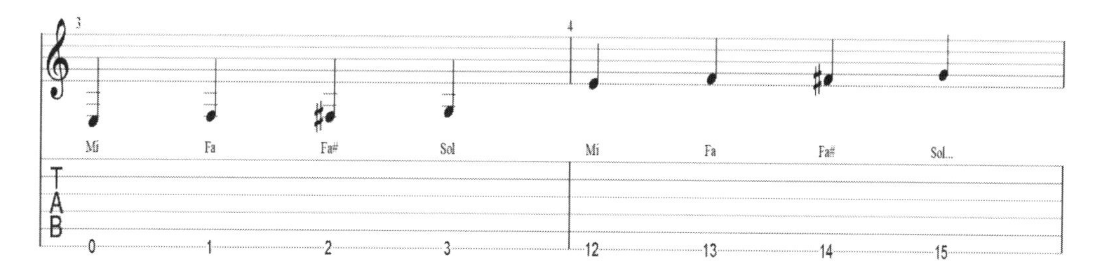

La quinta cuerda al aire es la nota La(A), por ende las notas que corresponden a los trastes en esa cuerda serían las siguientes:

La cuarta cuerda al aire es la nota Re(D), por ende las notas que corresponden a los trastes en esa cuerda serían las siguientes:

La tercera cuerda al aire es la nota Sol(G), por ende las notas que corresponden a los trastes en esa cuerda serían las siguientes:

La segunda cuerda al aire es la nota Si(B), por ende las notas que corresponden a los trastes en esa cuerda serían las siguientes:

**La primera cuerda es igual que la sexta.*

REGLA DE LOS CINCO TRASTES (Y CUATRO)

¿Muchas notas que aprenderse en toda la guitarra no? Aunque con la práctica poco a poco las vas a ir identificando de manera más automática , te dejo algunos tips extra para acelerar el aprendizaje. El primero es **La Regla de los Cinco Trastes.**

Si quieres encontrar, por ejemplo, el Do de la *quinta cuerda-tercer traste* en la *sexta cuerda*, lo que tienes que hacer es subir a la sexta en ese mismo traste (traste tres) y contar **CINCO** trastes hacia delante.

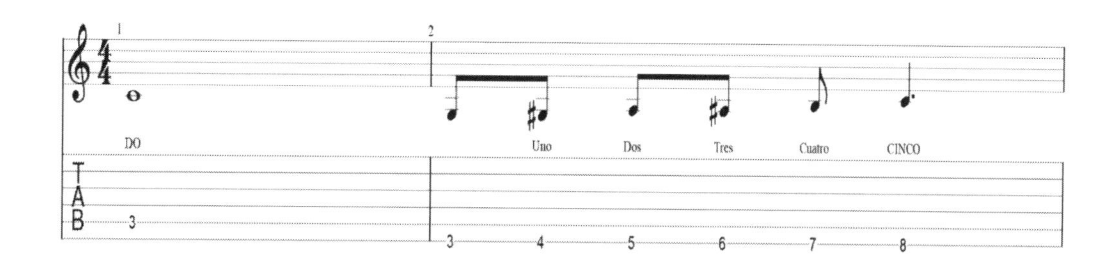

Esto lo puedes aplicar para averiguar qué notas hay en la 6ta, 4ta, y 2da cuerdas. Aquí dos ejemplos más:

En cuanto a la tercera cuerda, la regla será de CUATRO trastes:

Tip de Octavas

Si quieres encontrar, por ejemplo, la octava arriba del Sol de la *sexta cuerda-tercer traste,* lo único que tienes que hacer es bajar dos cuerdas y avanzar dos trastes hacia adelante. Esto funciona en la sexta y cuarta cuerda.

En cuanto a la cuarta y tercera cuerda, bajamos dos cuerdas y avanzamos tres trastes hacia adelante.

Probablemente esta sea la clase más teórica que hayamos tenido hasta ahora. Tómate tu tiempo, analiza bien el diapasón de tu guitarra y como se relaciona con las notas de la escala cromática. También recuerda estos términos:

- Las alteraciones: Los Sostenidos se utilizan en movimientos ascendentes y los Bemoles en movimientos descendentes.
- Enarmónico: Mismo sonido, pero con distinto nombre.

Te dejo un video de apoyo para que tengas un soporte visual y así aprendas de una mejor manera, escanea el código:

El conocer la ubicación de todas las notas en el diapasón te ayudará a aprender de una manera más rápida las escalas, acordes, melodías, e incluso la teoría musical. Por eso es muy importante que estudies de manera frecuente este tema.

Nos vemos en el siguiente módulo, en donde encontrarás nuevos retos y mucho aprendizaje, así que preparáte y nos vemos en el siguiente capítulo.

MÓDULO II

BIBLIOTECA DE ACORDES

Bienvenido al módulo número dos, aquí llevaremos tú aprendizaje a otro nivel. Es como cuando pasaste de primaria a secundaria, o de secundaria a preparatoria, en el sentido de que iré un poco más rápido, no te preocupes, solo no explicare a detalle algunos términos que ya deben estar claros. Si tienes alguna pregunta no dudes en regresar a los capítulos anteriores o a los videos del canal.

Para iniciar este módulo quiero enseñarte TODAS LOS VOICINGS de los acordes *mayores, menores y dominantes* en posición abierta, ya que estos son los que te vas a encontrar más frecuentemente en las canciones populares.

¿Acordes dominantes? ¿Qué es eso? Básicamente son acordes mayores con séptima menor... No te preocupes, en este modulo aclararemos todas estas dudas teóricas, para que no solo toques los acordes, si no que los entiendas a nivel armónico. Entonces agárrate que como dice mi amigo Luisito Comunica "ahí viene lo chido", y bueno, como ya estamos usando frases de Youtubers me permitiré usar la mía, así que "ve por tu guitarra y vamos a empezar".

Empecemos con los acordes mayores en posición abierta, te dejo los diagramas.

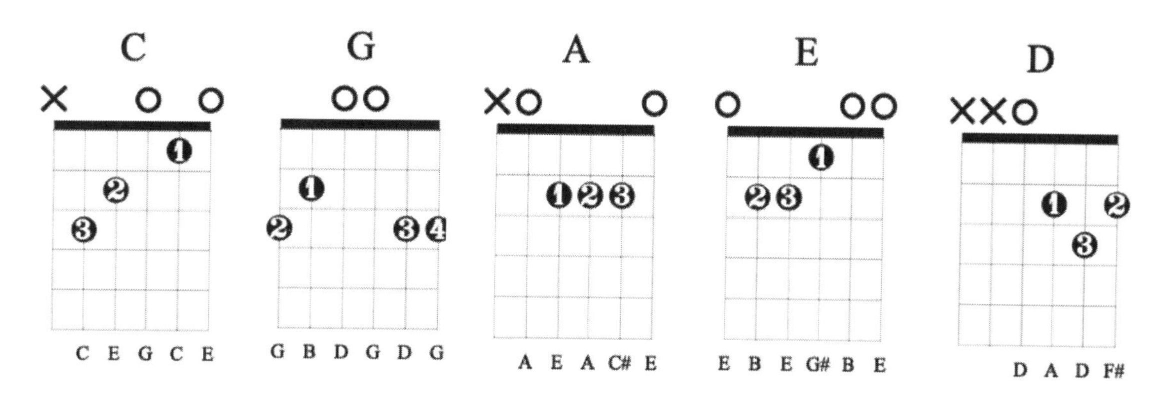

Ahora vamos con los acordes menores en posición abierta.

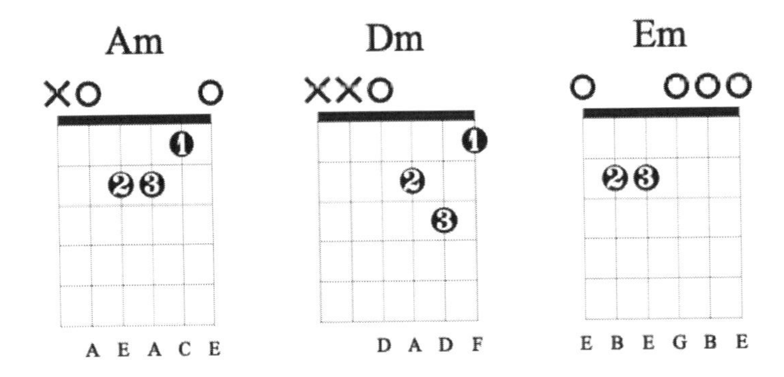

Ahora vamos con los acordes dominantes en posición abierta.

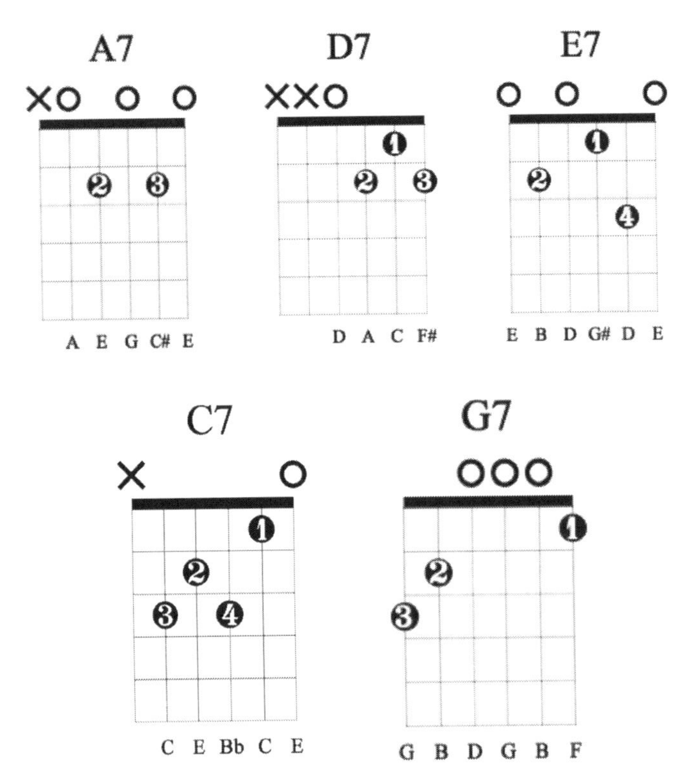

A estos acordes se les conoce como POWER CHORDS, si te gusta el rock los usarás bastante.

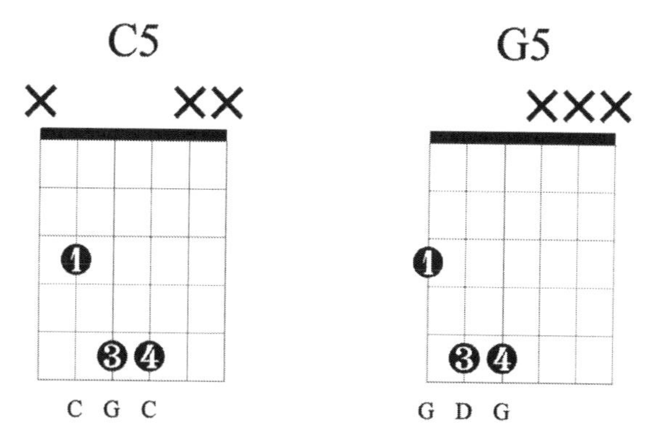

Raíz en 5ta cuerda *Raíz en 6ta cuerda*

Estas posiciones se pueden transportar a la nota que quieras, aquí algunos ejemplos:

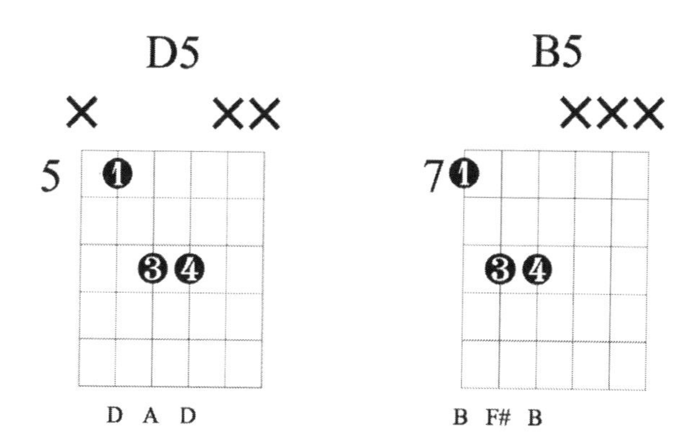

Como ya lo mencioné anteriormente, estos acordes los vas a encontrar muchísimo en canciones populares y para ser honesto los vas a usar con mucha frecuencia en toda tu vida como guitarrista. La razón de que sean tan usados es por que estos voicings utilizan muchas *cuerdas al aire,* y eso hace que el sonido de la guitarra sea mucho más brillante y resuene mejor en el instrumento.

Tómate tu tiempo, analiza bien la digitación, si hay alguno que te cueste trabajo intenta curvear tu mano o tus dedos como lo vimos en el módulo anterior.

Aquí te dejo algunas canciones que podrás tocar con estos acordes:

Back in Black - AC/DC: **E D A**
Turn the page - Metallica: **Em D A**
Heroes David Bowie: **Am C D Em G**
Good Riddance - Green Day: **G D Em G**
A million dreams - The Greatest Showman: **G D Em C**

En español tenemos estas:

Las piedras rodantes - El Tri: **G Em C D**
Té para tres - Soda Stereo: **D Em G A**
En el Muelle de San Blás - Maná: **Em A D G**
Bailando - Enrique Iglesias: **Em C G D**

Estos son sólo algunos ejemplos, hay cientos o miles de canciones que puedes tocar con los acordes que aprendiste el día de hoy. Puedes comenzar con las mencionadas aquí arriba, busca los tutoriales en Youtube, en una de esas nos encontramos por ahí, si es así déjame un comentario para saber que vienes de aquí.

Seguramente te habrás dado cuenta de que faltan algunos acordes, por ejemplo, no hay ningún acorde de Fa o de Si, esto es por que esos usualmente se tocan con cejilla.

Pero eso lo veremos en el siguiente capítulo, en donde encontrarás un gran reto en tu vida como guitarrista, pero no te preocupes, iremos paso a paso y de la mano para que puedas superarlo y tocar como siempre has querido.

MÓDULO II

ACORDES CON CEJILLA

Existe un momento en la vida de todo guitarrista en el cual tenemos que enfrentarnos a ciertos retos, la cejilla definitivamente es uno de ellos.

La cejilla consiste en presionar o "pisar" todas o casi todas las cuerdas de la guitarra con un solo dedo, generalmente el dedo "1" (índice) ya que este es el que tiene más fuerza para poder presionar todas las cuerdas en un mismo traste, además el usar este dedo te permite tener el resto disponibles; el medio, anular y meñique.

Una imagen dice más que mil palabras, así se ve una Cejilla en el *traste* número uno.

Se ve fácil, pero al principio es bastante difícil (y doloroso, ¡auch!). La manera correcta de colocar el dedo índice como cejilla es presionando lo más pegado a la división del *traste,* pero sin llegar a presionar la división de metal. Lo segundo es intentar que el dedo quede lo más paralelo al *traste,* esto te va a permitir poder presionar con la misma fuerza todas las cuerdas. Si pisas de forma inclinada, sólo presionaras con suficiente fuerza las cuerdas graves, es decir la sexta, quinta y cuarta cuerdas, haciendo que las otras tres no suenen.

¡Auch! ¡Auch! ¡Auch! Si, si duele. Si el dolor es insoportable, para un momento, descansa y vuelve a intentarlo. Poco a poco tu dedo se irá acoplando al *diapasón* y sabrás que tanta fuerza o presión ejercer para hacer sonar claramente todas las cuerdas.

Si observas la guitarra con atención podrás darte cuenta que el tamaño de los trastes disminuye a medida que nos acercamos a la boca, esto nos puede ayudar a practicar de una manera gradual. Vamos a intentar una vez más la cejilla pero ahora en el séptimo traste, debería ser más sencillo debido a que es más pequeño. Recuerda hacerlo con el dedo índice.

El número romano indica el traste donde va la cejilla

Primero toca todas las cuerdas simultáneamente (acorde/armonía) y luego nota por nota para que puedas apreciar si todas las cuerdas están sonando claramente. Si aún se te dificulta, intenta en otro *traste,* quizás el *traste* 12 es buena opción, una vez que tengas el sonido claro muévete a otro y así sucesivamente.

Para escribir o leer acordes con cejilla en la partitura, ésta se indica con un número romano en la parte superior. En cuanto al cifrado, no hay ninguna forma de indicar si el acorde es con cejilla, simplemente uno se aprende que acordes la llevan. En los diagramas si se puede indicar y es de la siguiente manera:

Con una línea negra indicando que todas las cuerdas se tocan con cejilla en un determinado *traste.* En este caso el número siete indica el número de *traste.*

Dadd9/B

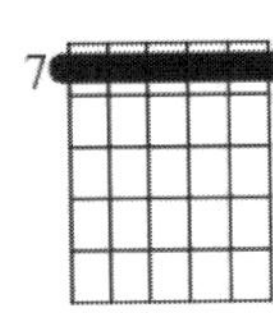

La cejilla en el 7mo *traste* nos da el acorde Dadd9/B, la verdad no es muy común pero si existe. Por el momento aprenderemos acordes con cejilla más sencillos y muy, pero muy comunes, empezaremos con dos: Los acordes mayores con cejilla y acordes menores con cejilla. Así que llego el momento que tanto temias, es tiempo de agregar los otros tres dedos (sin despegar el índice).

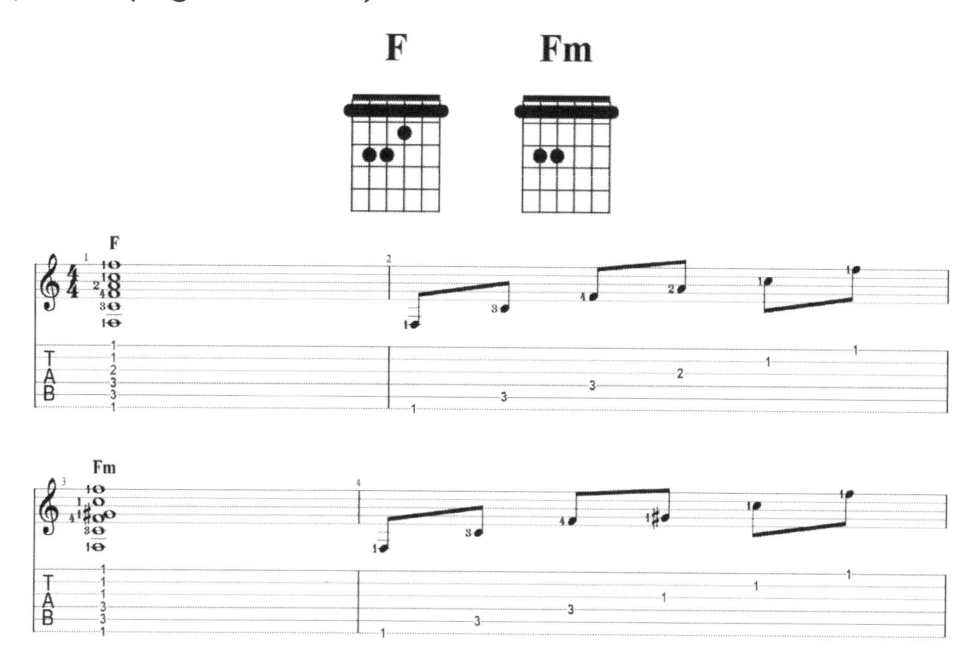

Los acordes son Fa Mayor y Fa menor, si prestas atención, la única nota que cambia entre las dos posiciones es la de la tercera cuerda. En F mayor pisamos el segundo *traste* de la tercera cuerda y en Fm pisamos el primer *traste* (tocado por la Cejilla) en la misma tercera cuerda. Probablemente el acorde menor con cejilla sea un poco más difícil ya que hay que presionar más cuerdas con el dedo "1".

Así se tocan todos los acordes mayores y menores con cejilla a partir de la sexta cuerda. Experimenta moviendo o "transportando" esas misma posiciones, digamos, al quinto traste, ahí estarás tocando los acordes de A mayor y Am. El diagrama muestra ahora el número 5, indicando el traste donde se coloca la cejilla.

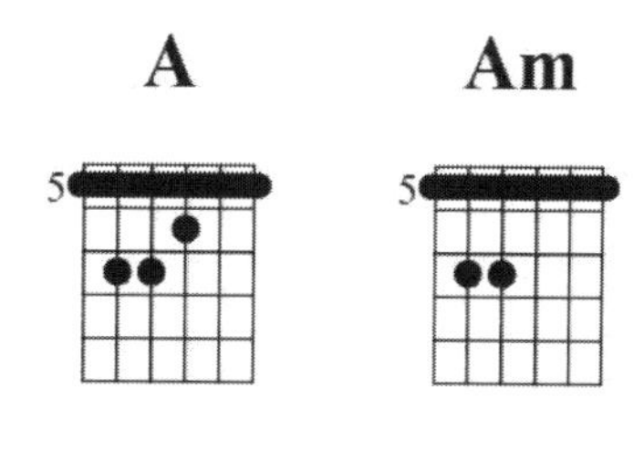

Toca el acorde de Am con cejilla en el quinto *traste* y luego toca la otra posición del acorde que ya conoces. Escucha sus similitudes y diferencias.

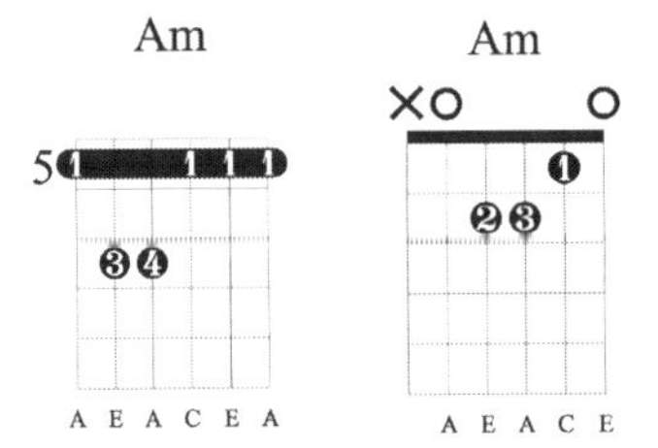

¿Qué te parece uno más? Transporta esa misma posición al octavo traste, obtendrás los acordes de C y Cm.

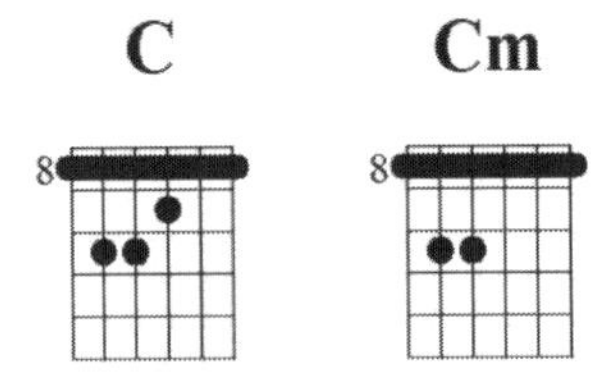

Toca el acorde de C con Cejilla en el octavo *traste* y luego la otra posición del acorde que ya conoces. Escucha sus similitudes y diferencias.

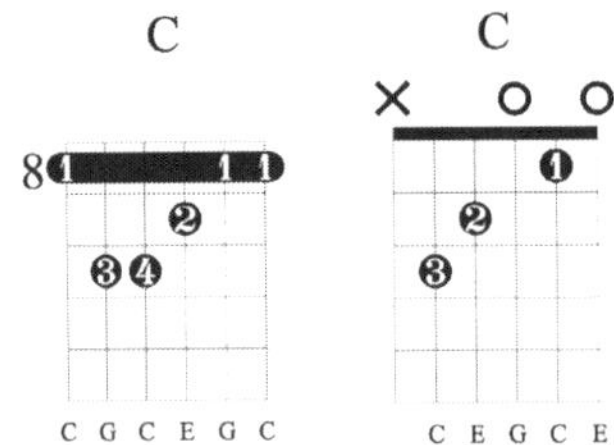

Si no mal recuerdo ya conoces la ubicación de las notas en la sexta cuerda, por ende ¡YA TE SABES 24 ACORDES!, sí, leíste bien... venticuatro. Si en cada traste puedes tocar dos acordes (uno mayor y uno menor) y hay doce notas en la escala cromática, ahí tienes los 24 acordes, es pura matemática.

Lo único que tienes que hacer es conocer las notas raíz en la sexta cuerda, y a partir de ahí colocar las posiciones que aprendimos hace un momento, la guitarra es un instrumento muy posicional y el poder transportar posiciones de acordes es una de sus más grandes ventajas.

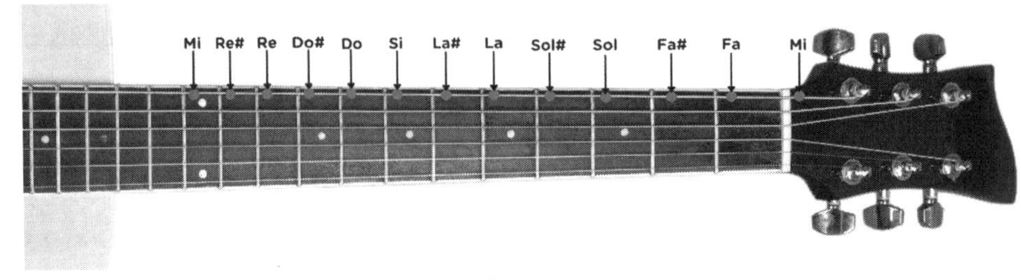

Yo sé, la cejilla puede ser molesta y desesperante al inicio, te soy sincero, vas a tardar un poco en obtener ese sonido cristalino que tanto deseas, ¡pero hey! todos pasamos por esto, practica de manera constante y no pierdas esa determinación. Te dejo un video de apoyo en donde te explico 5 trucos clave para realizar la cejilla, seguro te sirve, escanea el código.

Ahora es tiempo de aplicar lo aprendido a canciones reales, ya que de esta forma es mucho más divertido practicar, si no conoces los temas mencionados puedes realizar una busqueda rápida en internet.

Scar Tissue - Red Hot Chili Peppers

Ya se, ya soy un poco viejo, pero esta banda es muy buena y esta canción ya es un clásico del rock. Analicemos la armonía de este temazo. Usaremos solamente tres acordes, de los cuales ya conoces dos: **Fa Mayor y Do Mayor.** El nuevo acorde es **Re Menor,** el cual es de esta forma: el dedo "1" va en el primer traste de la primera cuerda, el dedo "3" va en el tercer traste de la segunda cuerda, y el dedo "2" va en el segundo traste de la tercera cuerda, inserto los diagramas para que sea más fácil su lectura.

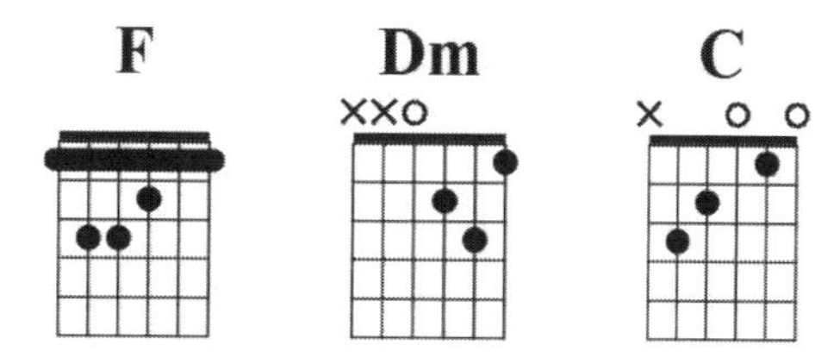

Con estos tres acordes ya puedes tocar toda la canción, el rasgueo es el siguiente:

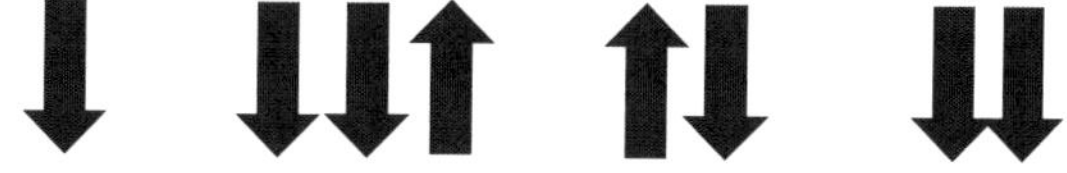

Repite el rasgueo una vez por acorde, te dejo todo el tema con cifrado, diagramas y tablatura.

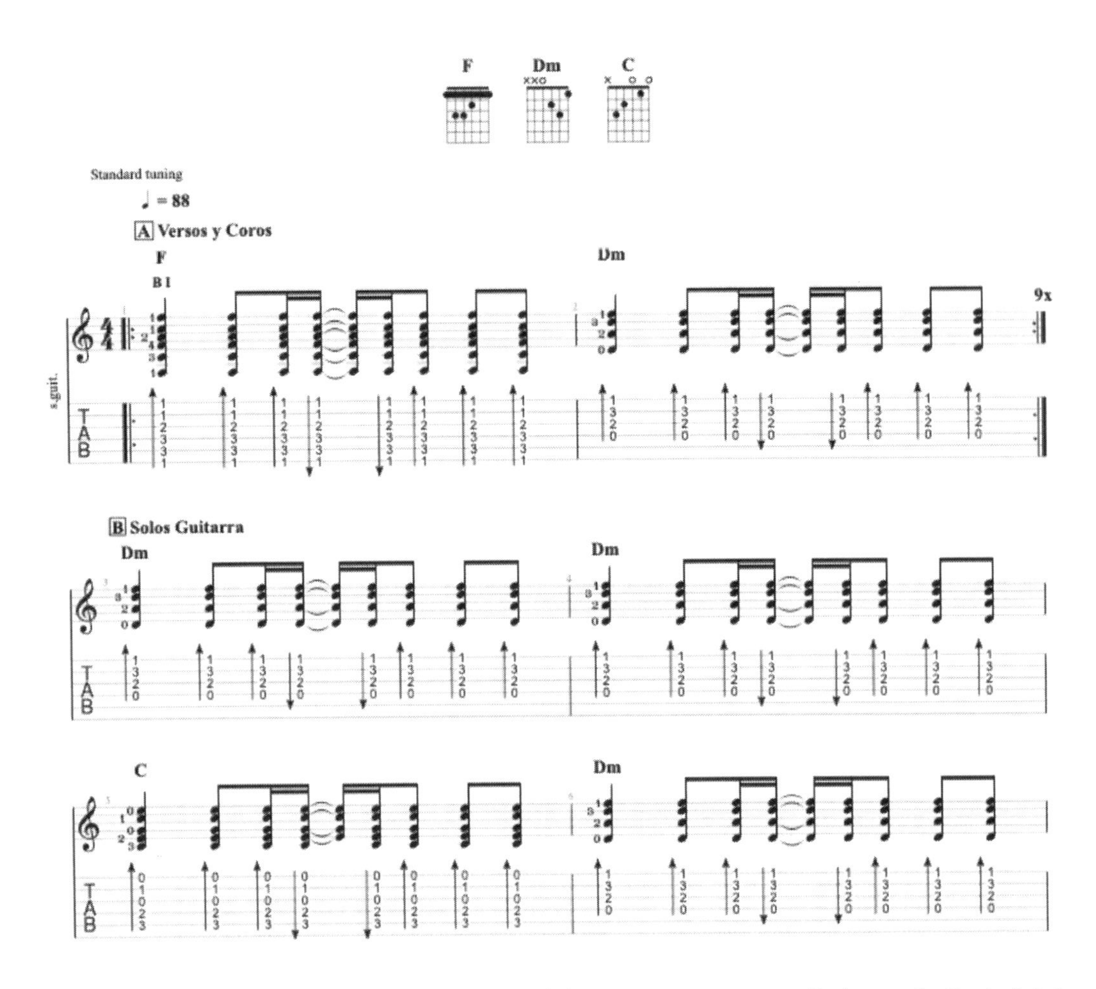

**Recuerda que el rasgueo en la tablatura aparece "al revés" debido a la numeración de las cuerdas.*

Si observas con atención, hay unas casillas con las letras **A y B,** estas se utilizan para indicar las secciones de la canción. **"A"** siendo versos y coros y **"B"** siendo el solo de guitarra. El tema comienza con un *riff de guitarra,* posteriormente entran los demas instrumentos y la voz. Puedes empezar a tocar justo cuando empieza a cantar el vocalista.

El orden sería de la siguiente manera: (La "X" signifca que la sección se repite, el número que esta a la izquierda te indica la cantidad de veces que tienes que repetirla).

Estructura de Scar Tissue

A 9x B 1x A 9x B 2x A 5x B 4x

Otra canción que ya puedes tocar es: **LA BAMBA**

La Bamba - Ritchie Valens

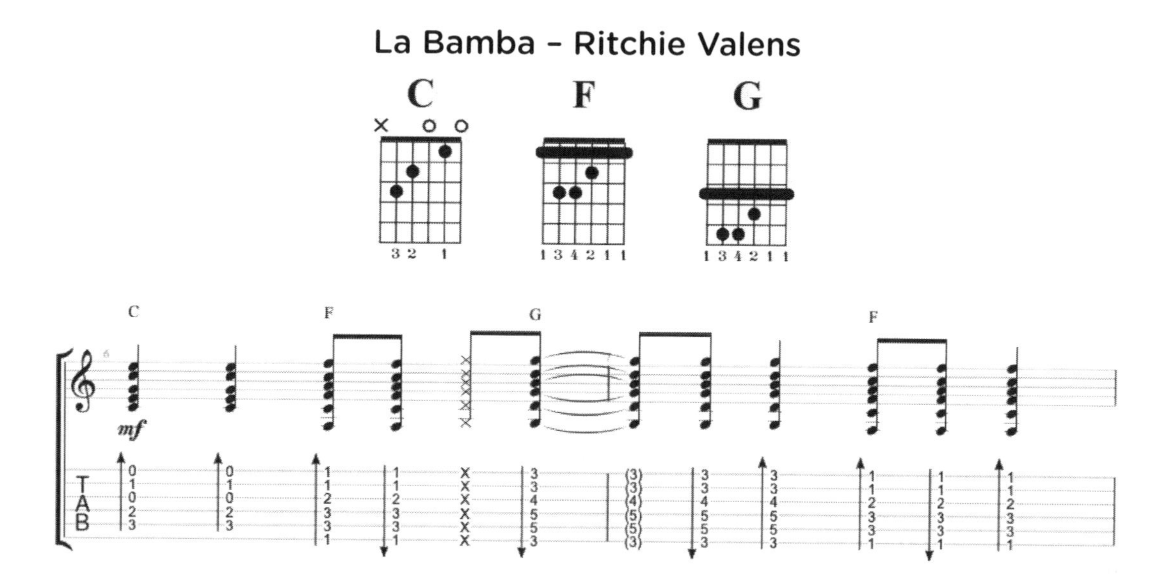

Escucha y revisa bien el rasgueo ya que es nuevo. Toda la canción lleva la misma rítmica y acordes.
También seguro te habrás dado cuenta que el acorde de Sol Mayor lo estamos tocando con cejilla. Puedes también tocarlo en su posición abierta, sigue siendo Sol Mayor. Puedes usar el *voicing* o posición que más te acomode.

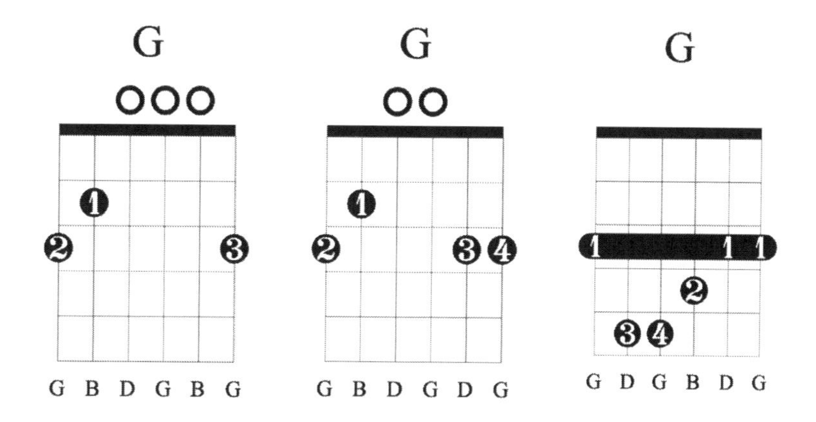

Yo te recomiendo utilizar el acorde con cejilla, esto para que puedas practicarla mientras tocas la canción.

Acordes con Cejilla (quinta cuerda)

También se pueden tocar acordes con cejilla a partir de la 5ta cuerda:

Este es el acorde de D (re mayor) con raíz en la 5ta cuerda.

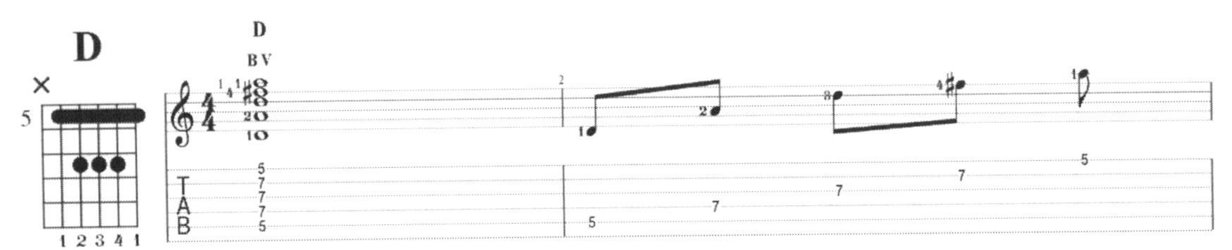

Asegúrate de tocar el acorde completo y luego nota por nota, recuerda que todas las cuerdas tienen que sonar de una manera clara.

Como podrás imaginarlo, también se pueden tocar acordes menores con cejilla en la quinta cuerda.

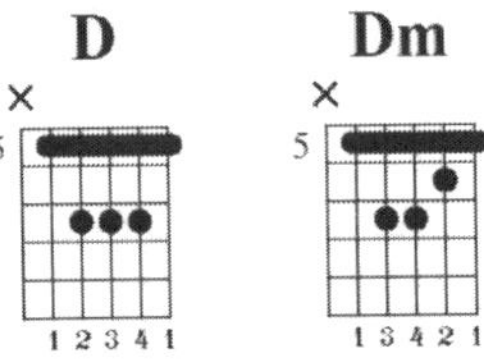

Observa que entre los dos acordes solamente cambia una nota, la de la segunda cuerda.
Al igual que los acordes con raíz en la sexta cuerda, estas mismas posiciones y digitaciones las puedes transportar para tocar otros acordes, con la diferencia de que ahora su nota raíz o punto de partida será la 5ta cuerda.

Por ejemplo, si transportas la posición del acorde D (re mayor) al tercer traste, obtendrás el acorde de C (do mayor), esto por que la nota do se encuentra en el 3er traste de la 5ta cuerda.

Por último aprenderemos otra canción, la cual es ideal para practicar cejillas.

Fly Away - Lenny Kravitz

Los acordes que vamos a utilizar son: La mayor, Si mayor, Do mayor, Sol mayor y Re mayor. Todos los tocaremos con cejilla en sexta cuerda, excepto el Re mayor, este se tocará en la quinta cuerda.

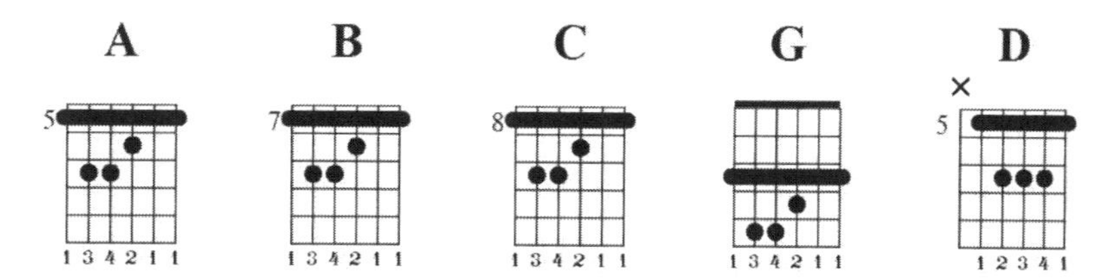

También para que puedas practicar más los acordes con cejilla en quinta cuerda, puedes utilizar los voicings correspondientes a estas cuerdas.

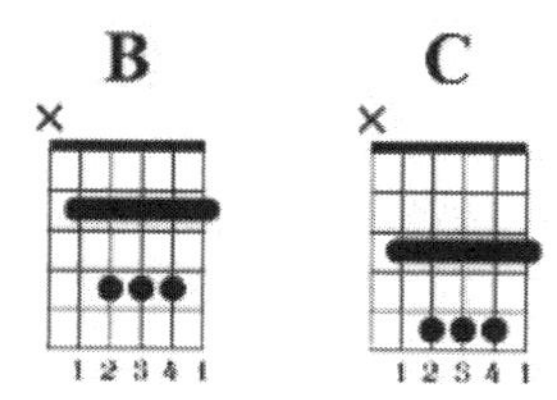

En esta canción de Lenny Kravitz utilizaremos un rasgueo primordialmente alternado en todos los acordes, excepto en **La mayor.** *Rasgueo (o plumilleo) alternado* significa que harás *Abajo-Arriba-Abajo-Arriba-etc.* En el acorde de **La mayor** (única excepción) el rasgueo sería de esta forma:

Además de los acordes y el rasgueo, en la tablatura veras unas "x" (junto con su respectivo rasgueo). Esto significa que vas a rasguear, pero SIN PRESIONAR las cuerdas con la mano izquierda, es decir tus dedos tienen que reposar ligeramente sobre estas para que no suenen y den un efecto percusivo, a esto se le conoce como **notas muertas.**

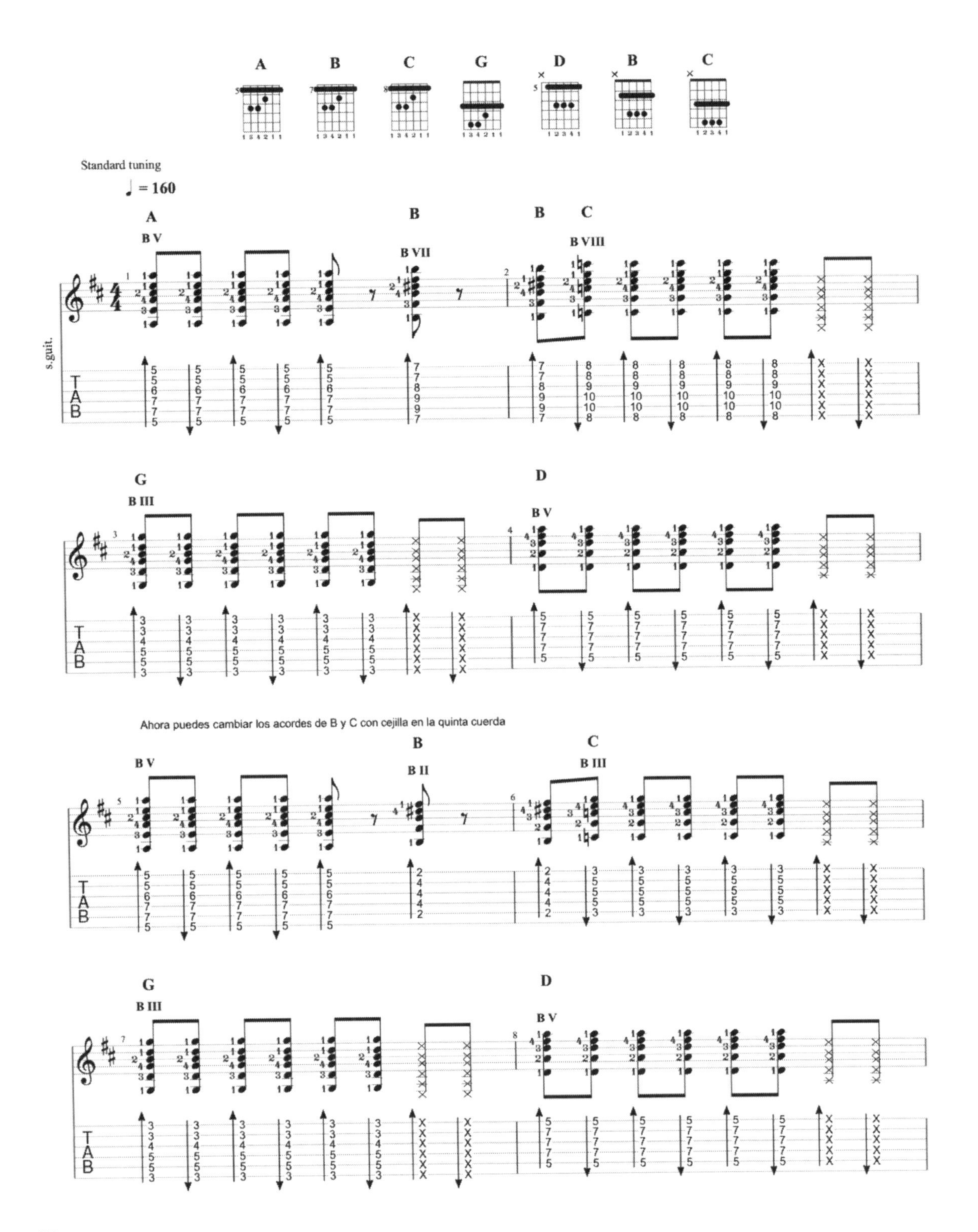
A
B
C
G
D
B
C
Standard tuning
♩ = 160
A
B V
B
B VII
B
C
B VIII
s.guit.
G
B III
D
B V
Ahora puedes cambiar los acordes de B y C con cejilla en la quinta cuerda
B V
B
B II
C
B III
G
B III
D
B V

¿Cómo te sentiste?, el truco esta en que “sueltes” tu mano derecha, no la tenses, solo deja que fluya con el ritmo de la canción.

En cuanto a los acordes con cejilla, no te preocupes si aún no te salen de manera clara, eventualmente lo harán. Escucha y practica las canciones que mencionamos en este capítulo, te aseguro que el proceso será más divertido.

Si necesitas motivación ve algunos videos de tus artistas y/o guitarristas favoritos, todos ellos pasaron por esto y lo superaron, así que tu también puedes hacerlo.

MÓDULO II

NOTACIÓN MUSICAL Y RÍTMICA

Seguramente alguna vez has visto a músicos profesionales en algún concierto, película o en tu escuela tener frente a ellos unas hojas con algunos símbolos raros, pues bien estas son PARTITURAS, y es en ellas donde se escribe la música.

Hasta el momento nos hemos comunicado a traves de la TABLATURA, que aunque es muy funcional, también tiene algunas limitantes, por esa razón en este capítulo aprenderemos a leer los elementos básicos de una PARTITURA.

Si prestas atención a las imágenes anteriores, hay algunos símbolos que siempre aparecen, y son los siguientes:

PENTAGRAMA

5ª línea
4ª línea — 4to espacio
3ª línea — 3er espacio
2ª línea — 2do espacio
1ª línea — 1er espacio

El pentagrama cuenta con 5 líneas paralelas y equidistantes, presta atención a la númeración de las líneas y los espacios.

Es importante **NO CONFUNDIR** estas líneas con las cuerdas de la guitarra.

CLAVE

La clave es un símbolo que nos va a indicar la *altura* de la música escrita, es decir, esta va a asignar una nota a una determinada línea del pentagrama, la cual se tomará como punto de partida para establecer la ubicación del resto.

Las claves más usadas son la *clave de sol, clave de fa y clave de do.* Por ahora solo nos enfocaremos en la *clave de sol,* ya que es la que se utiliza para escribir las melodías y/o armonías que genera la guitarra, esto debido al registro medio-agudo de las notas del instrumento.

Esta es la clave de sol, seguramente ya la habías visto antes. Esta ubica la nota sol en la segunda línea del pentagrama, por lo que la ubicación del resto de las notas es de la siguiente forma.

Por lo tanto, el nombre de las notas se lo da su colocación en el pentagrama (que "tan abajo" o que "tan arriba" se encuentren) y la *clave* que se este utilizando.

Es importante que memorices muy bien la ubicación de las notas, puedes empezar aprendiendo unas cuantas que esten en posiciones estratégicas y despues tomarlas como referencia.

Por ejemplo, cuando yo comencé a leer, las primeras notas que memorice fueron Sol, Do y Fa (5ta línea). Al enfocarme solamente en estas logré ubicarlas mucho más rápido, y posteriormente las utilice como referencia para aprender el resto de una manera más fácil, te recomiendo que uses la misma metodología.

Comienza con esas tres notas y verás que muy pronto ubicarás las demás con mayor facilidad.

¿Pero acaso solo se pueden escribir 11 notas? ¿Qué pasa si se necesita representar algún sonido más grave o más agudo? Pues para eso se utilizan las **líneas adicionales.** Estas consisten en dibujar líneas extra para poder escribir sobre ellas y los espacios que generan, piénsalo como si fueran una "extensión" del pentagrama. Las líneas adicionales se pueden utilizar en ambas direcciones, tanto más grave (debajo de la 1era línea) o más agudo (por encima de la 5ta línea).

NOTAS ADICIONALES (GRAVES)

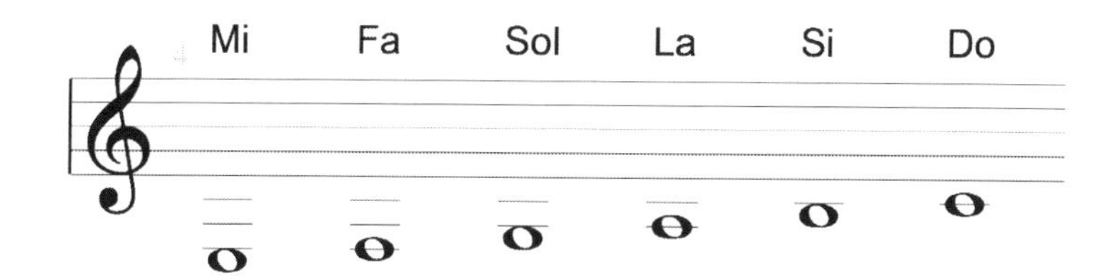

NOTAS ADICIONALES (AGUDAS)

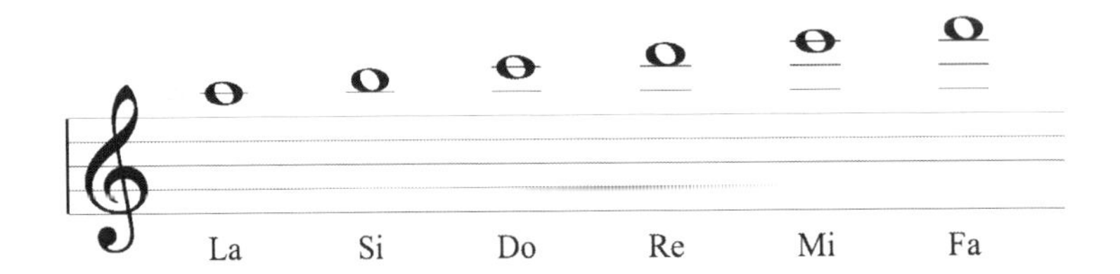

Con estas notas puedes aplicar la misma dinámica, toma un par, memorizalas y úsalas como referencia para ubicar las demás.

¿Y cómo se traslada todo esto a la guitarra? Pues bien, la primer **nota Do** que aparece en la siguiente imagen es la que esta ubicada en el *tercer traste - quinta cuerda,* a esta también se le conoce como **Do Central.** La segunda **nota Do** es la que esta ubicada en el *primer traste - segunda cuerda.*

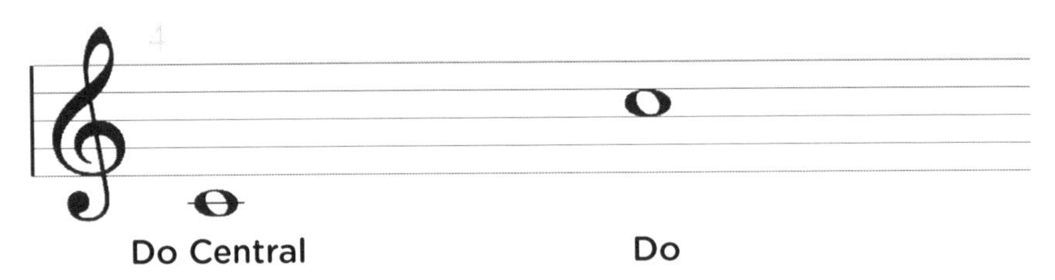

La ubicación en el pentagrama de las cuerdas al aire de la guitarra es la siguiente:

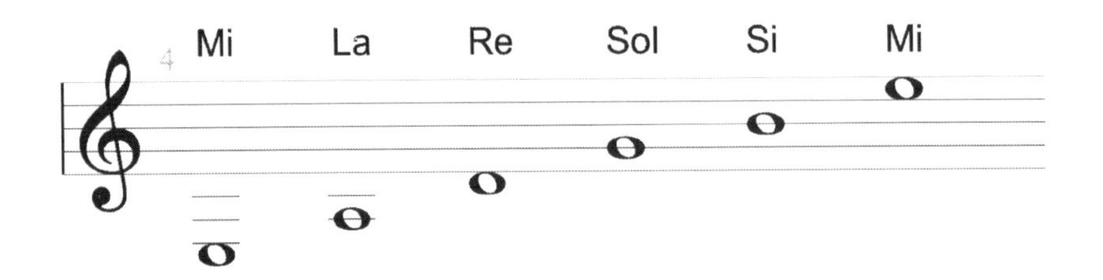

Con esto ya puedes relacionar de una mejor manera el pentagrama con el diapáson de tu guitarra. En el módulo anterior aprendimos la escala mayor, vuelve a ese capítulo, pero ahora enfócate en analizar la partitura y en relacionar las notas escritas con el diapasón.

COMPÁS

El compás es la entidad métrica musical compuesta por varias unidades de tiempo o figuras musicales... ok en un español más sencillo... básicamente es el espacio que sirve para poder escribir la melodía y el ritmo de la música.

En la partitura se le llama *compás* a cada una de las partes separadas por las líneas verticales, estas indican el inicio y/o final de cada uno de estos.

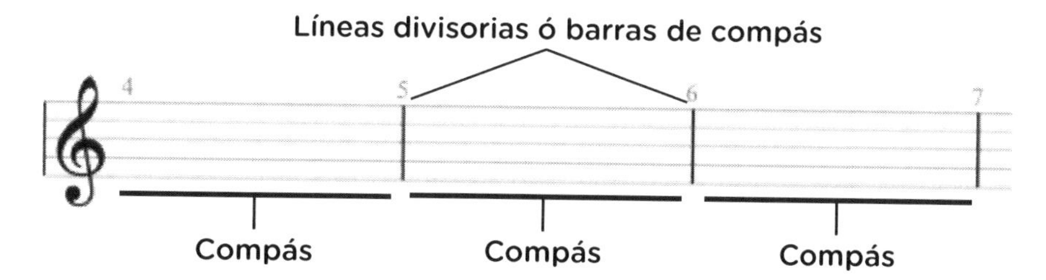

Es muy común dentro de las agrupaciones musicales o ensambles escuchar frases como "Retomemos desde el compás 15", es por eso que casi siempre el número de compás viene indicado en la parte superior de este, o en su defecto, la partitura se organiza de una forma que fomente la rápida ubicación de los compáses.

INDICACIÓN DEL COMPÁS

Al inicio de cualquier partitura (después de la clave) siempre encontrarás una representación gráfica de la *indicación del compás*, esta se utiliza para específicar cuantos pulsos hay en cada compás y que *figura musical* define su pulso.

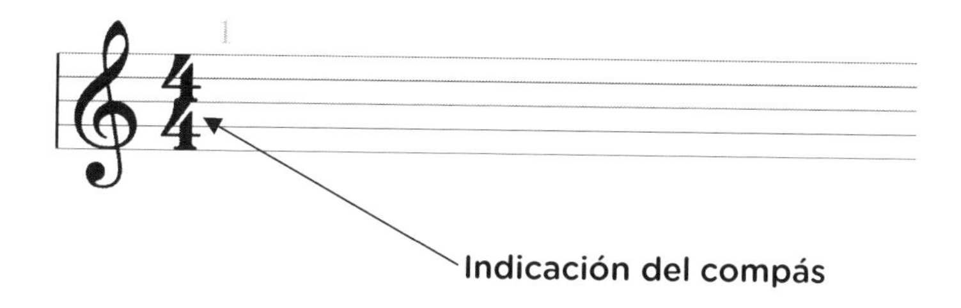

¿Pensaste que ibas a huir de las matemáticas verdad? Pues no, la *indicación del compás* es básicamente una fracción. El númerador (número de arriba) nos indica cuantos *pulsos* hay en cada compás, y el denominador (número de abajo) nos indica la figura rítmica que ocupa cada tiempo. Visto de manera inversa, el denominador nos indica la figura rítmica y el númerador la cantidad de estas que caben en un compás.

Los compáses más usados en la música popular son 4/4 (cuatro por cuatro), 3/4 (tres por cuatro), 6/8 (seis por ocho) y 2/4 (dos por cuatro). Se que esto es un poco confuso, pero vas a ver que lo vas a ir comprendiendo mejor a medida que avancemos en el capítulo.

FIGURAS MUSICALES

Ya conocemos la ubicación de las notas en el pentagrama, pero ¿cómo sabemos cuanto tiempo durarán? Pues para eso se utilizan las figuras musicales, en este capítulo aprenderemos las más básicas y utilizadas en la música popular.

Comencemos con la redonda o unidad, esta tiene un valor de 4 tiempos o pulsos.

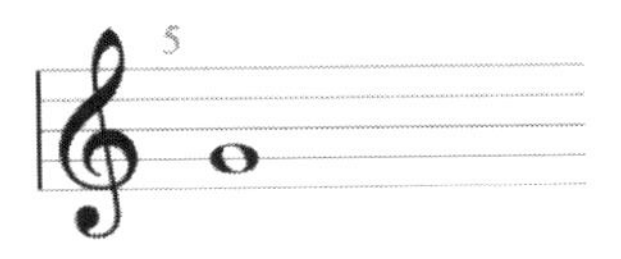

Después tenemos la blanca o mitad, que tiene un valor de 2 tiempos o pulsos (la mitad de la redonda).

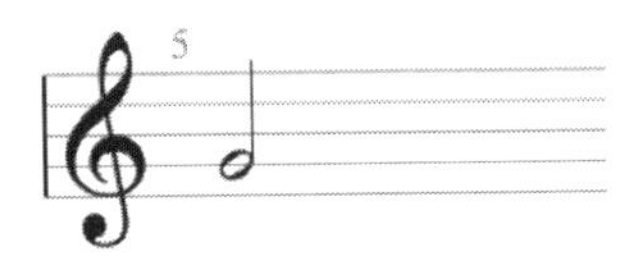

Después tenemos la negra o cuarto, que tiene un valor de 1 tiempo o pulso (la mitad de la blanca).

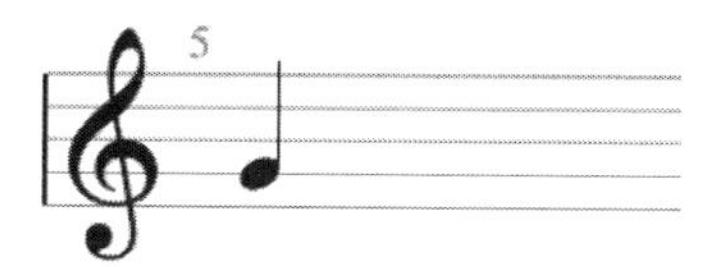

Posteriormente tenemos la corchea u octavo, esta tiene un valor de ½ de tiempo o pulso (la mitad de la negra).

Y por último tenemos la semicorchea o deiciseisavo, esta tiene un valor de ¼ de tiempo o pulso (la mitad de la corchea).

Seguramente ya te diste cuenta que cada una es una sub-división de la anterior.

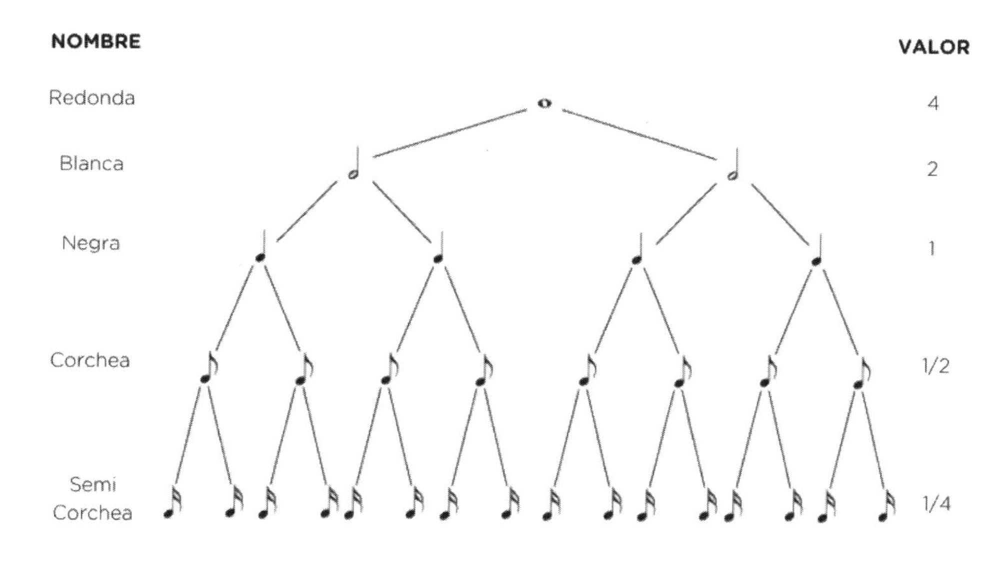

Y a todo esto ¿qué es el pulso? El pulso es cualquiera de las señales transitorias musicales periódicas que marcan el ritmo... mmm ok, trataré de explicarlo en un español más sencillo:

¿Te ha pasado que cuando escuchas una canción mueves tu cabeza o tu pie al "ritmo" de la música? Pues eso es el pulso, son intervalos de tiempo que se repiten, dicho de una manera más romántica "Es el latido de la música".

El *pulso, tempo o beat* puede ser rápido o lento. Una canción hecha para bailar o brincar normalmente tendrá un *tempo rápido,* mientas que una balada romántica generalmente tendrá un *tempo lento.* De hecho tu ya haz experimentado esto con el metrónomo; entre más bajo es el número de los BPM los pulsos estan más espaciados entre si (tempo lento), y entre más alto es el número están más juntos (tempo rápido)

Entonces vamos a incorporar estas figuras rítmicas a un compás de 4/4, para estos ejemplos utilizaremos la nota sol (tercera cuerda al aire).

La **redonda** vale 4 tiempos o pulsos, por lo que en un compás de 4/4 solo es necesaria una figura para llenarlo.

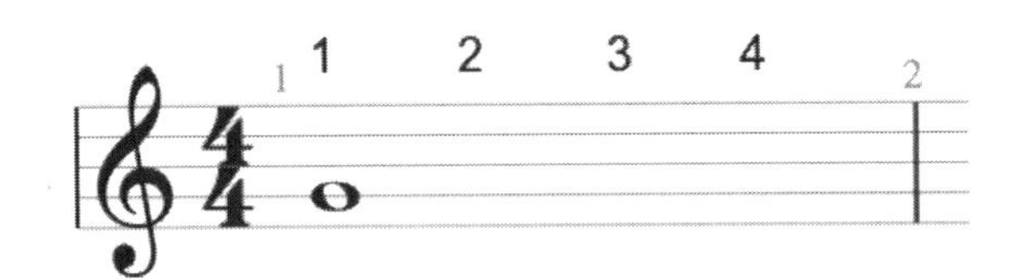

La **blanca** vale 2 tiempos o pulsos, por lo que en un compás de 4/4 son necesarias dos figuras para llenarlo, 2 + 2= 4, recuerda, son matemáticas básicas.

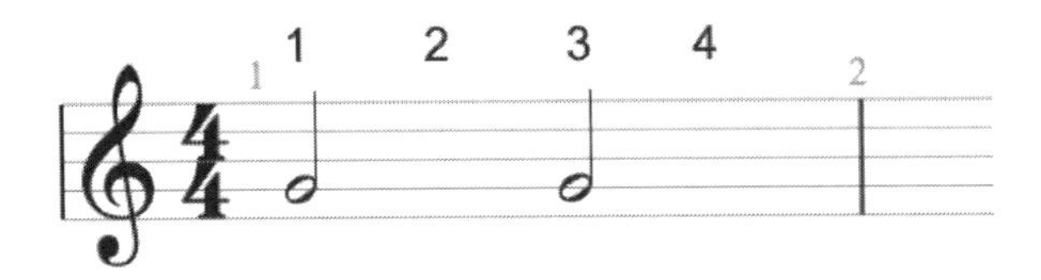

La **negra** vale 1 tiempo o pulso, por lo que en un compás de 4/4 son necesarias cuatro figuras para llenarlo (1+1+1+1=4).

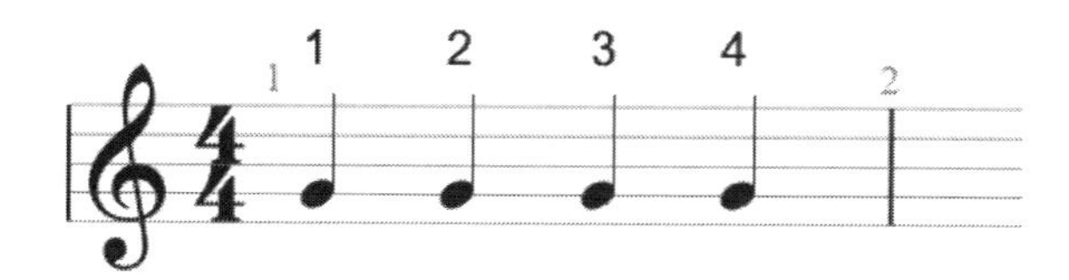

Esta figura rítmica es la más "sencilla", ya que las notas coinciden con los pulsos del metrónomo, de hecho ya las has tocado antes ¿recuerdas los cuadrafónicos y el himno a la alegría?, pues ahí estuviste tocando en su mayoría esta figura rítmica.

A las negras también se les conoce como *cuartos,* por lo que aquí podemos comprender de una mejor manera la fracción que nos indica el compás. Si el compás fuera de 3/4 esto significaría que en los tres pulsos del compás caben tres negras o *cuartos.* Recuerda, el denominador nos indica la figura rítmica, y el nominador cuantas de estas caben en el compás.

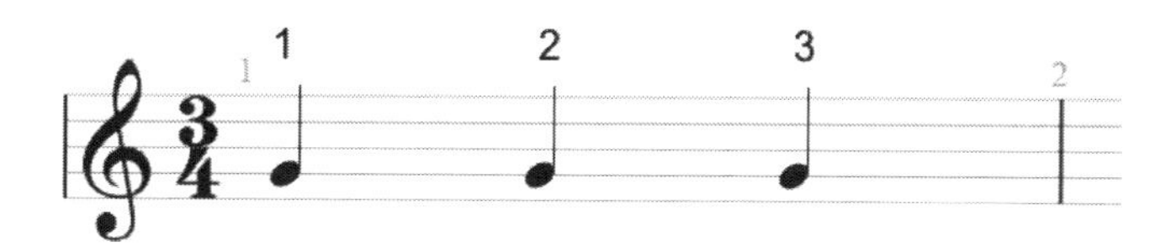

Te dije que lo ibas a comprender mejor más adelante jeje, pero bueno sigamos con las figuras rítmicas.

La **corchea** vale medio tiempo o pulso, por lo que en un compás de 4/4 son necesarias ocho figuras para llenarlo.

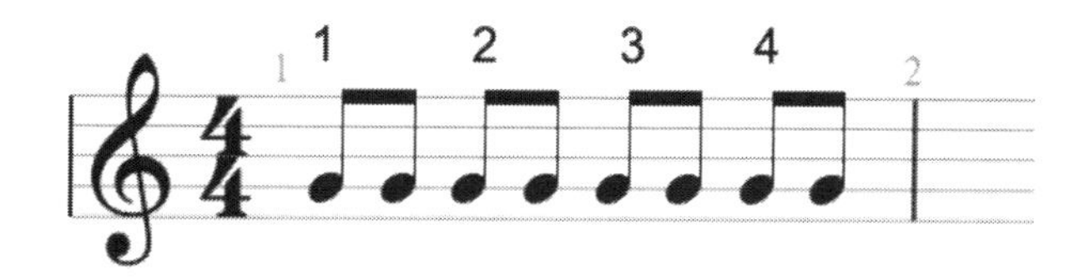

La **semicorchea** vale un cuarto de tiempo o pulso, por lo que en un compás de 4/4 son necesarias deiciseis figuras para llenarlo.

Configura tu metrónomo en 4/4 y a un tempo que te sientas cómodo e intenta tocar estas figuras rítmicas.

Uff ¿mucha información hasta ahora no? Lo sé, y es por eso que, como ya es costumbre, te dejo un video para que puedas comprender mejor todo lo visto hasta ahora:

Hasta el momento hemos estudiado figuras que duran 4, 2 y 1 pulso ¿Pero que pasa si queremos escribir un sonido de diferente valor? Pues para eso se utiliza la ligadura y el puntillo.

La ligadura añade a una figura rítmica el valor de la siguiente, por ejemplo si queremos representar un sonido de 3 tiempos de duración, escribiriamos una blanca (2 pulsos) ligada a una negra (1 pulso).

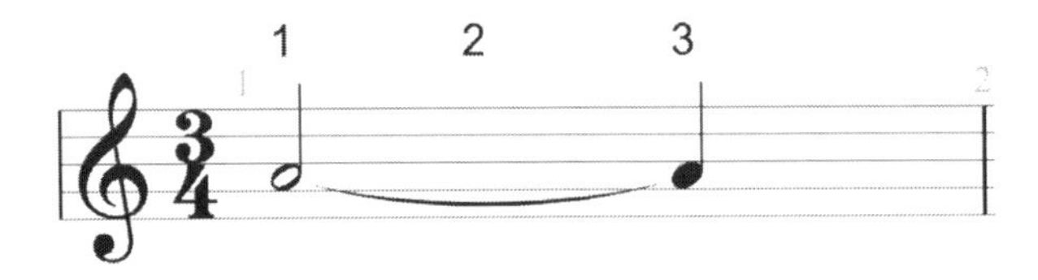

La ligadura es muy sencilla, solo realiza una simple suma de los valores y listo, en este caso sería: 2 + 1 = 3

El puntillo añade a una figura rítmica la mitad de su valor, si queremos representar un sonido de 3 tiempos de duración, escribiriamos una blanca con puntillo. Recuerda, la blanca vale dos pulsos, por lo tanto la operación matemática que hay que realizar es la siguiente:

La mitad de 2 = 1
2 + 1 = 3

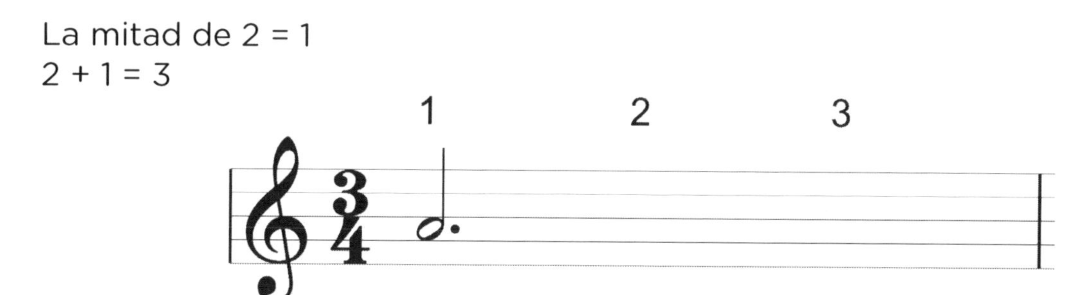

SILENCIO

Hay un elemento igual de importante que el sonido en la música, este es EL SILENCIO. Así como hay símbolos para representar los sonidos también los hay para los silencios, existe uno por cada figura rítmica.

El silencio de redonda es un rectángulo o barra horizontal dibujado en la parte inferior de la línea número 4. Tiene un valor de cuatro tiempos o pulsos del compás.

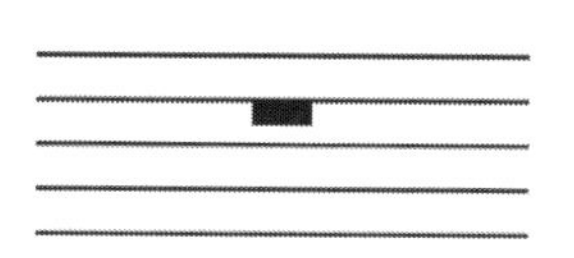

El silencio de blanca es un rectángulo o barra horizontal dibujado por encima de la tercera línea del pentagrama. Tiene un valor de dos tiempos o pulsos del compás.

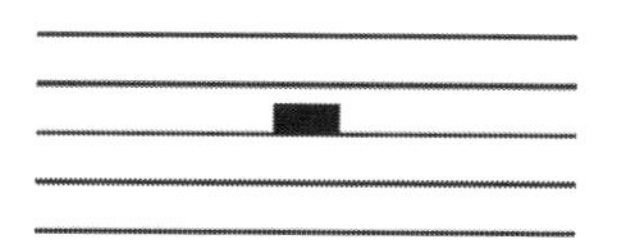

El silencio de negra se representa con este símbolo parecido a una "Z". Tiene un valor de un tiempo o pulso del compás.

El silencio de corchea se representa con este símbolo. Tiene un valor de medio tiempo o pulso del compás.

El silencio de semicorchea se presenta con este símbolo. Tiene un valor de un cuarto de tiempo o pulso del compás.

En esta tabla podemos observar de una mejor manera las equivalencias.

FIGURA RÍTMICA	SILENCIO	NOMBRE	DURACIÓN
𝅝	𝄻	Redonda	cuatro pulsos
𝅗𝅥	𝄼	Blanca	dos pulsos
♩	𝄽	Negra	un pulso
♪	𝄾	Corchea	medio pulso
𝅘𝅥𝅯	𝄿	Semicorchea	un cuarto de pulso

En este video explico el puntillo, ligaduras y silencios, chécalo si tienes alguna duda:

Tómate tu tiempo, vuelve a leer todo las veces que sean necesarias y no olvides apoyarte en los videos. Regresa a los cápitulos anteriores y analiza las partituras, de esta forma poco a poco irás comprendiendo todos los conceptos.

Este cápitulo fue muy informativo y teórico, en el siguiente aplicaremos todo lo aprendido a la guitarra, tanto de manera armónica como melódica, verás que será mucho más divertido. Nos vemos en el próximo episodio ☺.

MÓDULO II

SOLFEO Y RITMO ARMÓNICO

Ya aprendimos los elementos básicos que componen una partitura, ahora vamos a aplicar estos conceptos a nuestro instrumento. Comencemos con *el solfeo rítmico,* que es una técnica de entrenamiento para adquirir rapidez en la lectura de una partitura, por ahora solo nos enfocaremos en recitar el ritmo (sin cantar o entonar), siempre respetando la duración o valor rítmico de las figuras.

Lo primero que tenemos que aprender es a marcar el compás, seguramente has visto a algún director de orquesta (en la vida real ó en un pelicula) hacerlo con una batuta al inicio o durante una pieza, pues aquí vamos a hacer algo similar pero con nuestra mano. En este capítulo aprenderemos los compáses más populares 4/4, 3/4 y 2/4, iniciemos con el de 4/4.

Coloca tu mano derecha (ligeramente flexionada) a la altura de tu pecho y tu dedo índice levantado (como si quisieras señalar a alguien).

El primer pulso de un compás de 4/4 se marca con un movimiento de arriba hacia abajo, el segundo pulso se marca desde abajo hacia la izquierda, el tercero con un movimiento de izquierda a derecha, y el cuarto con un movimiento de derecha hacia arriba.

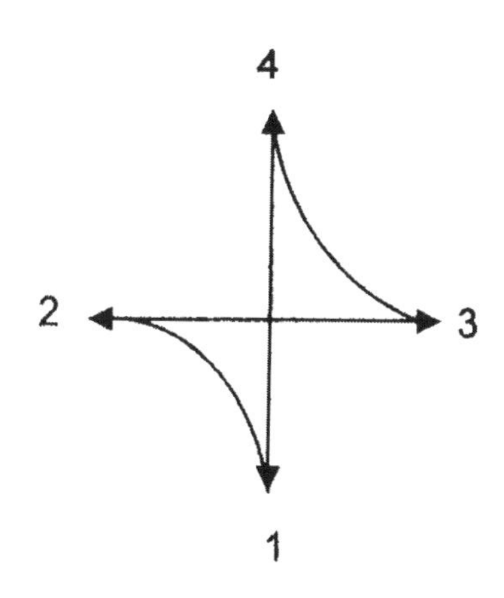

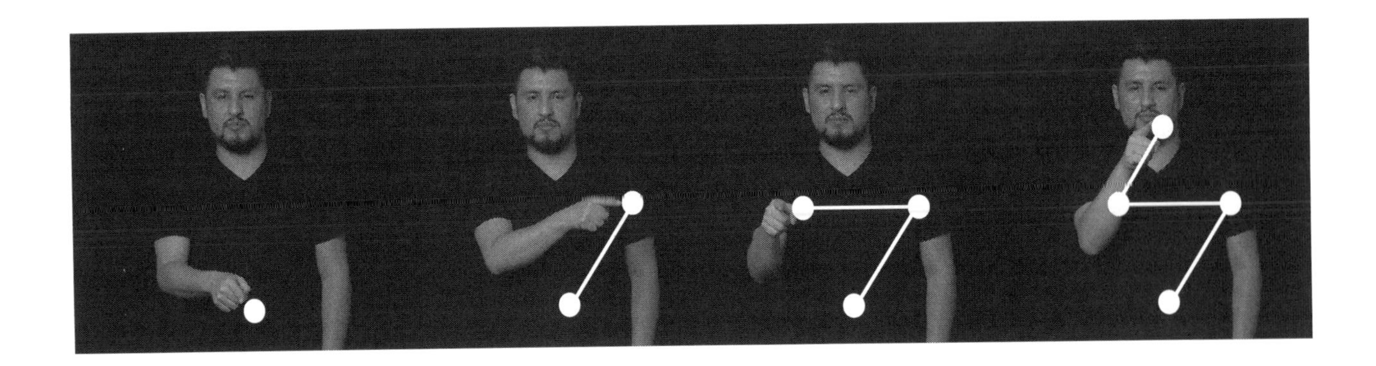

Configura tu metrónomo en 4/4 y a una velocidad cómoda, intenta marcar el compás de esta forma, recuerda, la *campana del metrónomo* siempre nos indica el pulso número 1.

Los compáses de 3/4 y 2/4 se marcan de manera similar, el movimento se modifica un poco ya que tenemos menos pulsos.

-El compás de 3/4 sigue este movimiento: *Abajo, derecha y arriba.*
-El compás de 2/4 sigue este movimiento: *Abajo y arriba.*

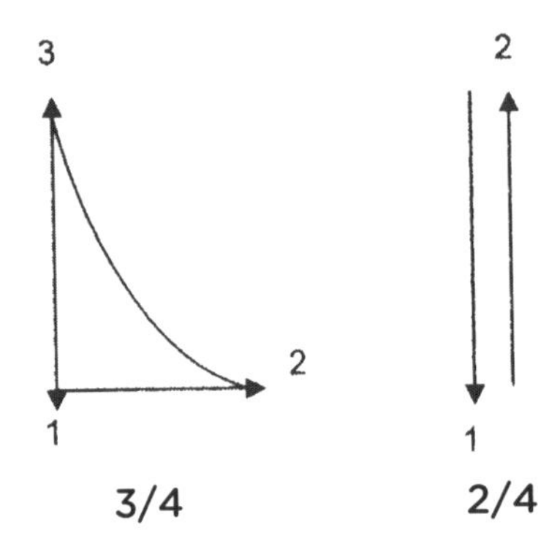

Entonces tengo una tarea para ti: Cada que escuches música (supongo que lo haces seguido) marca el compás de tus canciones favoritas, algunas estarán en 4/4, otras en 3/4 ó 2/4, prueba con cada uno y tu mismo te darás cuenta cuando los acentos del compás coincidan con la música. Esto aplica solamente para la música popular, si escuchas jazz, metal progresivo o algún otro género más elaborado, puede ser que te encuentres con compáses mas complejos.

Ya que sabemos marcar el compás vamos a *solfear rítmicamente* las figuras musicales que hemos visto hasta ahora, para eso utilizaremos las sílabas **TA y CA.**

Las **redondas, blancas y negras** las diremos con la sílaba **TA.** En el siguiente ejercicio encontrarás algunos compases con estas figuras rítmicas, entonces configura tu metrónomo en 4/4 y a un tempo cómodo, deja un compás libre e inicia a leer las figuras en voz alta, recuerda siempre respetar la duración de cada figura rítmica.

Ejercicio núm 1.

En la parte de arriba estan escritos los pulsos (1, 2, 3 y 4), fíjate bien en donde coinciden con las figuras rítmicas, eso hará mucho más fácil su lectura y comprensión.
Las **corcheas** y semicorcheas las diremos con las sílabas **TA y CA,** presta atención a como estan distribuidas estas.

Practiquemos la lectura rítmica de estas figuras con algunos compáses.

Ejercicio núm. 2

De igual forma, fíjate bien en donde coinciden las figuras y los pulsos del metrónomo.

Como siguiente paso vamos a combinar todas las figuras musicales vistas hasta ahora ¿Listo?

Ejercicio núm 3

¿Recuerdas que la música esta compuesta de sonidos y de silencios? Pues ahora vamos a incorporar estos últimos al solfeo.
Cuando te encuentres con un silencio simplemente no digas nada… ¿creo que es lo más sencillo que hemos hecho hasta ahora no? 🤐. Solamente recuerda respetar la duración de los silencios dependiendo de la figura rítmica que les corresponda.

Ejercicio número 4

Todos estos ejercicios estan en formato de audio para que los descargues y los comprendas de una mejor manera, escanea el código aquí:

Seguramente estarás pensando "Oye Ivan pero yo ya quiero tocar mi guitarra" Créeme que lo sé, y es por eso que la segunda parte de este capítulo realizaremos los ejercicios junto con el instrumento ☺.

LECTURA DE NOTAS

En esta segunda sección ya no sólo vas a leer las notas de manera rítmica, ahora también lo harás de manera melódica, lo cual lo hará un poco más complicado, imagina que es como realizar dos tareas a la vez.

Para entrar un poco más frescos a esta etapa, repasemos la 3era posición de la escala mayor de Do (la que aprendimos en el modulo I), ya que es la que usaremos en esta primera fase de lectura.

Con el conocimiento que tienes ahora seguro todo tiene mucho más sentido, observa y analiza como se relacionan las notas del pentagrama con las notas en el diapasón de tu guitarra.

Y bueno, ha llegado el momento que tanto hemos esperado, hoy darás un gran paso y estarás un poco más cerca de ser ese gran músico que siempre has soñado. Esto es por que en unos momentos ileerás tu primera partitura!

Aquí abajo te adjuntare una melodía escrita en una partitura, no te voy a decir que canción es, asi que quiero que intentes leerla por tu cuenta. Para hacer el proceso más sencillo te recomiendo seguir los siguientes pasos:

- Identifica la clave y la indicación del compás.
- Antes de tocar, solfea rítmicamente todos los compases.
- Identifica que notas estan escritas en el pentagrama y despues ubícalas el el diapasón de la guitarra.
- Configura tu metrónomo a la velocidad establecida en la partitura (puedes bajar el tempo si lo sientes muy rápido).

¿Listo? Te deseo suerte ☺.

¿Cómo te fue? ¿Pudiste leerlo? ¿Sabes que canción es? Por favor no me dejes con la intriga, corre a mis redes sociales y cuéntame.
Si te costo trabajo, no te preocupes, vamos a hacerlo paso a paso.

Primero vamos a identificar los pulsos, para posteriormente solfear solamente el ritmo, por el momento olvidate de la melodía.

Ya que tengamos el ritmo bien estudiado, vamos a identificar las notas en el pentagrama.

Ejercicio núm 5

Intenta tocar la melodía de nuevo.

La canción es "Martinillo", si, esa que escuchamos miles de veces cuando eramos niños. Ahora que ya sabes que canción es, intenta tocarla de nuevo. Te recomiendo que trates de leer la partitura y tocar la guitarra de manera simultánea, quizás tengas que dejar de mirar el instrumento para lograr eso, así que memoriza bien las posiciones de las notas para que puedas tocarlas sin necesidad de voltear a ver al instrumento.

Si no sabes que canción es, el audio esta incluido en el código QR que escaneaste hace unos momentos.

¡Felicidades por tu primer lectura de partitura! El conocer de manera general esta forma de escritura te ayudará a tocar mejor, a entender de una manera más profunda la música y a comunicarte de una manera más eficaz con otros músicos.

RITMO ARMÓNICO

Hasta el momento hemos utilizado las flechas como indicador rítmico a la hora de tocar los acordes, este método aunque es práctico, tiene algunas limitantes. Por esa razón ahora vamos a aplicar todo lo aprendido en materia de lectura a la armonía ó acordes.

De manera general las **redondas, blancas y negras** se tocan con rasgueo hacia abajo. En las **corcheas y semicorcheas** alternaremos el rasgueo, es decir tocaremos *abajo arriba abajo arriba...*

Para llevar a cabo esto de una manera más practica, aprenderemos la introducción del tema *Let it be* de *The beatles.* En la siguiente imagen encontrarás los acordes de esta sección junto con el ritmo armónico (figuras rítmicas), así como el solfeo y la dirección de los rasgueos.

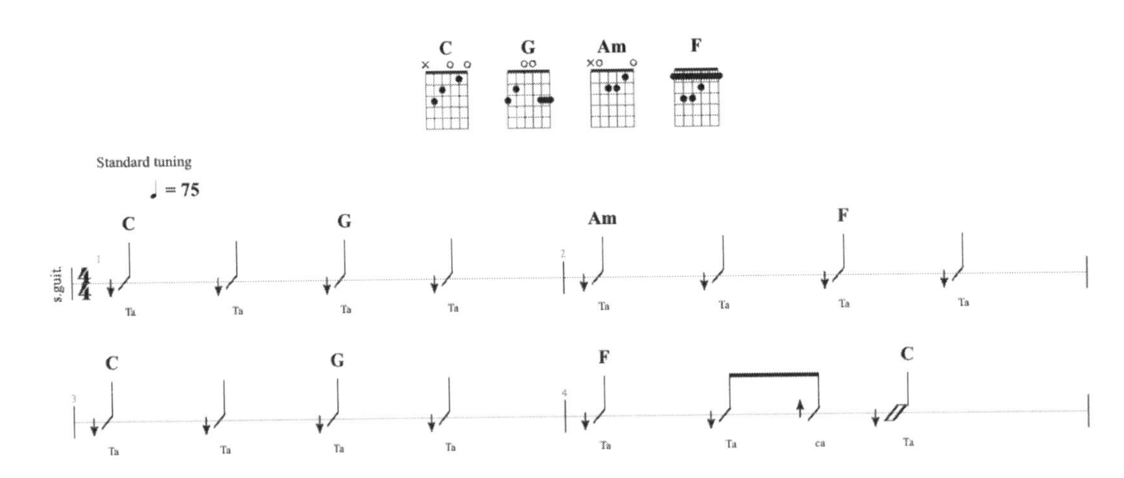

Ejercicio núm 6

Si observas con atención en el último compás nos encontramos con una **negra, dos corcheas y una blanca.** La negra y la blanca tienen la indicación de rasgueo hacia abajo, mientras que las corcheas tienen el rasgueo alternado. Puedes guiarte también por las sílabas, el **TA** comúnmente se toca hacia abajo y el **CA** hacia arriba.

Intenta tocar encima de la canción original, realmente con estos acordes ya puedes tocar la introducción y los versos. Como soy muy buena onda también te adjunto los acordes del coro con su respectivo ritmo armónico ☺.

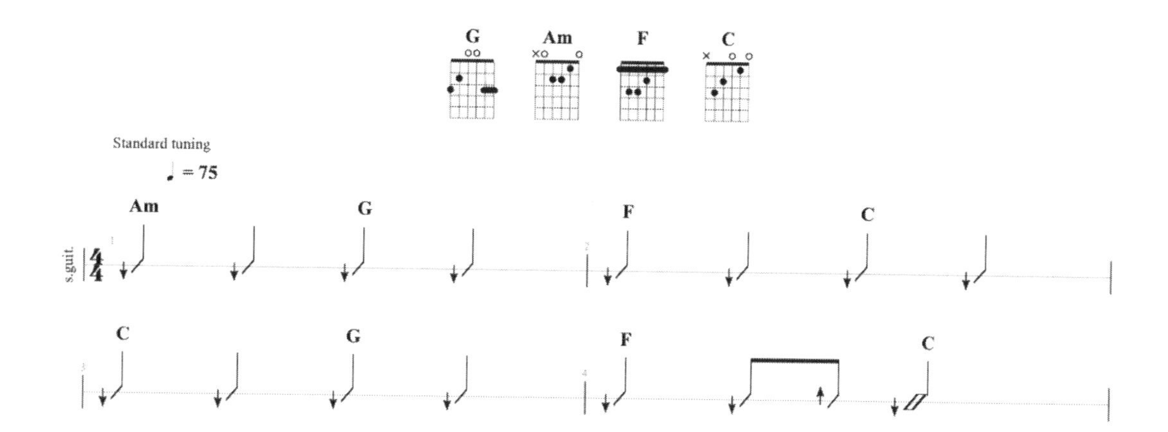

Ejercicio núm 6

¡Listo! Puedes añadir una canción más a tu repertorio.

El ritmo armónico es tan importante que incluso puede ser parte fundamental de un género musical. Por ejemplo en el ska y en el reggae los acordes de guitarra siempre se tocan en el contratiempo o sincopa. Es decir, se omite el primer sonido de las corcheas (TA) y solo se rasguea en el segundo (CA). Un ritmo de ska se vería asi:

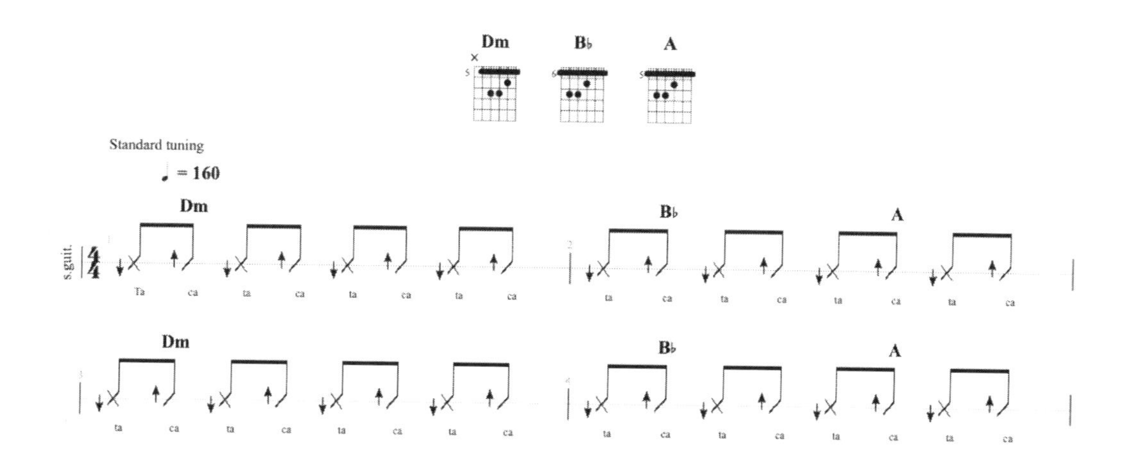

Uff ya me dieron ganas de iniciar una revolución tocando estos acordes, así que para finalizar me gustaría comportarme como maestro de secundaria y dejarte una pequeña tarea. Te voy a dejar acá abajo algunas progresiones de acordes populares con diferentes ritmos armónicos, estudialas y sobre todo diviertete tocando tu guitarra (siempre con metrónomo).

Ejercicio núm 7

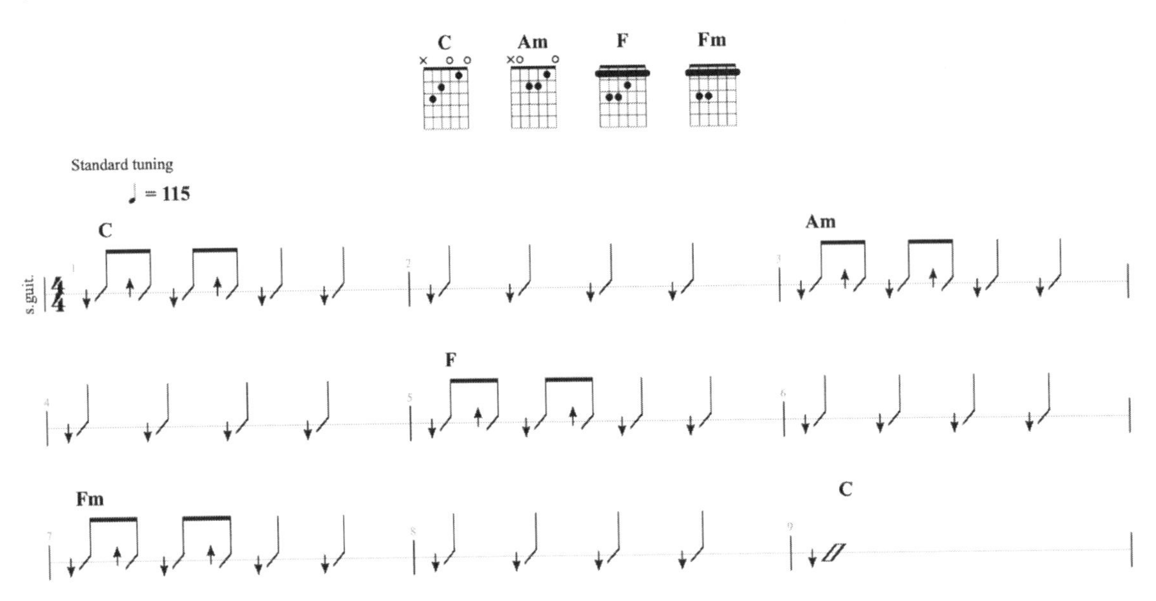

Ejercicio núm 8 (Aquí hay dos acordes por compás).

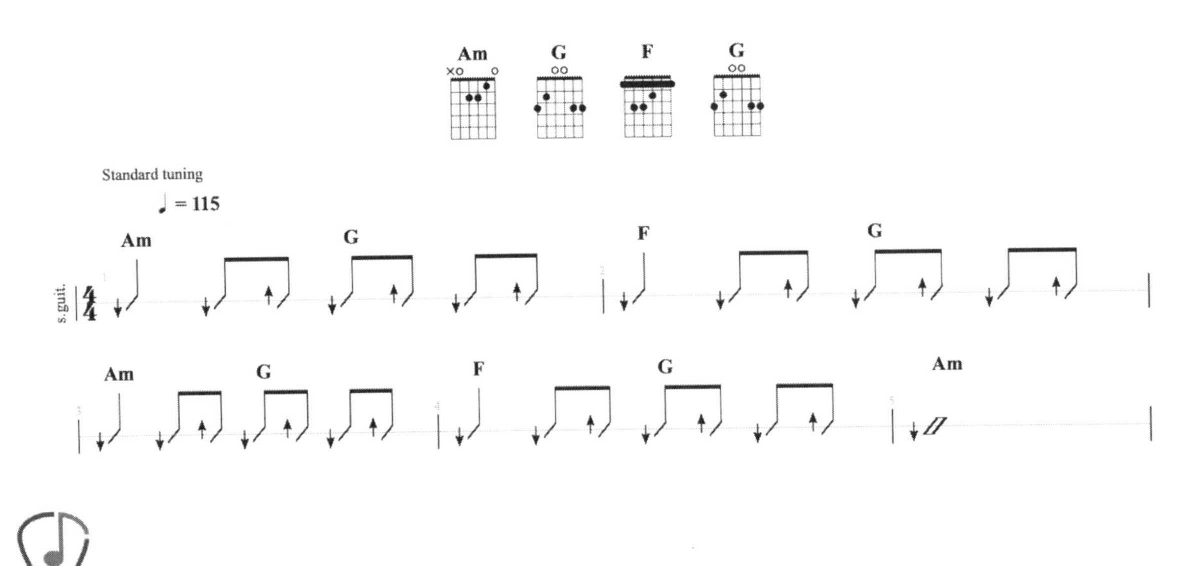

Ejercicio núm 9

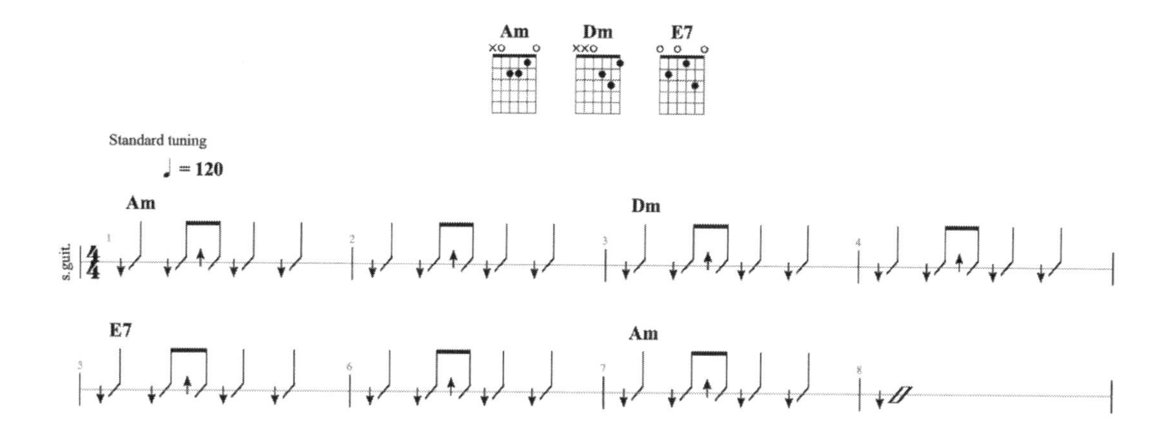

¿Qué te parece si añadimos una canción más a nuestro repertorio? Te adjunto "About a Girl" de la banda Nirvana. Presta especial atención a las ligaduras de los compáses 4 y 6, y al muteo en el compás 8 (aquí "se rompe" la regla y tocamos una negra con rasgueo hacia arriba).

Escucha la versión unplugged, "siente" el ritmo y deja que tu mano derecha fluya.

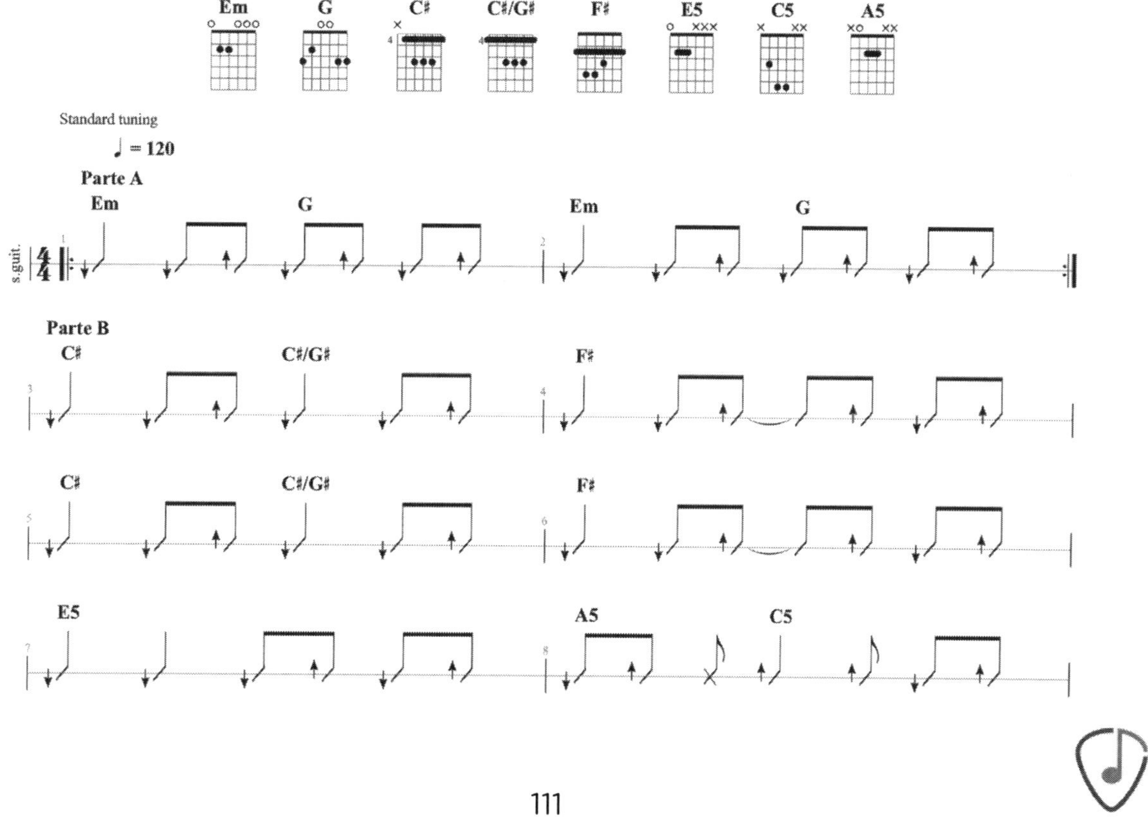

MÓDULO II

INTRODUCCIÓN AL BLUES

El Blues es un estilo musical generalmente con una forma de 12 compases y tres acordes, que además de estar imbuido de nostalgia y muchas emociones, se caracteriza por la improvisación y el uso de las escalas de *Blues y Pentatónicas,* las cuales aprenderemos más adelante.

Existen dos tipos de Blues: El Mayor y el Menor, ambos tienen la misma forma de 12 compases. En este capítulo aprenderemos el Blues en Mayor, ya que es el más común.

Antes de continuar, te recomiendo darle una leída al contenido que hay en la sección de Armonía en este Módulo, esto puede ayudarte a entender de una mejor manera los conceptos que mencionaremos a continuación. Por razones prácticas, todos los conceptos de Armonía vistos en esta capítulo de Blues serán simplificados.

Blues en Mayor (Acordes)

Ve a Spotify o a la plataforma de tu elección y escucha la siguiente delicia de Blues: "Please don´t drive me away" de Buddy Guy. Presta atención a la guitarra, escucha su sonido y expresividad ¿Listo? ¿Te gustó? Entonces estas listo para aprender las bases de este gran género y el por qué ha influido tanto en la música popular.

El Blues Mayor contiene únicamente tres acordes mayores, estos pueden ser triadas y/o acordes dominantes (para una descripción más detallada acerca de la formación de estos acordes asegúrate de estudiar la parte de armonía), y son estos:
I
IV
V
¿Qué son estos números romanos? Estos indican el número de acorde de acuerdo con las notas de cierta tonalidad. Por ejemplo: en la tonalidad de Do Mayor, a cada una de sus notas le corresponde un número romano: C (I), D (II), E (III), F (IV), G (V), A (VI), B (VII). Por lo qué en un **Blues en Do Mayor,** se utilizarían los siguientes acordes:
I - C
IV - F
V - G

Estos tres grados (I, IV y V) forman la base de cualquier Blues. recuerda, los tres acordes son mayores y/o dominantes.

Veamos algunos ejemplos más antes de pasar a la estructura del Blues: lo haremos en A mayor. Las notas de esta tonalidad son: A (I), B (II), C# (III), D (IV), E (V), F# (VI), G# (VII). Así que los acordes utilizados en un Blues en A Mayor son:

I - A

IV - D

V - E

En Mi Mayor los acordes serían estos: E (I), F# (II), G# (III), A (IV), B (V), C# (VI), D# (VII)

I - E

IV - A

V - B

ESTRUCTURA

En total, el Blues tiene 12 compases, en estos los acordes se distribuyen de la siguiente forma:

- Cuatro compases del **Acorde I.**
- Dos compases del **Acorde IV.**
- Dos compases del **Acorde I.**
- Un compás del **Acorde V.**
- Un compás del **Acorde IV.**
- Un compás del **Acorde I.**
- Un compás del **Acorde V.**

Y TODO ESTO SE REPITE CUANTAS VECES QUIERAS.

‖: I	%	%	%
IV	%	I	%
V	IV	I	V :‖

A continuación, un Blues en Mi Mayor, analiza el cifrado, cuantos compases ocupa cada acorde y el orden en el que están.

Blues en Mi Mayor

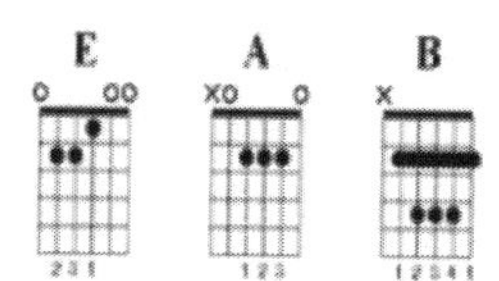

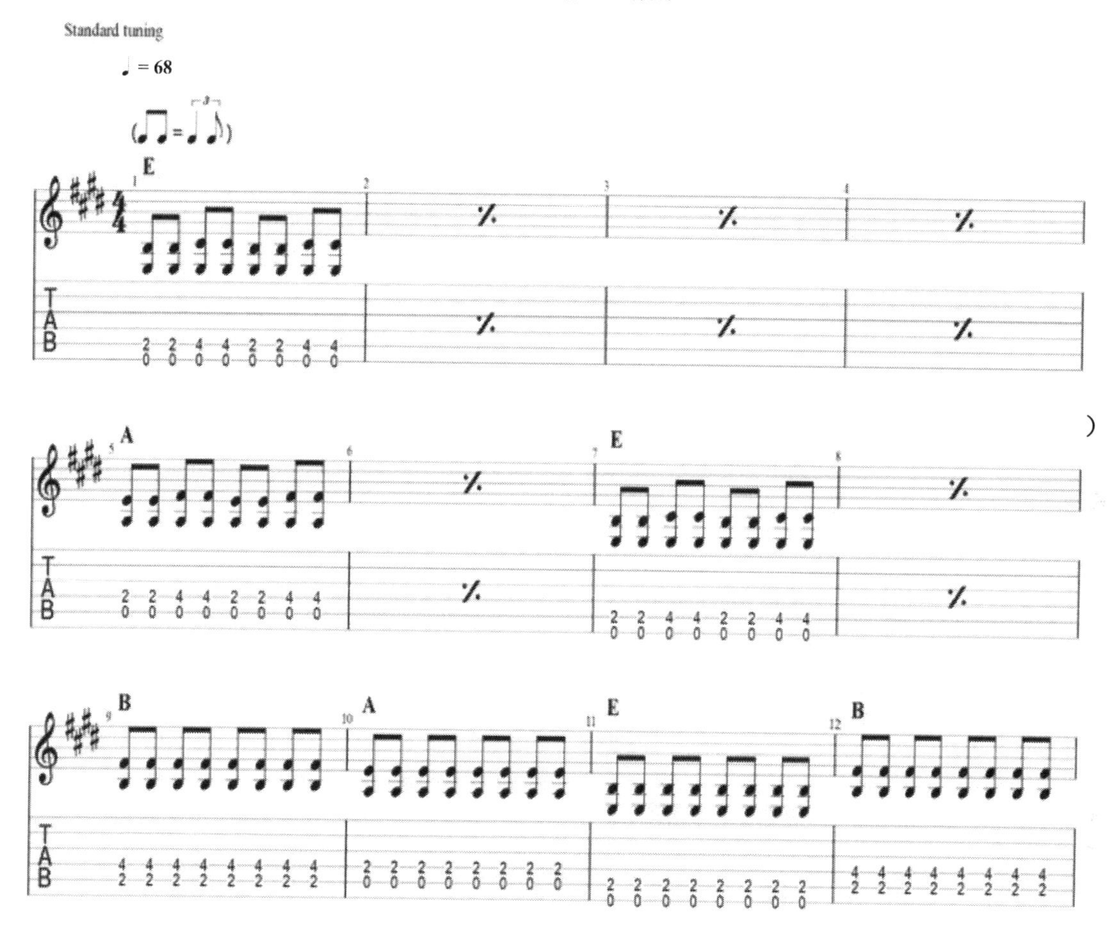

Ejercicio núm 1

Analiza y apréndete bien la estructura del blues, ya que cuando empieces a tocar con alguna banda o toques con personas que apenas conoces y se quieran echar un "palomazo", un Blues nunca falla. Todo buen músico conoce esta estructura fundamental del Blues. Y bueno, sobra decir que de aquí parten otros estilos como el Jazz, Funk, Pop, Rock y Bossa Nova (aparte, a los guitarristas nos encanta el Blues porque es una forma de elevar nuestros egos, ya que podemos solear mucho, mucho, mucho, mucho y mucho).

Lo que ves en la partitura y tablatura es un *riff* muy usado en el Blues. Un *Riff* es una frase que se repite a menudo por un instrumento o una sección de acompañamiento. Vuelve a escuchar "Please don´t drive me away" de Buddy Guy, presta atención al *Riff de la guitarra* cuando empieza la voz.

Lo que esta escrito en este próximo Blues en A es una variación de ese *Riff*, pero realmente siguen siendo los mismos acordes; A, D y E, pero tocados de otra manera.

Ejercicio núm 2

Mismos grados de acordes: I, IV, y V, solo que ahora en La Mayor. **Misma estructura y mismo riff,** pero ahora transportados a esta tonalidad. Si tienes a algún amigo que también toque la guitarra, uno puede tocar el Riff, mientras que el otro toca los acordes (diversión garantizada).

Tengo que disculparme contigo, he estado ocultando algunas partes esenciales para que lo que estamos aprendiendo suene aún más a Blues, esto lo hice para hacer más sencilla la explicación de los grados y estructura, pero ha llegado el momento de revelarlos.

Lo primero es tocar los acordes mayores como dominantes, esto le dará una sonoridad totalmente distinta.

**Un acorde dominante es un acorde mayor con séptima menor.*

Estos acordes se escriben/leen con un **"7"** a un lado del cifrado, ya mencionamos algunos *voicings abiertos* en la biblioteca de acordes, aún así vamos a repasarlos y también aprenderemos a tocarlos con cejilla.

Acordes Dominantes en primera posición (con cuerdas al aire):

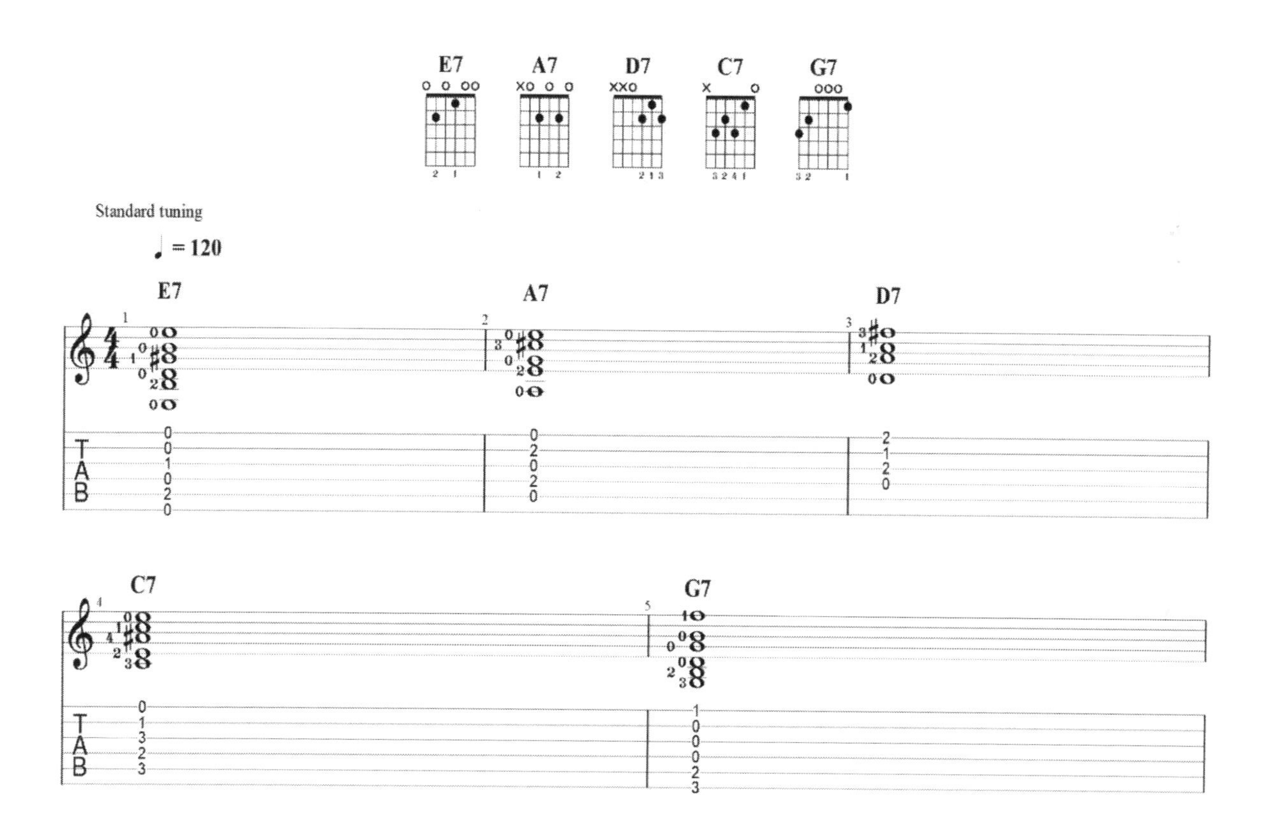

Estos acordes no solamente los usarás en el Blues, en general la música popular esta repleta de ellos, asi que estudialos bien.

Ahora vamos a tocar un blues con estos acordes, verás que suena totalmente diferente, en esta ocasión lo haremos en la tonalidad de **Sol.** Los acordes son: **G7** (I7), **C7** (IV7) y **D7** (V7).

Blues en Sol Mayor

Ejercicio núm 3 (hay un track sin guitarra para que puedas tocar el riff encima)

Nota que en el último compás esta escrito el acorde de D7 en su *voicing abierto.* Esto genera un poco más de "clímax" al final y hace que se escuche de una manera más natural el regreso al I7. Lo mismo puedes aplicar en cualquier otro blues. Intenta tocar el *Riff* en los 11 primeros compases y en el último toca el acorde.

Ritmo
Sigo siendo muy egoísta, aún falta darte otro punto esencial para hacer sonar el Blues aún mejor, y esto es EL RITMO.

El Blues utiliza un ritmo llamada SHUFFLE, que es como un Swing, la mejor manera de aprender a tocarlo es escuchando mucho Blues. Esta es una de esas cosas de la vida que es mejor experimentarlas a tener una explicación lógica o compleja. Puedes estudiar la quimica, bases genéticas, neurológicas y antropologicas del amor, pero para realmente saber que es el amor, uno tiene que vivirlo. Es lo mismo con el Blues, uno tiene que escucharlo y naturalmente vendrá el SHUFFLE (que en español a veces es referido como Ritmo Atresillado). Por ahora, la única forma simple de explicarlo (que podría ser la mejor) es tarareando.

En el siguiente ejemplo el **"Tan"** con negritas va más acentuado que el "ta" sin negritas.

Tan ta

Ahora repitelo muchas veces:
Tan ta **Tan** ta **Tan** ta **Tan** ta **Tan** ta **Tan** ta **Tan**

Observa que no solamente es la acentuación, sino que también el primer **"Tan"** está separado del primer "ta", luego este primer "ta" se junta un poco más con el segundo **"Tan"** y así sucesivamente.

Esta misma frase SIN SHUFFLE tarareada sería así:
Tan ta Tan ta Tan ta Tan ta Tan ta Tan ta

Ahora CON SHUFFLE:
Tan ta **Tan** ta **Tan** ta **Tan** ta **Tan** ta **Tan** ta **Tan**

Generalmente, en la partitura y/o tablatura no verás escrita esta separación y acentuación de las notas. Es más común que te encuentres esta indicación al inicio, ésta especifica que el ritmo va atresillado (en shuffle o swing). Si analizas los ejemplos anteriores, todos tienen esta indicación.

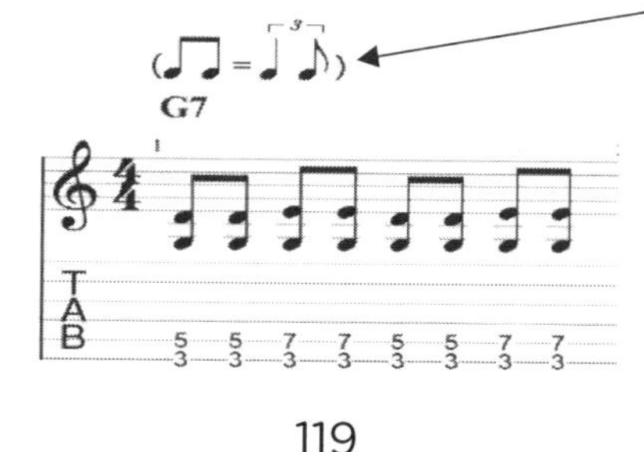

Al final del cápitulo hay un código QR, descarga las pistas y escucha el ritmo en shuffle.

Acordes dominantes con Cejilla en sexta cuerda:

Ahora aprenderemos las posiciones de los acordes dominantes con cejilla en 6ta y 5ta cuerda, esto para que puedas tocar Blues en cualquier tonalidad.

El acorde de Fa Mayor ya lo conoces, para convertirlo en dominante lo único que hay que hacer es quitar el dedo "4" (meñique) de la cuarta cuerda, manteniendo la cejilla.

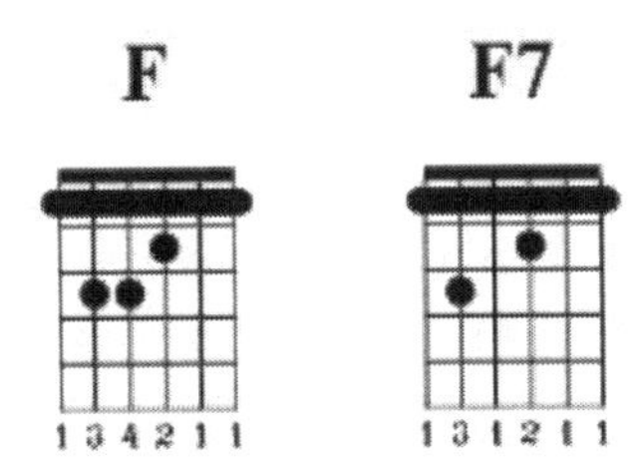

Transporta esa posición a otros trastes y obtendrás acordes dominantes, aquí otros ejemplos:

Acordes dominantes con Cejilla en quinta cuerda:

Ya conoces los acordes mayores con cejilla en quinta cuerda, para convertirlos en dominantes tenemos que quitar el dedo "3" (anular) de la cuarta cuerda, manteniendo la cejilla. Esta digitación es un poco incómoda, así que en este caso hay que cambiar de posición los otros dedos. Observa el diagrama, los dedos estan indicados en los círculos negros que señalan el traste.

C7

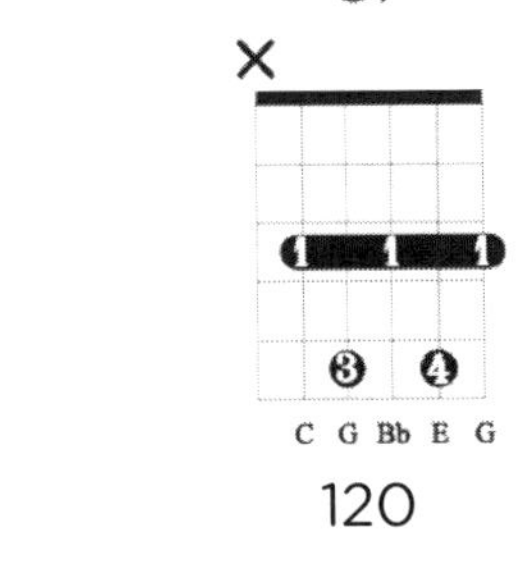

Esta posición también puedes transportarla a otros trastes (partiendo de la 5ta cuerda) y obtendrás acordes dominantes.

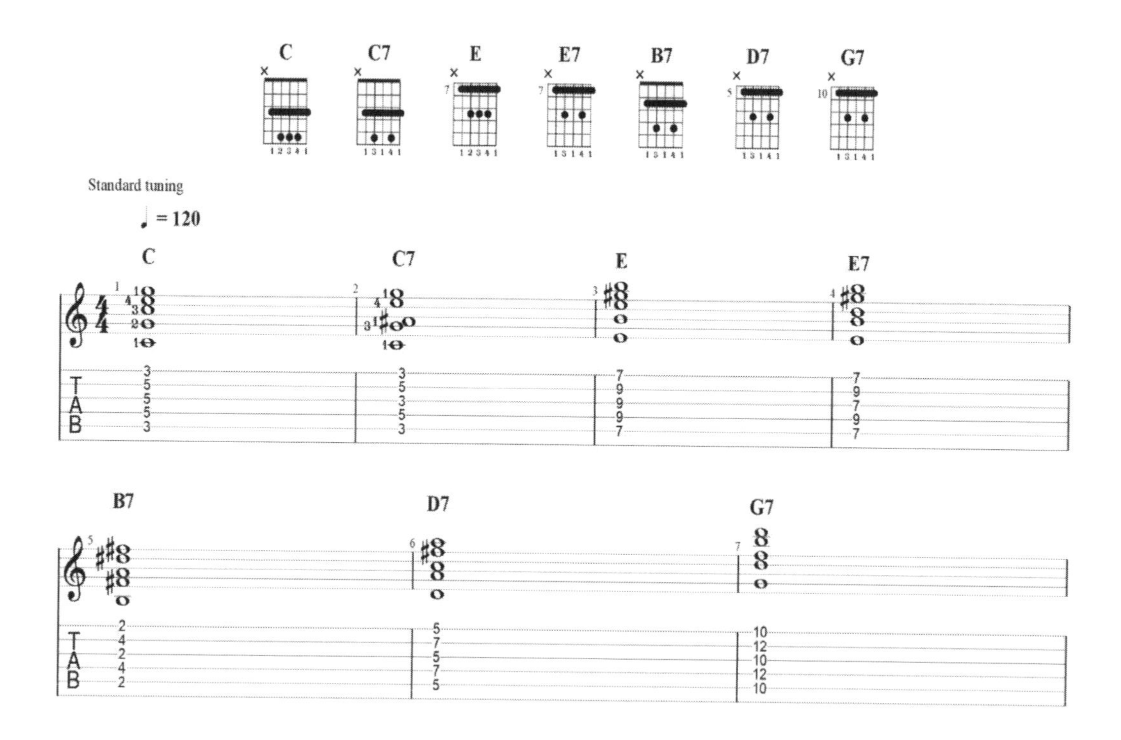

SACA PROVECHO DE LAS POSICIONES DE LA GUITARRA

Como ya lo había mencionado en capítulos anteriores, la guitarra es un instrumento posicional, esto podemos aprovecharlo para encontrar caminos o "atajos" y asi memorizar más rápido las cosas.

Un tip muy útil es mirar o dividir el brazo de la guitarra en figuras geometricas básicas, ya sabes el dodecaedro, icosaedro... naa miento, ya fuera de broma podemos usar el cuadrado o el triángulo para visualizar mejor el brazo y las notas.

Vamos a poner un ejemplo con un blues en D mayor. El acorde **D7 (I7)** lo vamos a tocar con cejilla en quinta cuerda. Los acordes de **G7(IV7)** y **A7(V7)** con cejilla en sexta cuerda. Si prestas atención se forma un "cuadrado" entre las notas raíz, en esta ocasión tenemos suerte ya que también coincide con los puntos guias de la guitarra.

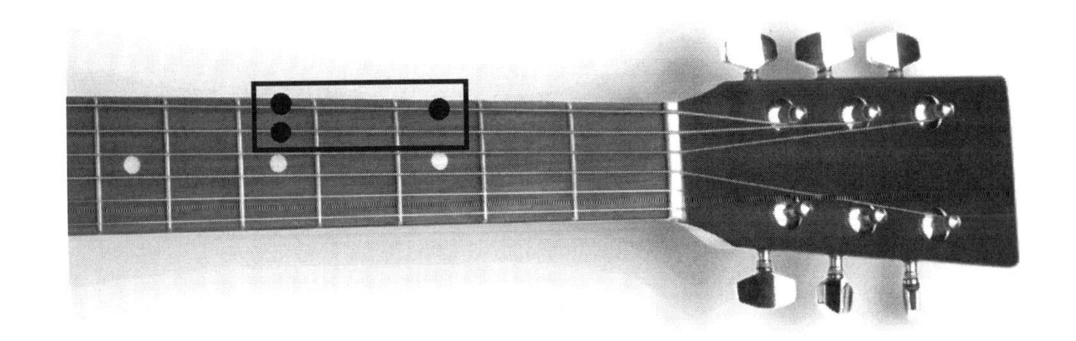

En partitura/tablatura el blues en D que acabamos de describir se ve así:

Si quieres tocar un blues partiendo de cualquier nota de la 5ta cuerda, solamente transporta este "cuadrado" y listo, más fácil no se puede ☺.

Algo similar sucede si partimos de un acorde con cejilla con raíz en 6ta cuerda. Por ejemplo, en un blues en F mayor el acorde **F7 (I7)** lo vamos a tocar con cejilla en sexta cuerda, los acordes de **Bb7(IV7)** y **C7(V7)** con cejilla en quinta cuerda. Seguro ya te diste cuenta, una vez más se forma el "cuadrado" entre las notas raíz.

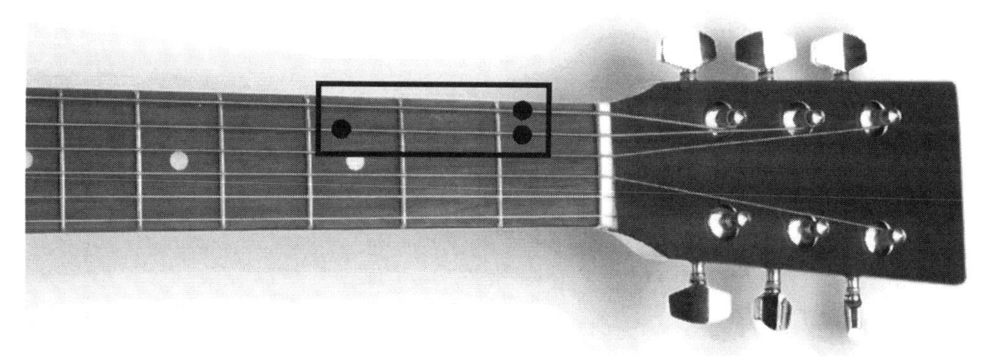

Blues en Fa Mayor

Utilizando acordes con cejilla

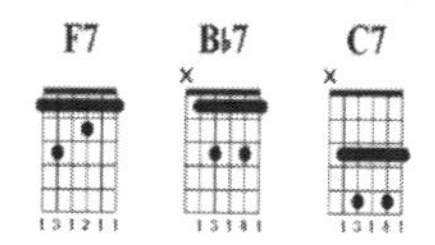

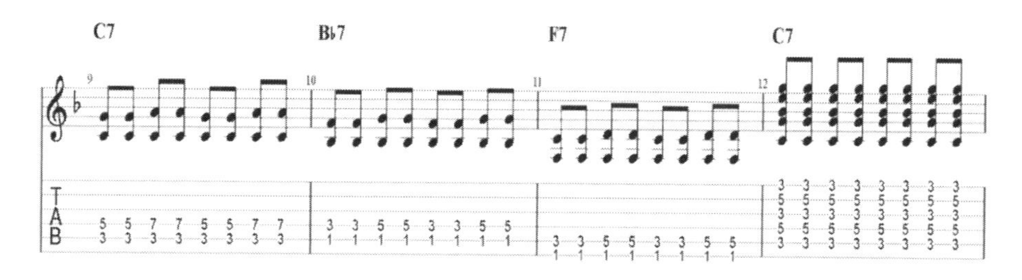

Si escuchas mucho blues (espero que lo hagas), seguramente te encontrarás con algunas variaciones en la estructura, así que por último aprenderemos una de las más comúnes, el **Quick Change** (Cambio Rápido).

Quick Change

La estructura del Blues que hemos visto hasta ahora es conocida como **Slow Change** (Cambio Lento) ¿Qué significa el "cambio rápido" y "cambio lento"?

Lo único que cambia entre las dos estructuras es el segundo compás, en el Quick Change tocamos el IV7, mientras que en el Slow Change seguimos tocando el I7. Creo que es más fácil comprenderlo si comparamos ambas estructuras:

Slow Change
- **Cuatro compases del I7**
- **Dos compases del IV7**
- Dos compases del I7
- Un compás del V7
- Un compás del IV7
- Un compás del I7
- Un compás del V7
- Y TODO ESTO SE REPITE CUANTAS VECES QUIERAS.

Quick Change:
- **Un compás del I7**
- **Un compás del IV7**
- Dos compases del I7
- Un compás del V7
- Un compás del IV7
- Un compás del I7
- Un compás del V7
- Y TODO ESTO SE REPITE CUANTAS VECES QUIERAS

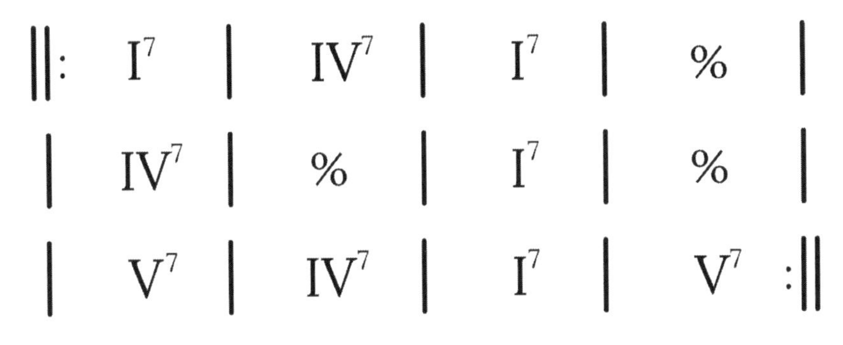

Toca y escucha como suena el **Quick Change,** en mi opinión esta estructura suele darle un poco más de movimiento y dinámica al blues.

Blues en La Mayor

QUICK CHANGE

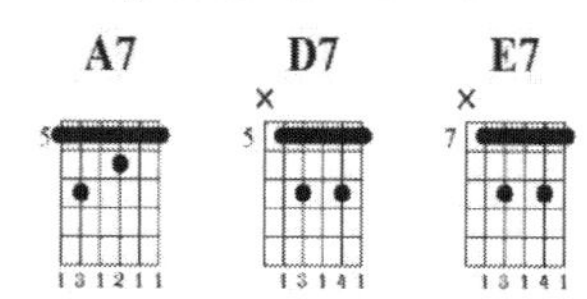

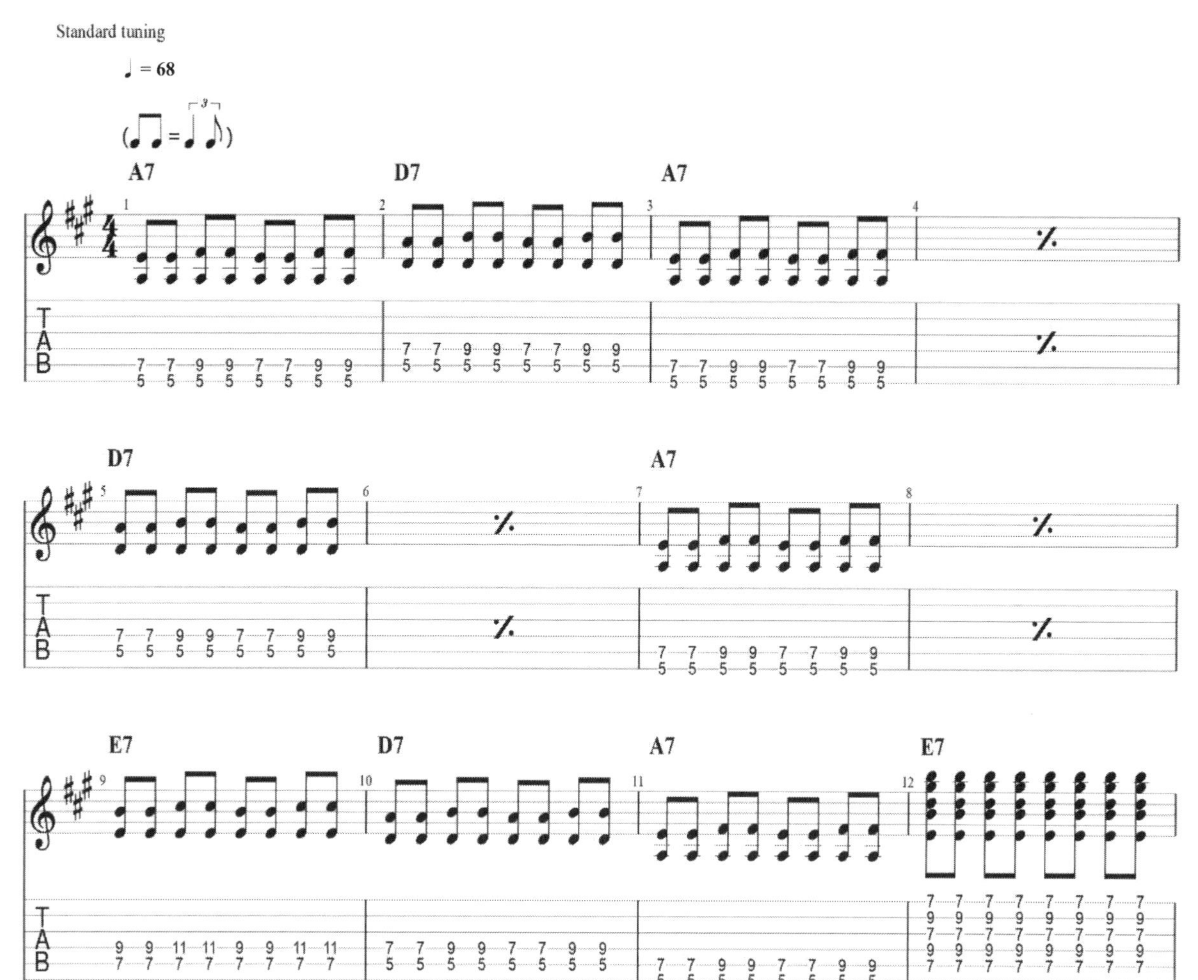

Ejercicio núm 4

Blues en Do Mayor

QUICK CHANGE

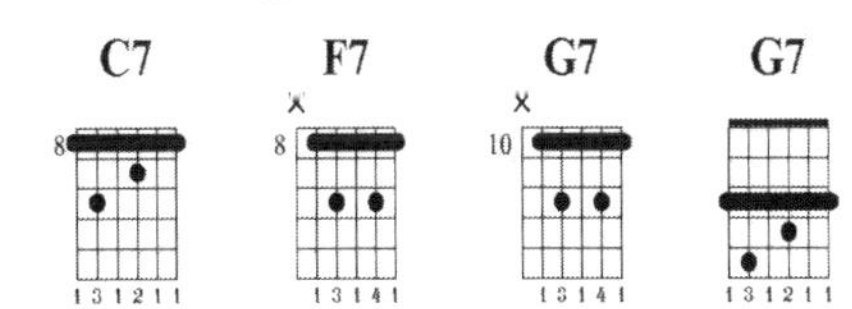

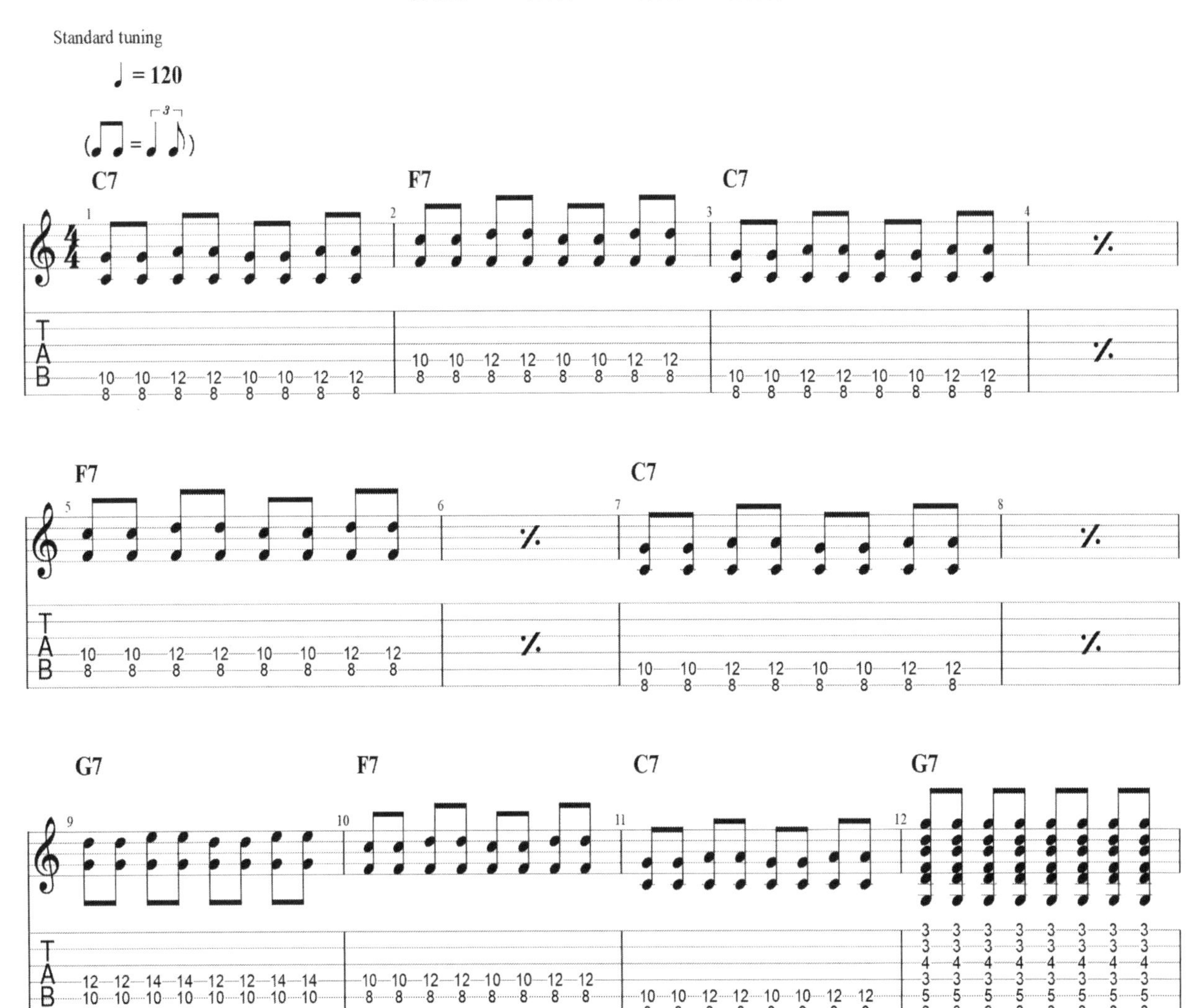

Me gustaría recomendarte algunas canciones de Blues para que te vayas familiarizando con el género. Estas sugerencias son totalmente personales, es decir, yo escucho estas canciones con mucha frecuencia y no te voy a mentir ¡ME ENCANTAN!

- Pride & Joy – Stevie Ray Vaughan (Slow Change)
- Damn Right, I've Got the Blues – Buddy Guy (Slow Change)
- For You Blue – The Beatles (Quick Change)
- Why I Sing The Blues – B.B King (Slow Change)
- Have You Ever Loved a Woman? – Derek & The Dominos (Quick Change)

Si eres joven esto quizás te suene a "música para viejos", y probablemente lo sea jeje, pero lo que me interesa es que analices lo que escuchas. Presta especial atencíon a los cambios de acordes, al sonido de la guitarra, así como a sus riffs, solos y fraseos.

Y por último quiero hacerte una última recomendación:
- Johnny B. Goode - Chuck Berry

Mmm creo que aún no estas listo para esta canción, pero estoy seguro qué a tus hijos les encantará.

Si entendiste esta referencia por favor califica este libro con 5 estrellas en Amazon (o donde lo hayas comprado) :P

Si no la entendiste busca en Youtube "Johnny B. Goode – Volver al Futuro" y disfruta de una de las escenas más icónicas del cine (al menos para los guitarristas). De paso ve la trílogia, es una joya.

Con esto ya tienes un gran entendimiento de como tocar Blues, que junto con las escalas pentatónicas te dará las herramientas para poder componer, improvisar y tocar en cualquier estilo.

Con motivo de reforzar el aprendizaje, cada ejemplo mencionado en este capítulo tiene su respectiva pista. El click en los audios esta en 3/4 y a 206 BPM, para que comprendas el ritmo de una mejor manera.
Te adjunto el código para que lo escanees.

¿Escalas pentatónicas? ¿Qué es eso? Pues eso lo veremos en el siguiente episodio.

MÓDULO II

ESCALA MENOR PENTATÓNICA & ESCALA BLUES

En el capítulo anterior aprendimos la forma del blues, por lo que naturalmente el siguiente paso es aprender la *escala pentatónica* y la *escala blues.*

Escala Menor Pentatónica

La escala menor pentatónica es una escala de cinco notas, que sin temor a equivocarme, es la más usada por los guitarristas, especialmente en estilos como el Blues, Rock, Metal, Pop y Jazz, por lo que es fundamental aprenderla y estudiarla.

Vamos a comenzar con la escala menor pentatónica de A, ya que no tiene alteraciones (ni bemoles ni sostenidos). Las notas que la componen son:

A C D E G

Técnica empleada:

Mano izquierda: La digitación de esta escala es generalmente de dos notas por cuerda, por lo que utilizaremos solamente dos dedos en cada una.

Mano derecha: La técnica empleada será el Plumilleo Alternado.

Escala menor Pentatónica de La (A)

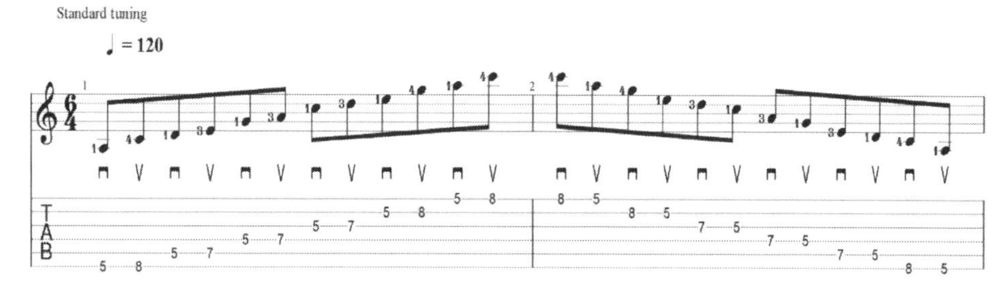

Recuerda que la digitación se encuentra en la partitura, pero en resumen vas a ocupar el dedo "1" y "4" para la 6ta, 2nda, y 1era cuerda; y dedo "1" y "3" para el resto (5ta, 4ta, y 3era). Asegurate de también respetar el plumilleo alternado.

Es muy importante que practiques la escala con metrónomo, empieza a un *tempo* donde las notas suenen claras y te sientas cómodo, despues puedes ir aumentantdo la velocidad poco a poco. Por ejemplo, puedes empezar en un *tempo* de 60 BPM y tocar una nota por beat (negras), una vez que tengas dominada la escala a esta velocidad, súbele 2 beats por cada día que practiques.

Si practicas seis días a la semana, en una semana la tocarás 12 beats más rápido. Este es el secreto de los grandes guitarristas: practicar lento y poco a poco subir la velocidad sin comprometer el sonido y la técnica.

También es bastante útil visualizar la escala de manera geométrica, si prestas atención, una vez más nos encontramos con el famoso "cuadrado" del guitarrista, esto sucede en las cuerdas 3, 4 y 5, mientras que en la 1era y 2nda se forma algo parecido a un rectangulo. Este diagrama puede ayudarte a comprender y ubicar mejor la escala en el diapasón (la nota remarcada es el A del *5to traste - 6ta cuerda).*

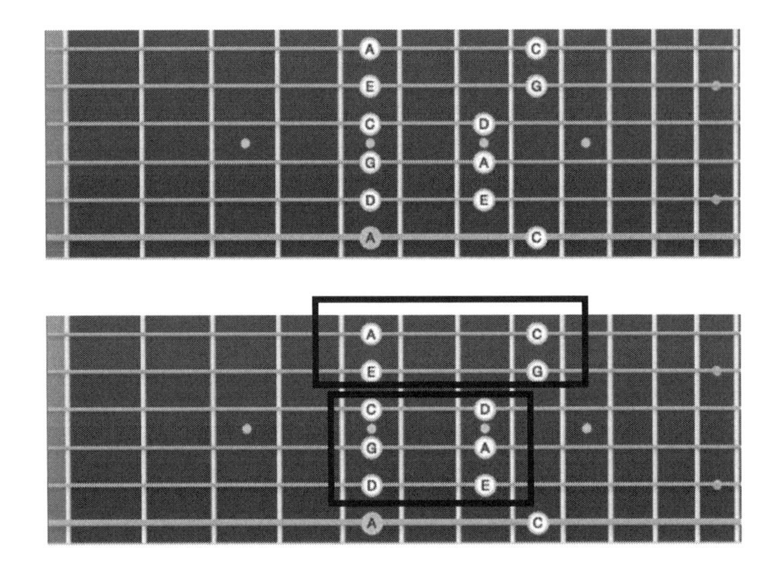

Puedes observar como la toco, te adjunto el video aquí:

Esta es la FORMA o GRADO #1 de la escala menor pentatónica (son 5 grados en total) ¿Recuerdas que la guitarra es posicional? Pues aquí aplica de la misma manera, es decir, esta misma FORMA la puedes transportar a cualquier otro traste, aquí más ejemplos:

Más escalas menores Pentatónicas

Fa, Sol, Si, Do, Re & Mi

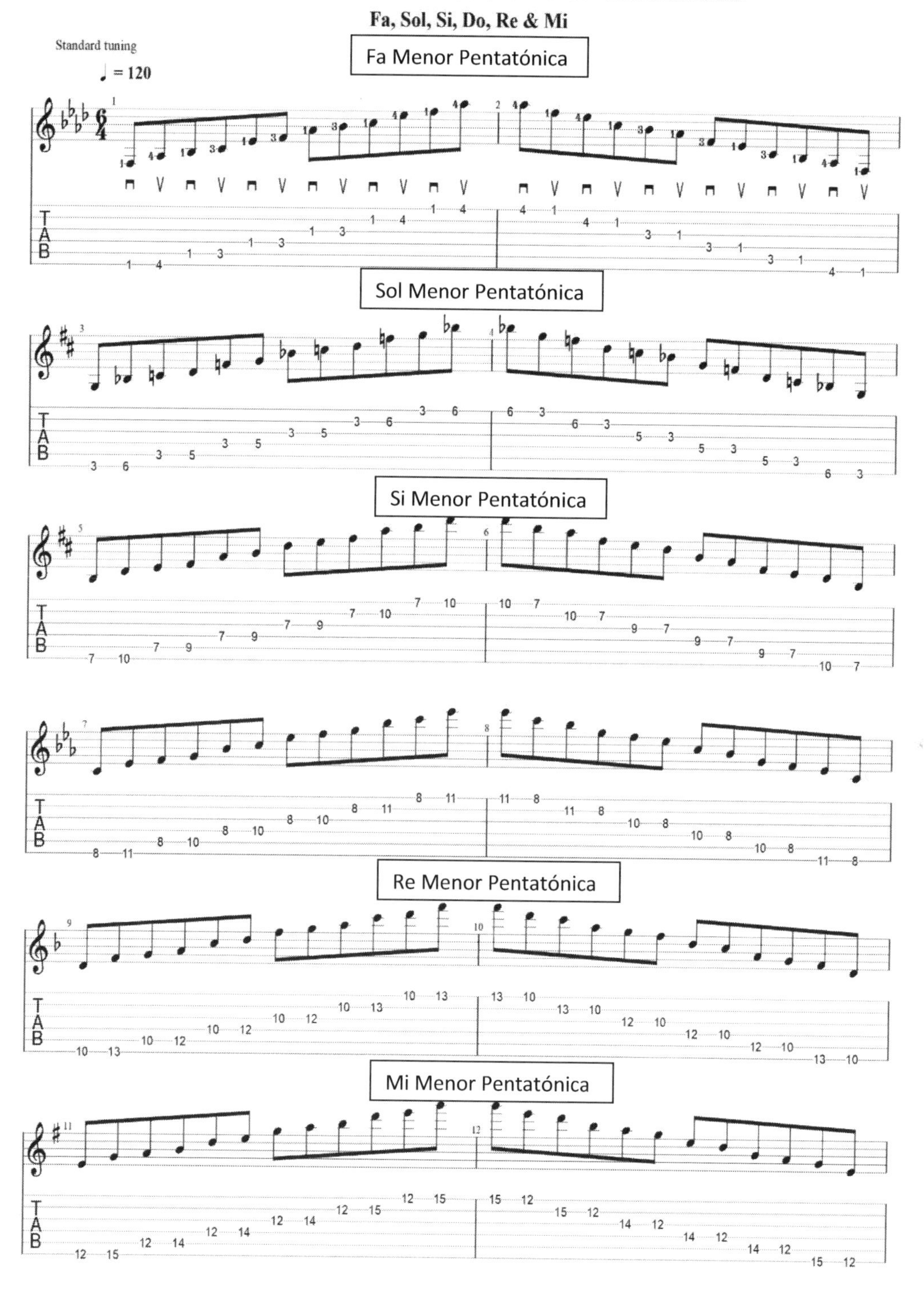

Como ya lo habrás notado, es una escala fácil, pero muy útil y universal. En el mundo rockero y guitarrístico las pentatónicas menores más usadas son las de Am, Cm, y Em, pero recuerda practicarla en todos los trastes y tonalidades.

En el **Módulo I** aprendiste a reconocer todas las notas en el diapasón, entonces, apréndete muy bien la ubicación de las notas de la sexta cuerda para que cuando alguien te diga "Vamos a tocar un Blues en Bb", sepas que el sexto traste de la sexta cuerda es la nota Bb (A# es su enarmónico) y que a partir de ahí puedes tocar la escala.

Vamos a realizar un pequeño ejercicio, descarga la pista que esta aquí abajo (es un blues en A). Lo que quiero que hagas es que toques la escala menor pentatónica de A encima de este track de blues. Suéltate e improvisa, intenta tocar melodias, practica la escala de arriba a abajo, en fin, diviértete.

Escanea el código:

¿Qué tal? ¿Divertido no? seguro notaste que al combinar estos dos elementos (el blues y la escala) ya obtuvimos una sonoridad muy parecida a las canciones que mencionamos en el capítulo anterior.
Realiza este ejercicio cuantas veces quieras, si tienes algún amigo que también toque guitarra invítalo, él puede tocar el acompañamiento de blues y tu *solear* o viceversa.
Avancemos un paso más, ahora aprendamos la escala blues.

Escala Blues
La escala Blues es basicamente una Escala Menor Pentatónica con una nota agregada, esta es una nota de paso entre la tercera y cuarta nota de la escala y es conocida como **NOTA BLUE.**

Las notas de la escala *menor pentatónica de A* son: LA-DO-**RE-MI**-SOL. Entre RE y MI agregaremos la nota que está en medio, es decir: RE# (Mib siendo su enarmónico). Entonces la **Escala Blues** de A quedaría así:
LA-DO-**RE-RE#-MI**-SOL

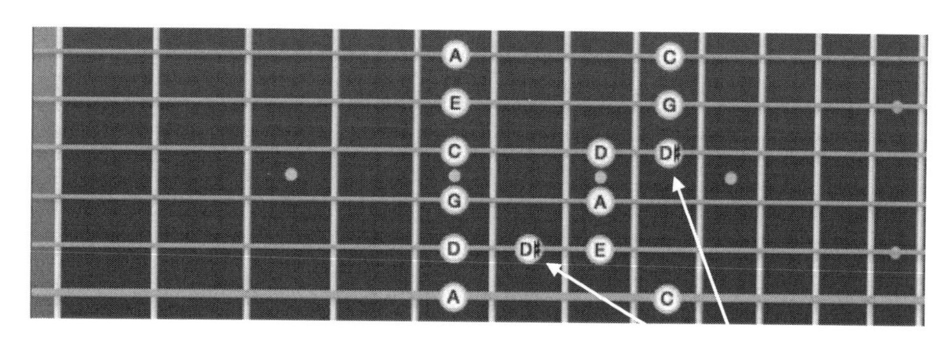

**La nota blue esta señalada*

Ahora comparemos ambas escalas en tablatura, de igual forma la NOTA BLUE esta remarcada.

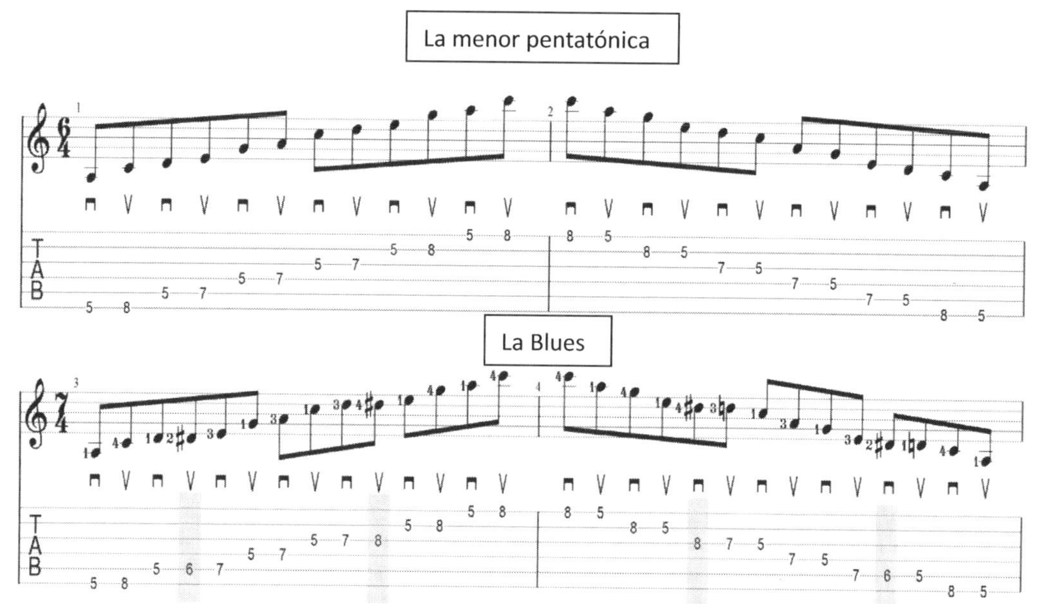

De igual forma practícala con plumilleo alternado y metrónomo. La digitación en la mano izquierda sigue siendo igual que la de la escala menor pentatónica, con la diferencia de que para tocar la **nota blue** utilizarás el dedo "2" en la quinta cuerda y el dedo "4" en la tercera cuerda (revisa la digitación en la partitura).
También puedes transportar esta escala a otras tonalidades, solo mueve el mismo patrón a otro traste de la 6ta cuerda.
Te dejo algunos ejemplos aquí:

Escalas Blues

Fa, Sol, Sib, Do, Re y Mi

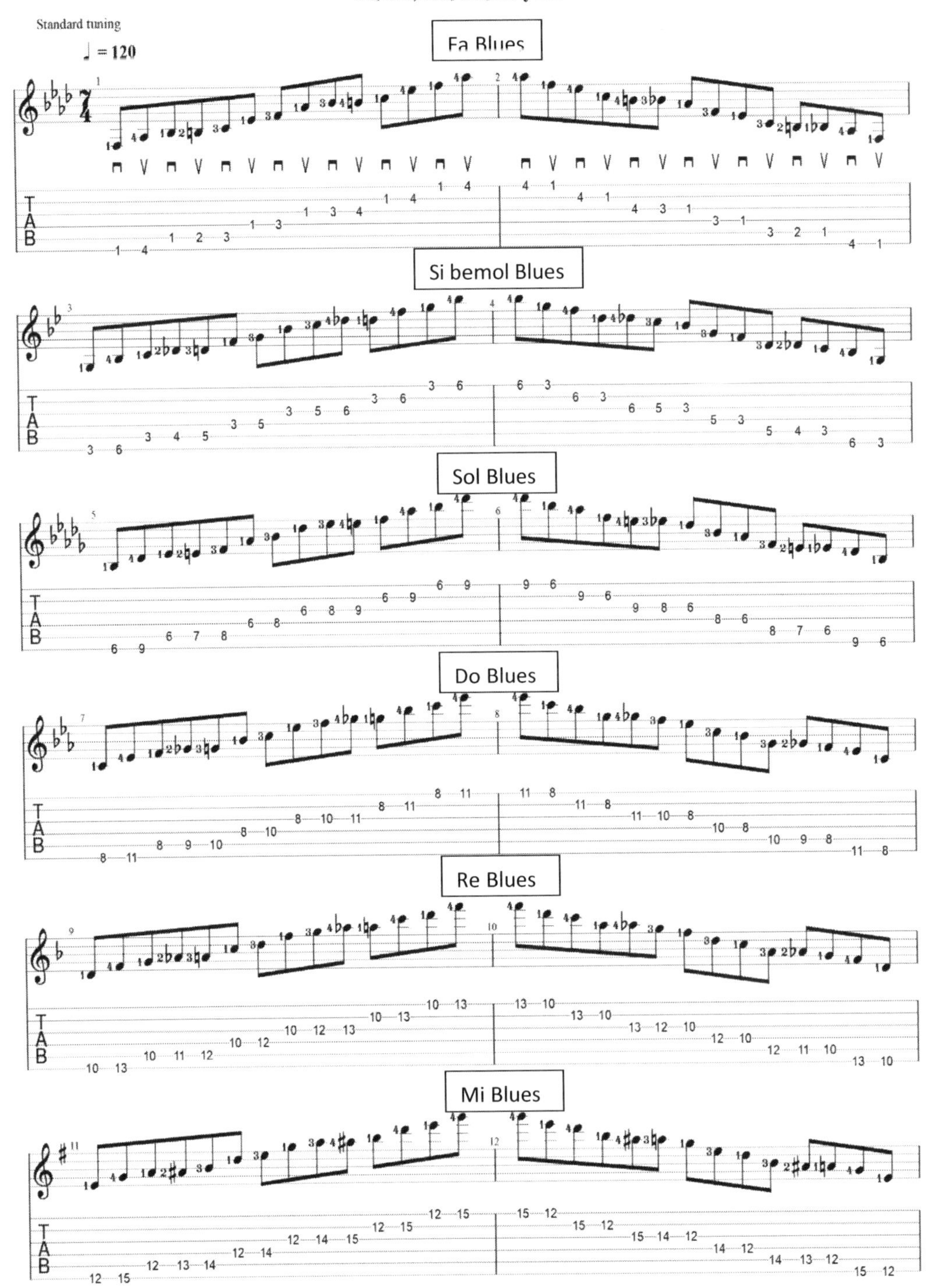

Ambas escalas las puedes encontrar en canciones y discos memorables, te dejo algunos ejemplos reales en donde se utilizan.

Metallica - Jump in the Fire

Esta canción de Metallica es un claro ejemplo de que con la Escala Blues, además de poder tocar solos, se pueden crear riffs de guitarra muy poderosos y memorables ¡Escucha y estudia esta gran canción! También te servirá para practicar tus POWER CHORDS.

Esta siguiente canción también utiliza la Escala Blues como riff, y vaya que también es poderosa y memorable. Regresemos el tiempo a finales de los 60´s con "Sunshine of your love" de Cream.

Cream – Sunshine of your Love

Conéctate a tu amplificador y súbele al gain ya que aquí también hay POWER CHORDS, practica la escala Blues de D con este gran clásico del Rock.

Más aplicaciones prácticas de ambas escalas

Te recomiendo escuchar las siguientes piezas musicales, intenta tocar las escalas sobre estos temas.

ESTILO BLUES: "Please don´t drive me away" de Buddy Guy. Perfecta para escuchar las aplicaciones de la escala blues y menor pentatónica de Mi menor.

ESTILO ROCK: "25 or 6 to 4" de Chicago. Las escala blues y menor pentatónica de LA son perfectas para esta canción.

ESTILO FUNK: "What is Hip" de Tower of Power. Al principio de este tema escucharás un solo de guitarra, el cuál está basado en la escala de blues y menor pentatónica de Mi.

ESTILO METAL: "Seek and Destroy" de Metallica. El solo de esta canción está compuesto mayormente por la escala de blues y menor pentatónica de Mi.

ESTILO FUSIÓN: "Big Girl Blues" de Tribal Tech. Aquí el gran guitarrista Scott Henderson lleva las escalas a otro nivel y las usa para crear grandes solos.

ESTILO JAZZ: "Here to Stay" de Pat Metheny. Este tema utiliza la escala blues y menor pentatónica de La.

ÚLTIMAS RECOMENDACIONES

- Toca ambas escalas junto con la pista que te proporcione, esto te ayudará a emular un ambiente más real y a sentir la dinámica de tocar junto a una banda. También intenta incluir las figuras rítmicas (que aprendiste en los capítulos anteriores) dentro de tu improvisación.

- Sigue escuchando mucho blues. Este género es el "origen" de casi todos los estilos contemporáneos, al practicarlo y estudiarlo se te hará más sencillo entender y dominar otros géneros.

Definitivamente este capítulo y el anterior han sido de mis favoritos, no dudes en leerlos las veces que sean necesarias y nos vemos en el siguiente.

MÓDULO II

CUADRAFÓNICOS

Hola cuadrafónicos, nos volvemos a ver... En el Primer Módulo vimos los cuadrafónicos como una manera de empezar a desarrollar fuerza, independencia y velocidad en los dedos de la mano izquierda. También, aprendimos el plumilleo alternado cómo técnica para la mano derecha, ya que es la más usada.
En el módulo pasado estudiamos sólo una combinación de dedos: 1-2-3-4.

En este capítulo aprenderás todas las posibles combinaciones que existen con los cuatro dedos en la mano izquierda: índice (1), medio (2), anular (3) y meñique (4).

Combinación I	Combinación II	Combinación III	Combinación IV
1) 1-2-3-4	1) 2-1-3-4	1) 3-1-2-4	1) 4-1-2-3
2) 1-2-4-3	2) 2-1-4-3	2) 3-1-4-2	2) 4-1-3-2
3) 1-3-2-4	3) 2-3-1-4	3) 3-2-1-4	3) 4-2-1-3
4) 1-3-4-2	4) 2-3-4-1	4) 3-2-4-1	4) 4-2-3-1
5) 1-4-2-3	5) 2-4-1-3	5) 3-4-1-2	5) 4-3-1-2
6) 1-4-3-2	6) 2-4-3-1	6) 3-4-2-1	6) 4-3-2-1

En realidad el ejercicio es muy sencillo de comprender. En la **Combinación I** todos los ejercicios o combinaciones comienzan con el dedo índice (1) .En la **Combinación II** empiezan con el dedo medio (2), y así sucesivamente. En total son 6 variaciones por dedo, esto nos da como resultado 24 formas distintas de tocar cuadrafónicos (otra vez matemática básica).

EJERCICIO MÁSTER

Este ejercicio utiliza todas las combinaciones. Comienza con la **Combinación I,** ya que te sientas cómodo pasa a la **Combinación II,** luego a la **III** y por último a la **IV.**

CONSEJOS

- Apréndete una variación por día. En seis días ya habrás concluido la **Combinación I,** descansa el séptimo día y al siguiente empiezas con la **Combinación II,** descansas un día y te pasas a la III, y así sucesivamente. En un mes ya habrás aprendido todas las combinaciones.
- ¡Practica con Metrónomo! Sube el *tempo* de 1 a 3 beats por día, si practicas 6 días a la semana y comienzas, por ejemplo, en 80 BPM, ¡en un mes estarás tocando a más de 104 BPM! Puedes utilizar la figura rítmica que desees, es decir: tocar una, dos, o cuatro notas por beat (negras, corcheas o semicorcheas), siempre tocando con plumilleo alternado.

Practica el EJERCICIO MASTER de manera ininterrumpida. Los objetivos de este ejercicio son:

1. Formar una buena digitación en la mano izquierda.
2. Alcanzar velocidades jamás pensadas por medio de la práctica constante.
3. Mecanizar y dominar la técnica de **Plumilleo Alternado** en la mano derecha.
4. Aplicar los ejercicios en técnicas de composición, improvisación y ejecución. (Al final te pondré algunos ejemplos prácticos).

ANTES DE QUE COMIENCES ESTA AVENTURA PUEDES SALTARTE AL FINAL DEL CAPÍTULO Y REVISAR LOS EJEMPLOS PRÁCTICOS, ESTO CON EL FIN DE QUE VEAS HASTA DONDE PUEDES LLEGAR SI PRACTICAS ESTOS EJERCICIOS DE MANERA CONSTANTE. SEGURO TE SIRVE DE INSPIRACIÓN.

CADA DOS TRASTES CAMBIAS DE VARIACIÓN, POR LO QUE LAS 6 COMBINACIONES TIENEN QUE TERMINAR EN EL TRASTE 12 (Una vez más matemáticas).

Cuadrafónicos

Ejercicio Master

2/3

Combinación II

1/2

Combinación II (4)

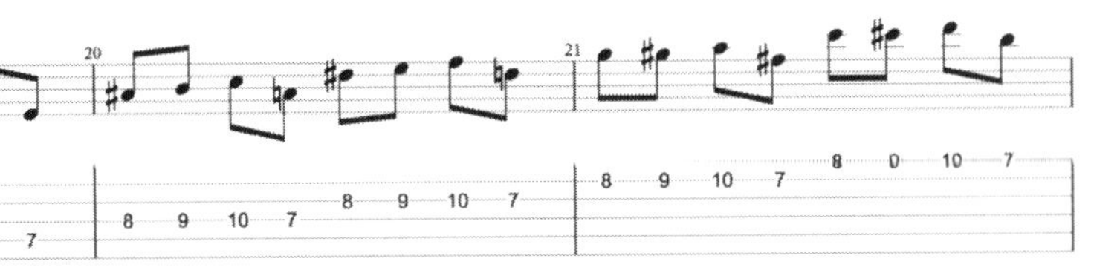

Combinación II (5)

Combinación II (6)

2/2

Combinación III

1/2

2/2

Combinación IV

1/2

2/2

¡Wow! Es un largo viaje, recuerda practicarlo de manera constante, si tienes alguna duda de como se realizan los ejercicios te dejo este video, revísalo a partir del minuto 9:24.

Ejemplos Prácticos

Por más raros que suenen los cuadrafónicos y se piense que son sólo "ejercicios" para mejorar la digitación y técnica, estos pueden ser aplicados de forma práctica, como en los siguientes ejemplos:

Metal: Introducción de Erotomania del grupo Dream Theater

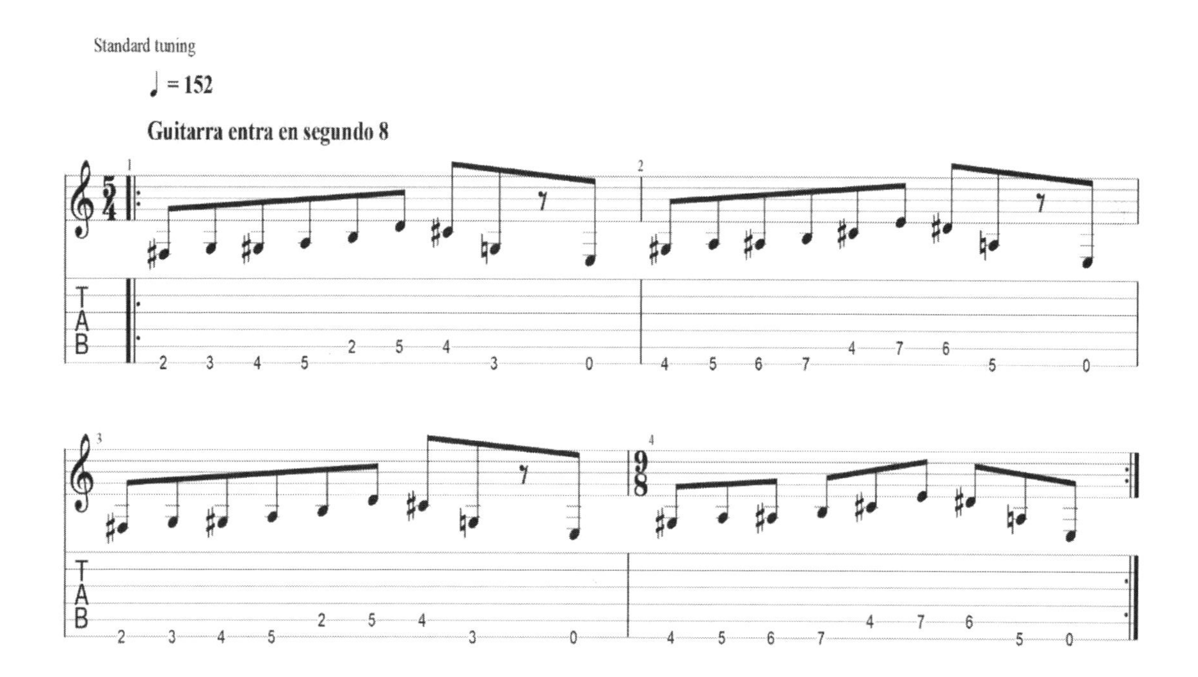

Jazz Blues: Blue Monk de Thelonious Monk

El siguiente ejemplo es un **Jazz Blues** con una estructura de 12 compases, usando los grados I7, IV7 y V7 en *Quick Change*. Tiene un acorde nuevo que es Edim7 (Mi disminuido 7), aprende a tocarlo, ya que es usado en muchos estilos. Analiza como la digitación de la melodía es muy parecida a los cuadrafónicos.

Bossa-Nova: How Insensitive de Antonio Carlos Jobim.

En este ejemplo se puede apreciar la **combinación IV (6)** de los cuadrafónicos en los compases 6, 14, y 30. Hay acordes nuevos, puedes comenzar a aprenderlos viendo los diagramas, seguro te va a gustar como suenan.

Te recomiendo escuchar la versión de Pat Metheny en vivo.

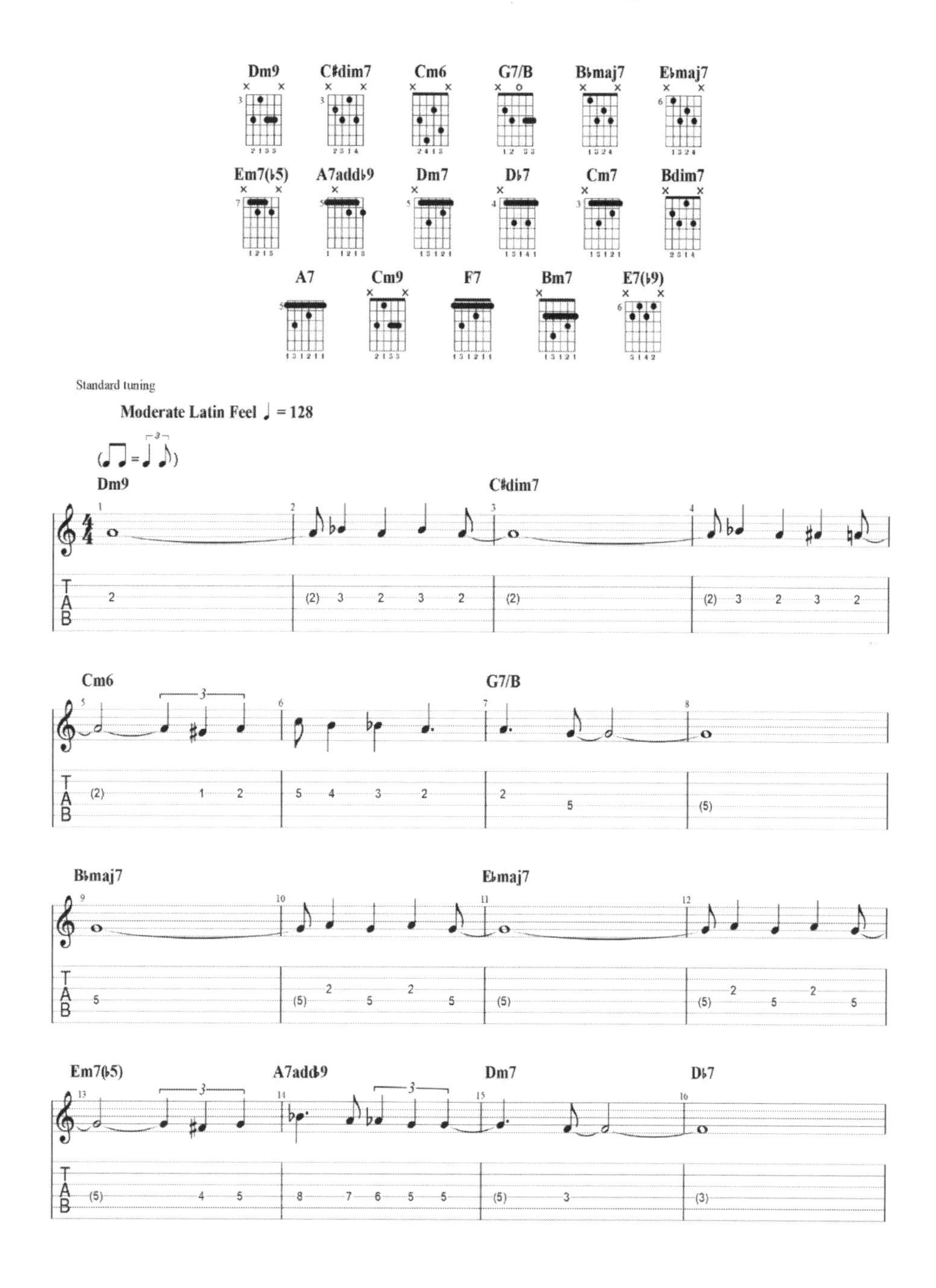

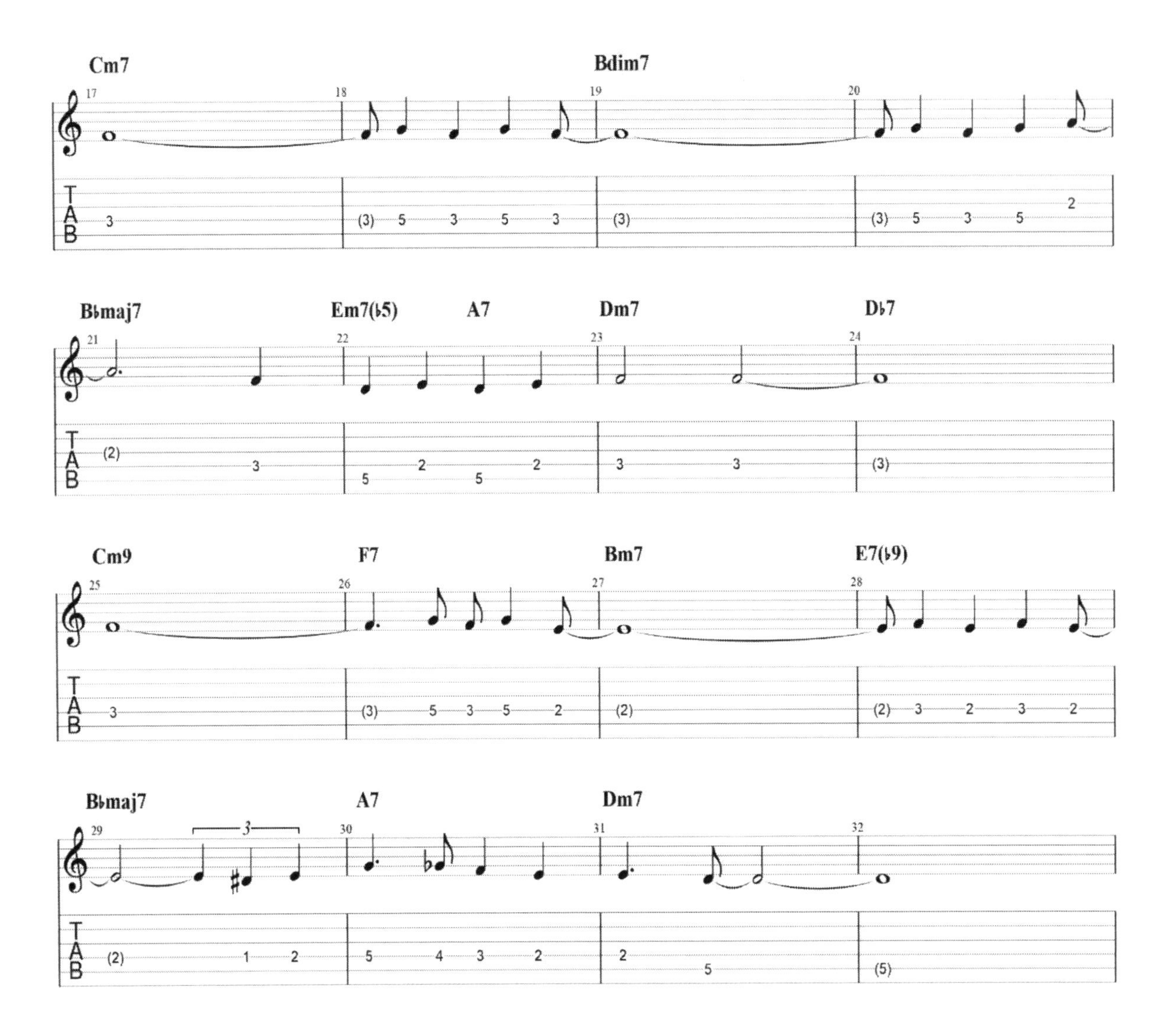
Cm7
Bdim7
B♭maj7
Em7(♭5)
A7
Dm7
D♭7
Cm9
F7
Bm7
E7(♭9)
B♭maj7
A7
Dm7

Música Clásica

Por último, la pieza de El Vuelo del Moscardón (o abejorro) del compositor Rimsky Korsakov, seguramente la has escuchado, ya sea la versión clásica o rockera. Esta pieza es muy famosa entre los guitarristas por que va muy rápido y usa muchos cuadrafónicos.
Este tema ya es mucho más complejo, por ahora te recomiendo tomar algunos fragmentos para practicar, y más adelante en tu carrera puedes aprenderla completa. Recuerda empezar a un *tempo* lento y aumentar gradualmente la velocidad.

Esta es la versión en Rock de At Vance.

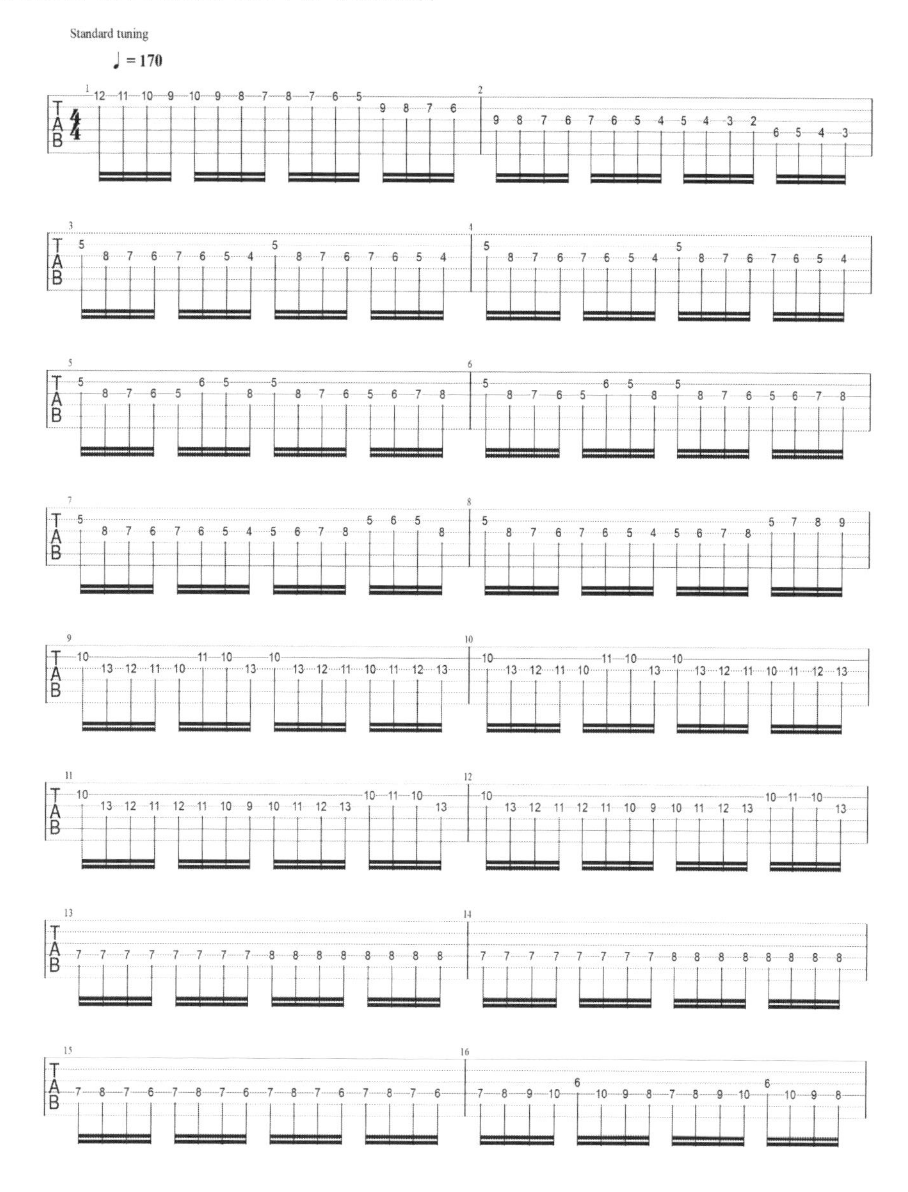

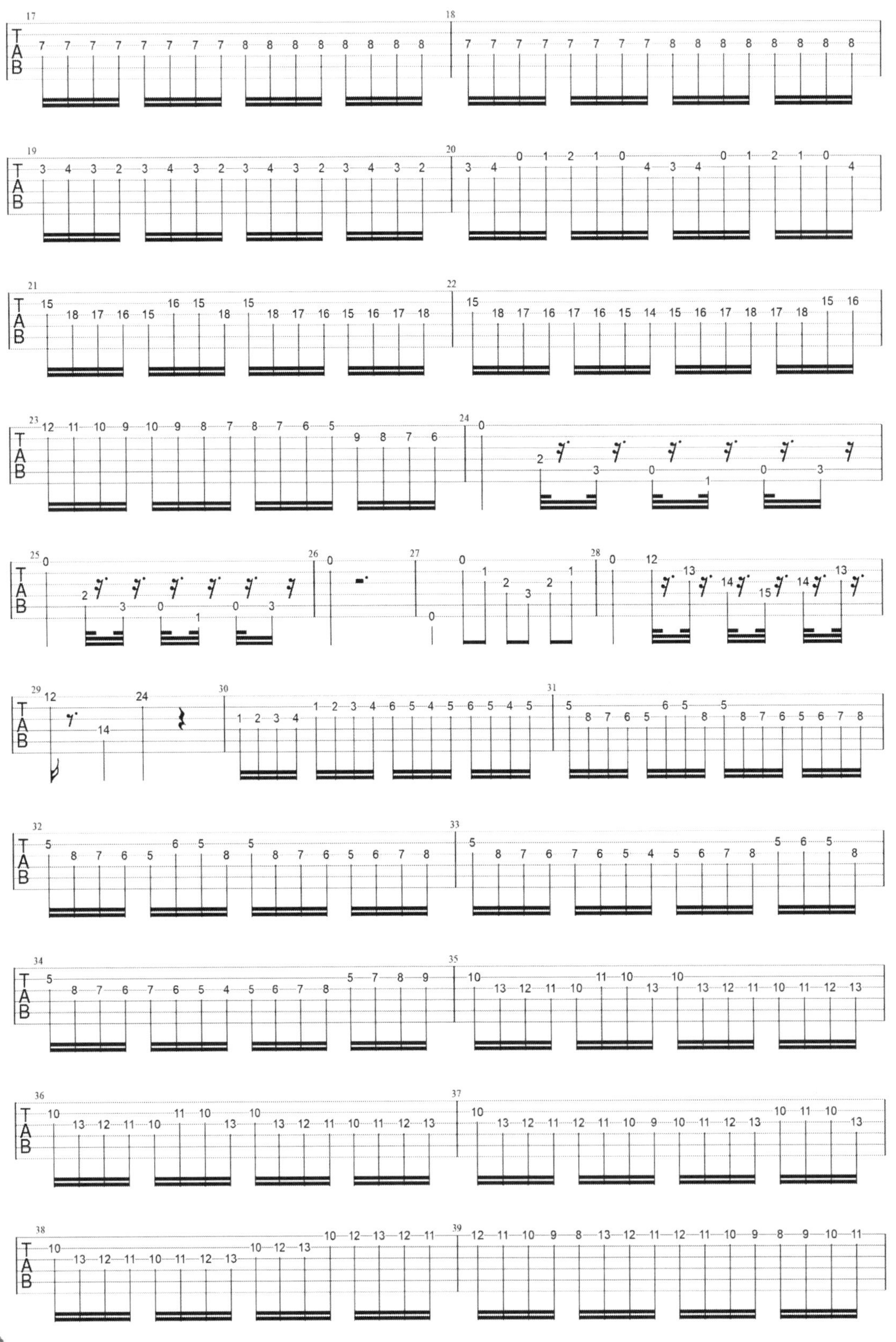

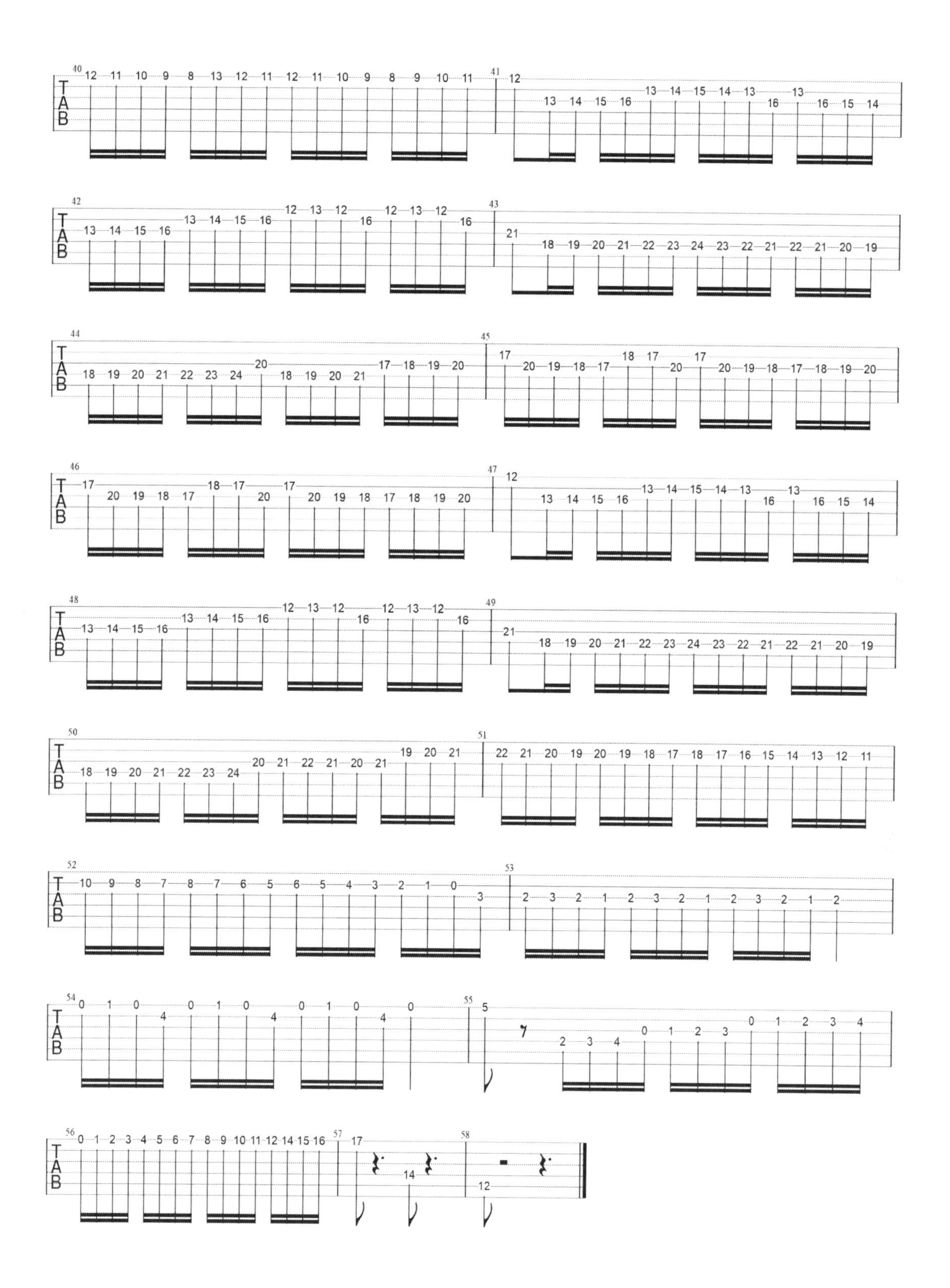

No pretendo que saques estos ejercicios cuadrafónicos de la noche a la mañana, por lo que sé que regresarás a esta capítulo frecuentemente. Recuerda siempre monitorear los BPM a los que practicas, de esta forma notarás tu progreso cada que vuelvas aquí ☺.

MÓDULO II

ARMONÍA Y TEORÍA APLICADA A LA GUITARRA

La armonía es eso que sucede cuando existen dos o más notas sonando simultáneamente.
Algunos ejemplos de armonía: Un guitarrista tocando acordes, dos guitarristas tocando notas distintas, o un coro entonando sonidos diferentes.
Para entender mejor la armonía tenemos que irnos hasta su raíz, por esa razón iniciaremos con *Los Intervalos Musicales.*

Intervalos

Los *intervalos* son los cimientos de toda la música, dicho de una manera más romántica "los intervalos son a la música como los átomos son al cosmos", absolutamente toda materia tiene átomos, así como absolutamente toda la música tiene intervalos.
¿Qué son entonces? ¿Por qué tanto misterio? Bueno esto es porque a decir verdad, estudiar intervalos es un poco aburrido, así que es mejor crear un poco de emoción antes de aprenderlos.
Pero no te preocupes, realmente son muy sencillos, y quizás sea por eso que son un poco tediosos de estudiar.

¿Qué es un Intervalo?

Un Intervalo es la diferencia de altura o frecuencia entre dos notas musicales, dicho de una manera más simple: es la distancia entre una nota y otra.

Sistema Temperado

Para entender estas distancias de una mejor manera primero tenemos que mencionar que hoy en día la gran mayoría de la música occidental se basa en un Sistema Temperado.
En este sistema la distancia más pequeña que existe entre una nota y otra (intervalo) es de **Medio Tono** o también llamado **Semitono.** Observemos una vez más las teclas de un piano.

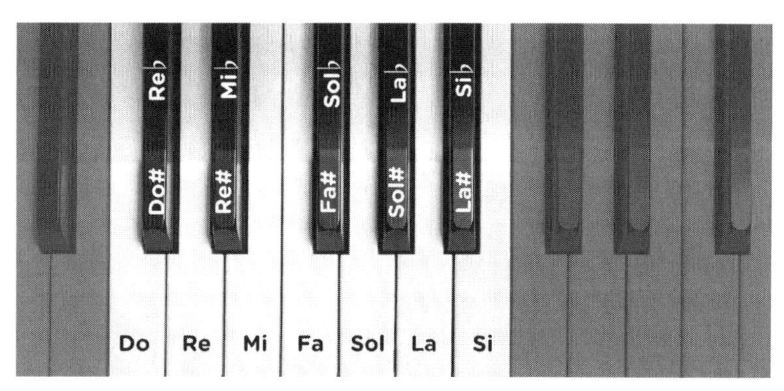

Las teclas blancas son las que corresponden a la escala de Do Mayor (Do, Re, Mi, Fa, Sol, La, Si), entre cada una de estas hay una tecla negra (alteraciones) a excepción de entre las notas **Mi-Fa** y **Si-Do,** por lo tanto la distancia entre cada tecla es de un SEMITONO. Explicado de una manera más sencilla: Si tu "camináras" en orden sobre las teclas de un piano, cada brinco de tecla correspondería a un semitono.

La guitarra es un instrumento temperado, por lo que cada traste es un medio tono. Realiza el mismo ejercicio, imagina que "caminas" del traste 1 al traste 12, cada brinco o cambio de traste corresponde a un semitono.

Algunos ejemplos de instrumentos temperados:

- Piano
- Guitarra
- Ukulele
- Bajo

Algunos ejemplos de instrumentos no temperados:

- Violin
- Contrabajo
- Violonchelo
- Theremin

Volvamos a los *intervalos.* Estos tienen nombres como: *segunda mayor, quinta justa, séptima menor,* etc... A mí me resulta más sencillo verlos como si estos tuvieran un"nombre" y un "apellido".
El "nombre" es el conteo entre nota y nota *(Segunda, Tercera, Cuarta, Quinta, Sexta, Séptima, Octava)* y el "apellido" *(Menor, Mayor, Aumentado, Disminuido, Justo)* lo indica el número de semitonos que hay entre las dos notas.

Para conocer el "nombre" del intervalo solamente hay que contar, puedes hacerlo con los dedos de la mano si así lo deseas. Por ejemplo: si queremos saber el intervalo entre la nota **DO** *(Nota raíz o tónica)* y la nota **SOL,** solo hay que contar: Do(1) Re(2) Mi (3) Fa (4) Sol (5). Deducimos entonces que el intervalo de la nota DO a SOL es una **quinta.**

Otros ejemplos:
La distancia entre Do# y Fa es una **cuarta:** Do# (1), Re (2), Mi (3) y Fa (4).
La distancia entre Do y Si bemol es una **séptima:** Do (1), Re (2), Mi (3), Fa (4), Sol (5), La (6) y *Sib* (7).

Estos ejemplos fueron de intervalos **ASCENDENTES,** es decir, de más grave a más agudo, pero también existen de manera **DESCENDENTE** (de más agudo a más grave).

Por ejemplo, si queremos saber el intervalo descendente que hay entre MI y DO hay que contar: Mi (1), Re (2), Do (3), por ende el intervalo es una **tercera descendente.** Generalmente es un poco más complicado contar hacia atrás, así que pon en práctica el siguiente ejercicio:

El objetivo es que puedas pensar o decir en voz alta (solfear) la escala de do mayor partiendo de todas las notas que la componen, tanto de manera ascendente como descendente. Estúdialo, te servirá bastante para moverte de nota a nota más rápido.

ASCENDENTE	DESCENDENTE
DO RE MI FA SOL LA SI **DO**	**DO** SI LA SOL FA MI RE **DO**
RE MI FA SOL LA SI DO **RE**	**RE** DO SI LA SOL FA MI **RE**
MI FA SOL LA SI DO RE **MI**	**MI** RE DO SI LA SOL FA **MI**
FA SOL LA SI DO RE MI **FA**	**FA** MI RE DO SI LA SOL **FA**
SOL LA SI DO RE MI FA **SOL**	**SOL** FA MI RE DO SI LA **SOL**
LA SI DO RE MI FA SOL **LA**	**LA** SOL FA MI RE DO SI **LA**
SI DO RE MI FA SOL LA **SI**	**SI** LA SOL FA MI RE DO **SI**

También te adjunto más ejemplos de intervalos.

Ejemplos Intervalos ASCENDENTES		Ejemplos Intervalos DESCENDENTES	
NOTAS	INTERVALO	NOTAS	INTERVALO
DO – LA#	SEXTA	RE – RE	UNÍSONO
MIb - FA	SEGUNDA	LAb – Reb	QUINTA
LA# - REb	CUARTA	SOL# - LA	SÉPTIMA
SOL – FA	SÉPTIMA	DO – SIb	SEGUNDA
SOL – RE#	QUINTA	SI – SI (más agudo)	OCTAVA
RE - FA	TERCERA	FA – DOb	CUARTA
FA – FA (más agudo)	OCTAVA	MI - SOL	SEXTA

Ahora llego el momento de identificar "el apellido" de los intervalos, para esto también realizaremos una cuenta, pero en esta ocasión contaremos semitonos sobre la escala cromática. Si no la recuerdas te la dejo aquí.

Do	Do#	Re	Re#	Mi	Fa	Fa#	Sol	Sol#	La	La#	Si
	Re♭		Mi♭			Sol♭		La♭		Si♭	

Para hacerlo más sencillo, vamos a re-acomodar la escala en forma de escalera, esta analogía nos ayudará a comprender mejor los movimientos.

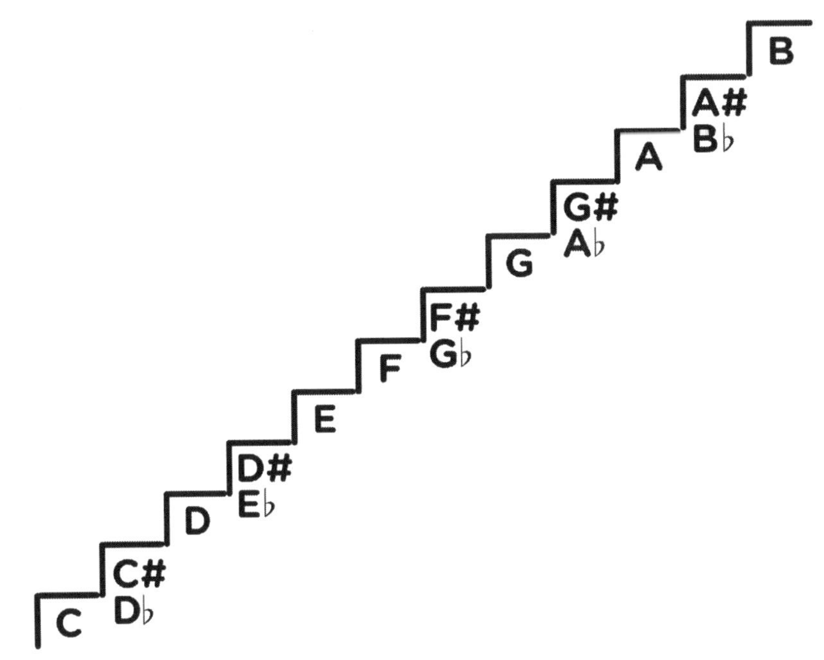

Si queremos conocer que intervalo hay entre las notas DO y SOL contaríamos: **Do** (0) **Do#** (1) **Re** (2) **Re#** (3) **Mi** (4) **Fa** (5) **Fa#** (6) **Sol** (7). Volviendo a la analogía de la escalera, en este caso subimos siete escalones, por lo que se concluye que la distancia es de 7 semitonos. A este intervalo se le conoce como **Quinta Justa** (Observa la imagen de abajo).

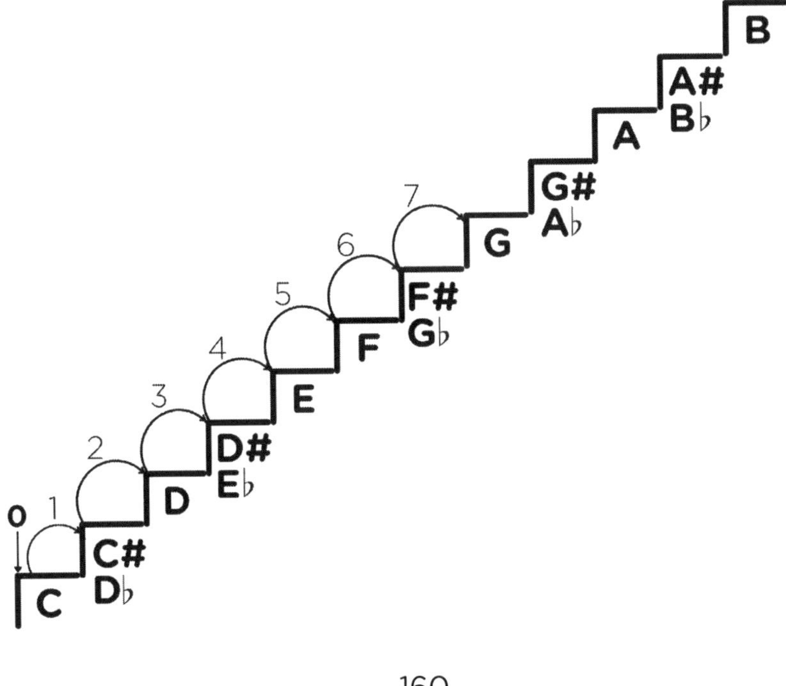

Recuerda, siempre a la primera nota le corresponde el número cero (0).

Pongamos otro ejemplo: El intervalo entre la nota DO y SI.

Do (0) **Do#** (1) **Re** (2) **Re#** (3) **Mi** (4) **Fa** (5) **Fa#** (6) **Sol (7)** Sol# **(8)** La **(9)** La# **(10)** Si **(11).**

La distancia entre esas dos notas es de 11 semítonos, por lo tanto tenemos un intervalo de **7ma Mayor.**

De esta forma ya podemos conocer el nombre y el "apellido" del intervalo, aquí abajo te adjunto una tabla que contiene todos los nombres de estos, con la distancia en semitonos que les corresponde.
**Analiza los ejemplos que hemos visto hasta ahora.*

Intervalo	Semitonos
Unísono (justo)	**0**
1era aumentada (+1)	1
2da disminuida (-1)	0
2da menor	**1**
2da mayor	**2**
2da aumentada (+1)	3
3era disminuida (-1)	2
3era menor	**3**
3era mayor	**4**
3era aumentada (+1)	5
4ta disminuida (-1)	**4**
4ta justa	**5**
4ta aumentada (+1)	**6**
5ta disminuida (-1)	**6**
5ta justa	**7**
5ta aumentada (+1)	**8**
6ta disminuida (-1)	7
6ta menor	**8**
6ta mayor	**9**
6ta aumentada (+1)	10
7ma disminuida (-1)	**9**
7ma menor	**10**
7ma mayor	**11**
7ma aumentada (+1)	12
Octava (justo)	**12**

Hay algunos intervalos que tienen el mismo número de semitonos pero distinto nombre, por lo tanto suenan igual. A estos se les conoce como **Enármonicos.** Por ejemplo la *4ta aumentada y la 5ta disminuida* tienen 6 semitonos de distancia a partir de la *nota raíz o tónica.* El uso de un término u otro dependerá de elementos como la *tonalidad* y/o el contexto musical en el que nos encontremos.

¿Qué instrumento tocamos? ¿La guitarra cierto? Pues ahora vamos a aplicar todo lo aprendido al instrumento.

Número de semitonos, recuerda: la primera nota siempre empieza contando desde CERO.

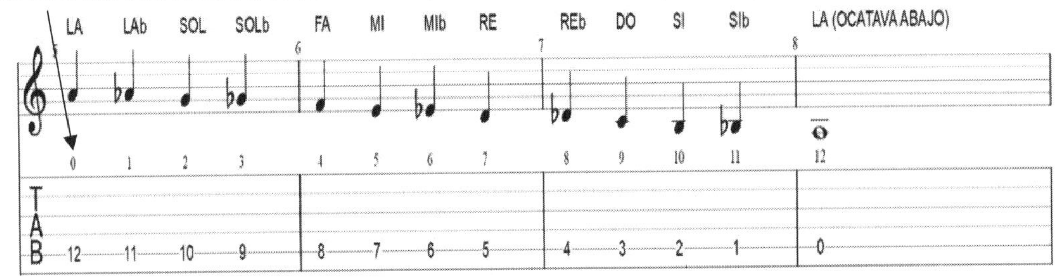

¿Qué intervalo hay entre **Si** y **Sol** de manera ascendente? SEXTA MENOR (8 semitonos)

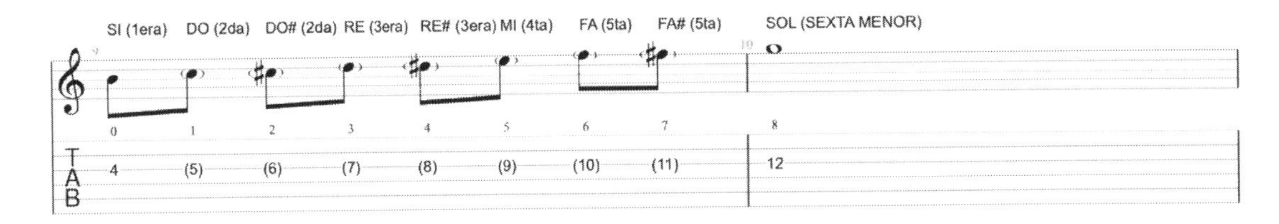

¿Qué intervalo hay entre **Mib** y **La** de manera descendente? CUARTA AUMENTADA (6 semitonos)

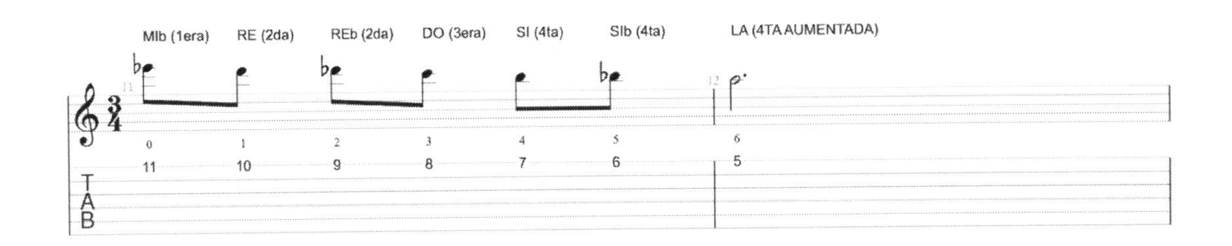

Otra manera de estudiarlo es iniciar en una nota e incrementar medio tono a la vez. Recuerda, el número de semitonos te dirá la cualidad (apellido) del intervalo.

Segunda Menor	Segunda Mayor	Tercera Menor	Tercera Mayor
MI FA	MI FA#	MI SOL	MI SOL#
0 1	0 2	0 3	0 4
1 semitono	2 semitonos (1 tono)	3 semitonos (tono y medio)	4 semitonos (2 tonos)

Otro ejemplo, pero ahora empezando en la nota Do:

Presta atención a los primeros dos compáses. De **Do** a **Re#** y de **Do** a **Mib** hay 3 semitonos, pero el "nombre" del intervalo es distinto, este es otro ejemplo de una **Enarmonía,** ya que en ambos casos hay la misma distancia, pero se llaman diferente.

ALGUNOS TIPS PARA IDENTIFICAR MÁS RÁPIDO LOS INTERVALOS

- Los únicos Intervalos que pueden ser *Mayores o Menores* son: 2da, 3era, 6ta y 7ma.
- Los únicos intervalos que pueden ser *Justos* son: Unísono, 4ta, 5ta y 8va.
- Disminuido significa que se le <u>resta un semitono</u> a cualquier intervalo *menor o justo.*
- Aumentado significa que se le <u>agrega un semitono</u> a cualquier intervalo *mayor o justo.*

Intervalos armónicos

Hasta ahora hemos aprendido los intervalos de una manera melódica, pero también se pueden estudiar y tocar de manera armónica, es decir, dos notas al mismo tiempo.

Por ahora solo aprenderemos los intervalos de Octava, Cuarta Justa, Quinta Justa y Tercera Mayor, ya que son los más usados en guitarra y a partir de estos podemos ubicar los demás, es decir, usarlos como puntos de referencia.

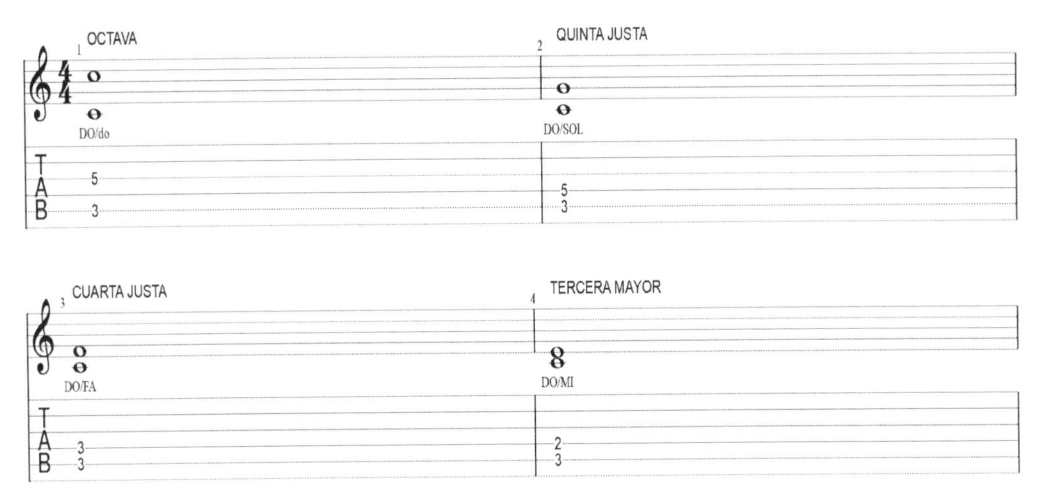

Estas posiciones son transportables.

El intervalo de quinta es muy especial para nosotros los guitarristas, ya que es el famoso acorde conocido como POWER CHORD 🤘. Este junto con las cuartas, octavas y terceras son de los intervalos más usados en géneros como el Pop, Rock, Jazz y Metal.

MÁS CONSEJOS

Apréndete los Intervalos de la Escala Mayor

La Escala Mayor, no importa si es de Do, Fa, Si bemol, Mi o Fa#, está formada de la misma manera, así que si te aprendes los intervalos que existen con relación a la primera nota de la escala, esto agilizará tu aprendizaje y ya no tendrás que estar contando semitonos, ya que todo será mucho más automático.

Trata de estudiar de la siguiente forma los intervalos:

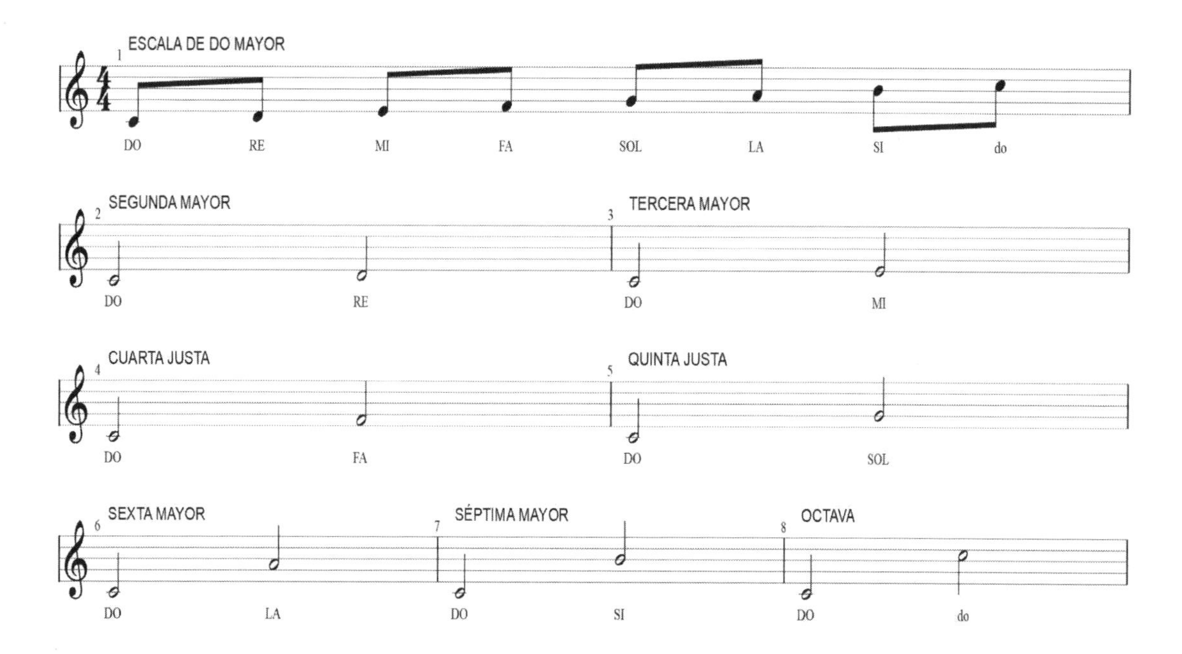

Aplicaciones Prácticas

Un ejemplo clásico de intervalos armónicos es el riff de "Smoke on The Water" de Deep Purple. El intervalo utilizado en la introducción son puras **cuartas justas.** Si no conoces la canción búscala ahora mismo, estoy seguro de que te gustará, te adjunto la tablatura por si gustas aprender a tocarla.

El solo a dos guitarras de **Master of Puppets** de **Metallica** es un excelente ejemplo para enseñar terceras, este tipo de armonización es muy común en el rock. Así que, si tú y un amigo (o amiga) quieren hacer un Riff o un Solo a dos guitarras, prueben con el intervalo de tercera.

GUITARRA 1

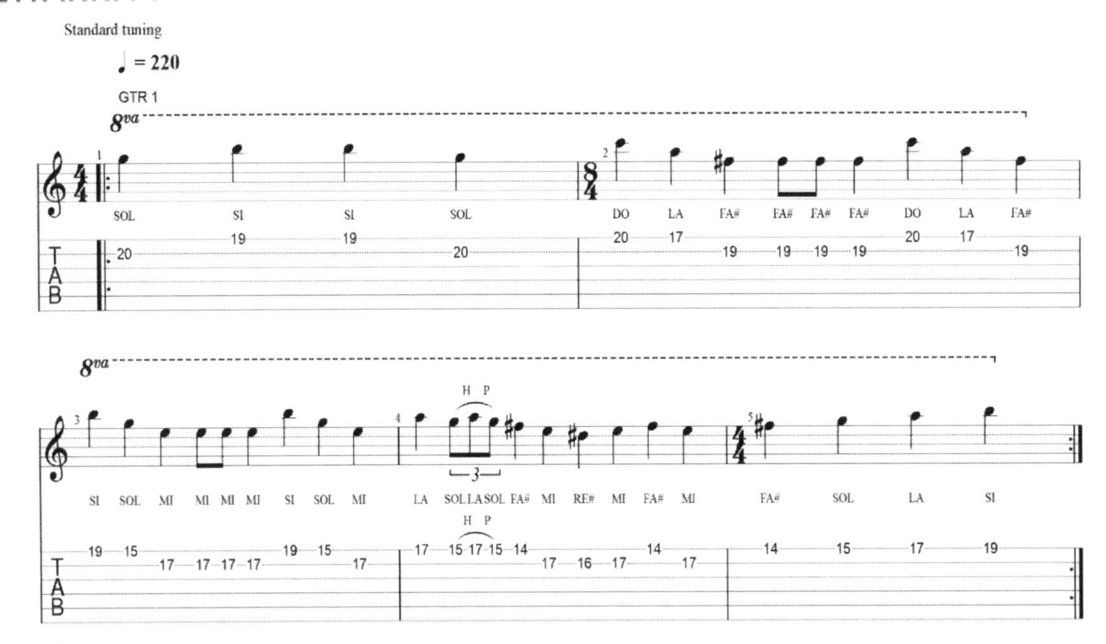

GUITARRA 2

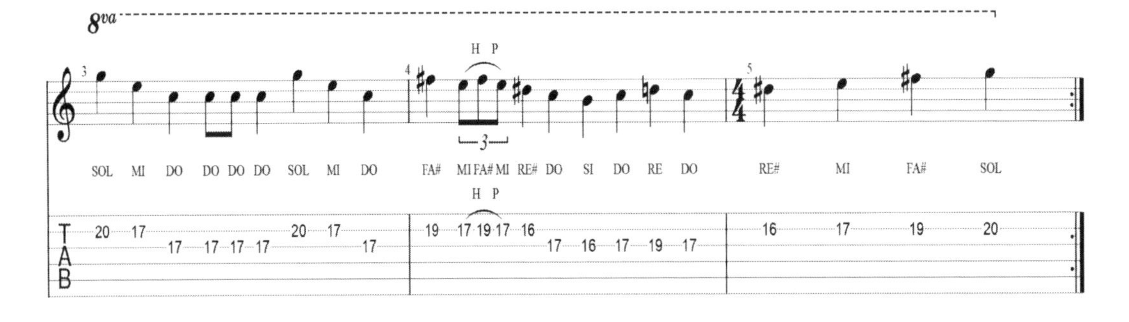

Se que al inicio puede ser complicado (como todo en la vida) entender este tema, pero no te preocupes, todo cobrará sentido conforme vayas avanzando en tu trayectoria como músico. Recuerda que el estudio de la teoría musical y la armonía es fundamental, es una herramienta que te ayudará a entender mejor las canciones que estes tocando, y también, si algún día así lo deseas, a componer tus propias canciones.

Como siempre me despido adjuntando un video de apoyo, este es especial por que hay muchos ejemplos reales de los intervalos, checalo y déjanos un bonito comentario. Nos vemos en el próximo capítulo ☺

MÓDULO II

TÉCNICAS DE EXPRESIÓN

Seguramente lo que más te gusta de tus guitarristas favoritos es ese "feeling" o sentimiento que le imprimen a sus melodías. Ese sonido lo obtienen utilizando distintas técnicas para darle más expresión a sus punteos o solos de guitarra.

En este cápitulo aprenderemos seis técnicas de mano izquierda que llevarán tu ejecución a otro nivel.

1. HAMMER-ON (Martilleo)

El hammer-on es un *ligado* de expresión ascendente. La técnica consiste en hacer sonar dos notas en mano izquierda, pero sólo realizando un ataque o "plumilleo" con la mano derecha.

Por ejemplo: toca la primera cuerda al aire y despúes presiona el traste número dos de esa misma cuerda (sin tocar esta segunda nota con la mano derecha).

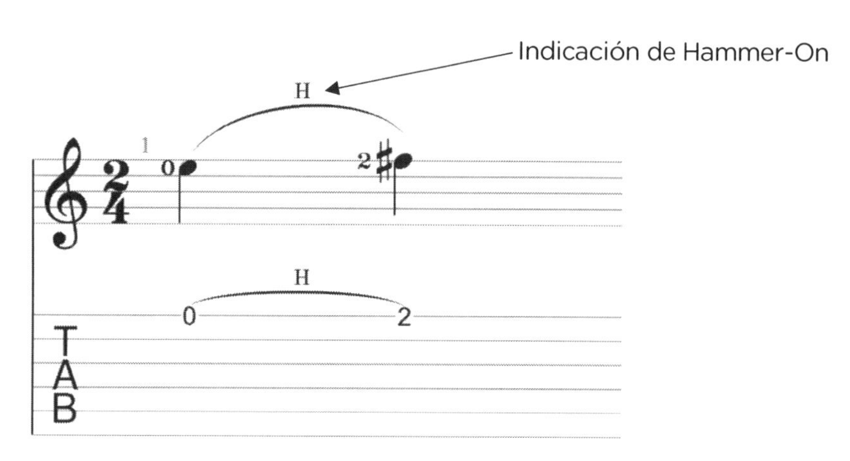

El movimiento tiene que ser fuerte y conciso, imagina que le tienes que dar un golpe al diapasón con la yema de tu dedo, emulando un poco lo que hace un martillo al golpear un clavo.

2. PULL-OFF (Del inglés: Jalar)

El Pull-off es un ligado de expresión descendente. La técnica consiste en pulsar una nota y posteriormente "jalar" el dedo hacía abajo para que suene la anterior.
Por ejemplo: toca el traste número dos de la primera cuerda, posteriormente *jala* el dedo de tu mano izquierda hacia abajo para que suena la primera cuerda al aire. (sin tocar esta segunda nota con la mano derecha).

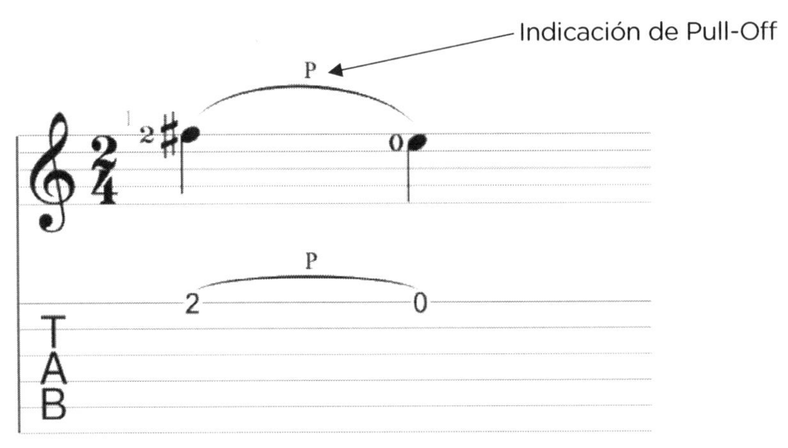

De igual forma el movimiento tiene que ser fuerte y consiso.
Puedes practicar los hammer-ons y pull-offs con la escala pentatónica, practícala de manera descendente utilizando *hammer-ons,* y de manera ascendente usando *pull-offs*.

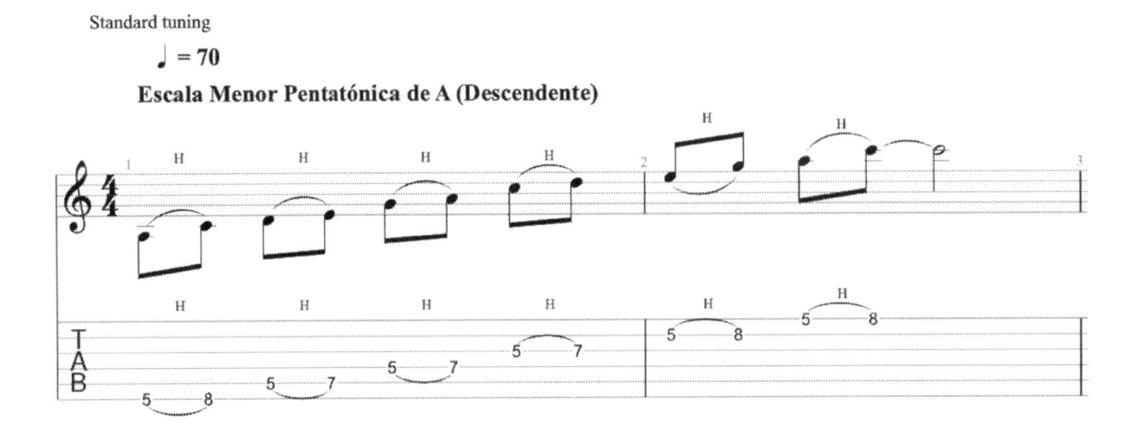

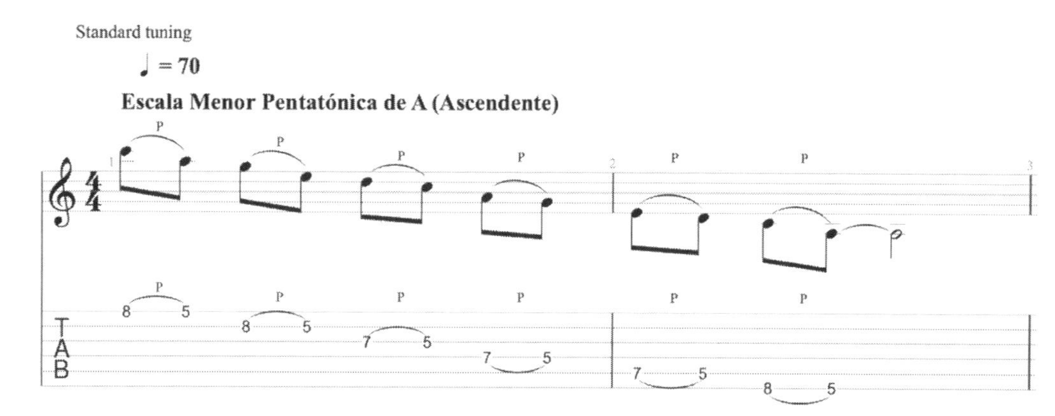

Además de brindarle a tu sonido más expresividad, estudiar estas técnicas le dará mas fuerza y elasticidad a tus dedos.

3. BEND

El bend o *bending* es quizás una de las técnicas que más pueden imprimirle "sentimiento" a una melodía. Consiste en tocar una nota y levantar o estirar la cuerda para que suene en un registro más agudo, ya sea *1/4 tono, 1/2 tono, 1 tono, 1 tono y medio ó 2 tonos arriba.*
Para realizar esta técnica normalmente se utiliza el dedo 3 de la mano izquierda, utilizando los dedos 1 y 2 de apoyo.

Habrá ocasiones en que quizás uses otro dedo para hacer bendings, esto dependerá del contexto musical en que estes tocando.

Realicemos algunos ejercicios: Vamos a tocar el traste número nueve de la tercera cuerda, para posteriormente "estirarla" y realizar bends de diferentes medidas.

Entre mayor sea la distancia que queramos abarcar más tenemos que estirar la cuerda, por ejemplo, un *bend de un tono* requiere de un mayor "estiramiento de cuerda" que uno de *medio tono.*

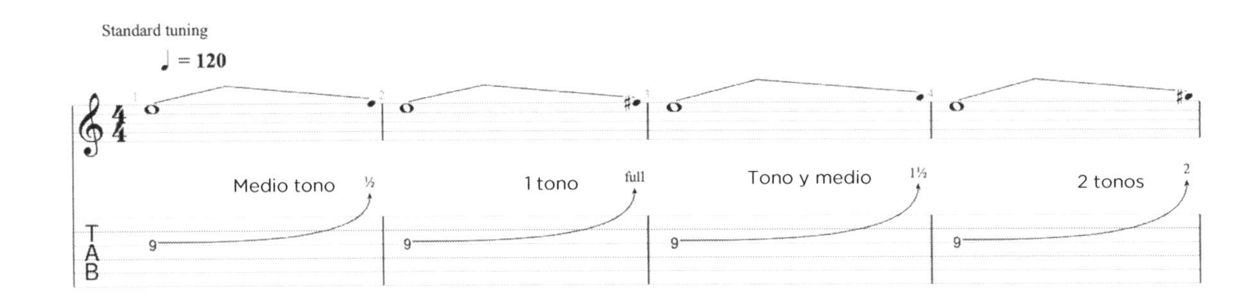

El traste número 9 de la tercera cuerda es la nota Mi, por lo que en un bend de **medio tono** se tiene que alcanzar el sonido de la nota Fa, en uno de **1 tono** la nota Fa#, en uno de **1 tono y medio** la nota Sol, y en uno de **dos tonos** la nota Sol#.

Te recomiendo utilizar un afinador para practicar este ejercicio (y los bends en general), colócalo cerca de la boca ó en el clavijero y revisa que las notas resultantes de los bendings sean las mencionadas en el ejercicio de arriba.

Al inicio puede ser un poco difícil y doloroso realizar esta técnica, te recomiendo iniciar con los bends de *medio tono y un tono,* ya que estos son los más sencillos y utilizados en la música. Cuando los tengas dominados empieza a practicar los demás.

Existen dos variaciones de los bends:

Pre-bend: Consiste en subir la cuerda antes de tocarla y pulsar cuando este arriba.

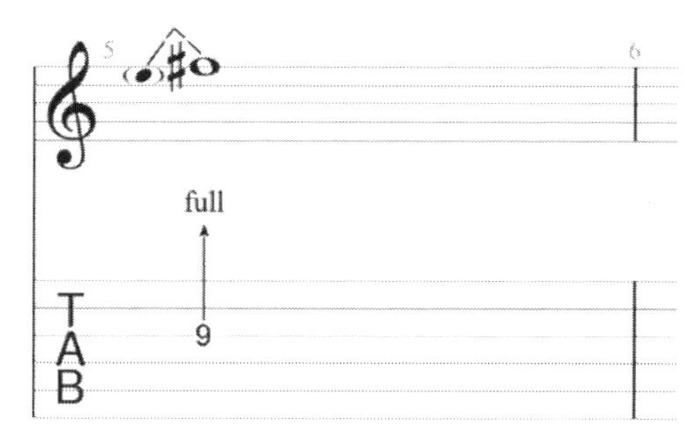

Bend & Release: Consiste en después de realizar el bend "soltar" o "liberar" la nota para que regrese a la nota original.

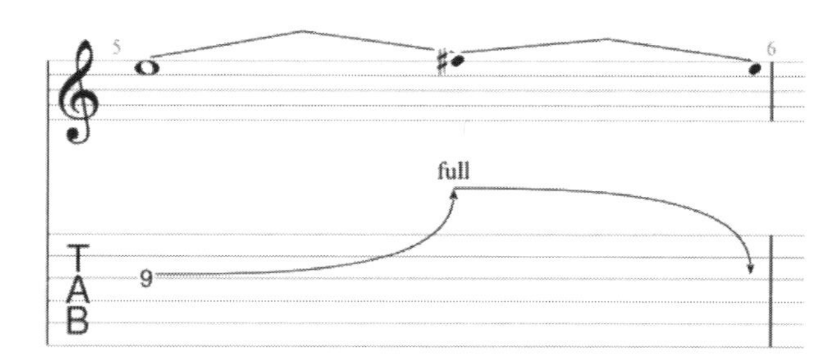

Pre-bend/Release: Consiste en combinar las dos técnicas anteriores, es decir: se utiliza después del prebend, pulsando arriba y bajando hasta la nota original.

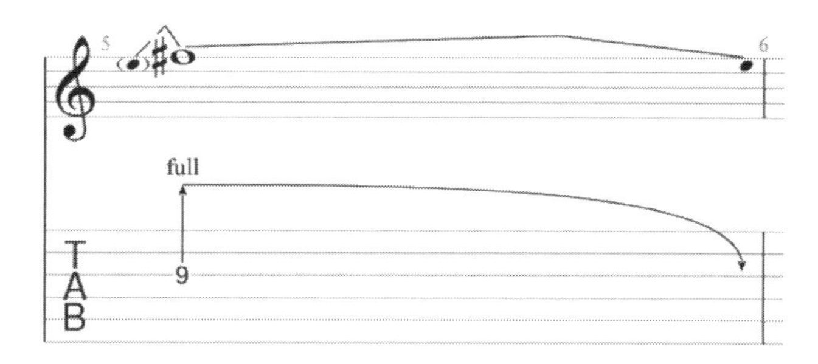

El tocar bendings de una manera correcta depende tanto de nuestros dedos como de nuestros oídos. Así que es muy importante que también escuches con mucha atención la afinación de las notas al estirar las cuerdas, de esta forma poco a poco irás descubriendo que tanta fuerza tienes que imprimir en tus dedos para conseguir el bend perfecto.

Si tienes una guitarra acústica es probable que te cueste más trabajo hacer los bends, esto debido a que las cuerdas generalmente son más gruesas y tienen más tensión a comparación de una guitarra eléctrica.

Antes de pasar a la siguiente técnica me gustaría recomendarte que escuches al guitarrista **David Gilmour,** el fue parte de la famosa banda Pink Floyd y actualmente tiene su proyecto como solista.

David es un maestro en lo que a tocar bends se refiere (y todo lo demás también), escucha su música y analiza sus frases de guitarra llenas de expresión y sentimiento.

4. VIBRATO

El vibrato también es una técnica muy expresiva, capaz de dotar de mucho *feeling* a cualquier nota o notas donde se aplique.

Esta técnica consiste en producir una variación en la altura de una nota mediante un movimiento oscilatorio.
Existen dos formas de tocarlo:

- Vibrato clásico: El dedo mueve la cuerda de forma perpendicular al mástil, es decir, el movimiento del dedo es horizontal. Dependiendo de la intensidad del vibrato puedes realizar el movimiento del dedo junto con la mano o el brazo.

- Vibrato moderno: Este tipo de vibrato es mucho más parecido a un bend, ya que el movimiento del dedo (usualmente el dedo 3) es de forma vertical. Esta variación de la técnica es la más usada en la música moderna, se utiliza mucho en géneros como el rock, blues, metal, pop, etc...

El vibrato se representa con la palabra *vib* ó con una línea ondulada encima de la nota.

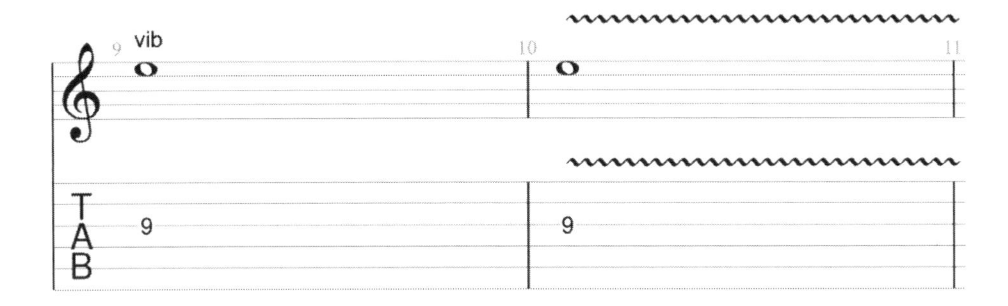

Escucha a guitarristas como **B.B King o Eric Clapton**, sus riffs y solos de guitarra están repletos de esta técnica, lo cual los dota de expresividad y sentimiento.

5. SLIDE

El slide es un ligado que consiste en tocar una nota y *deslizar* el sonido generado hacia otra (ubicada en otro traste). El slide se puede hacer de manera ascendente (de un sonido grave a uno agudo) o descendente (de un sonido agudo a uno grave).

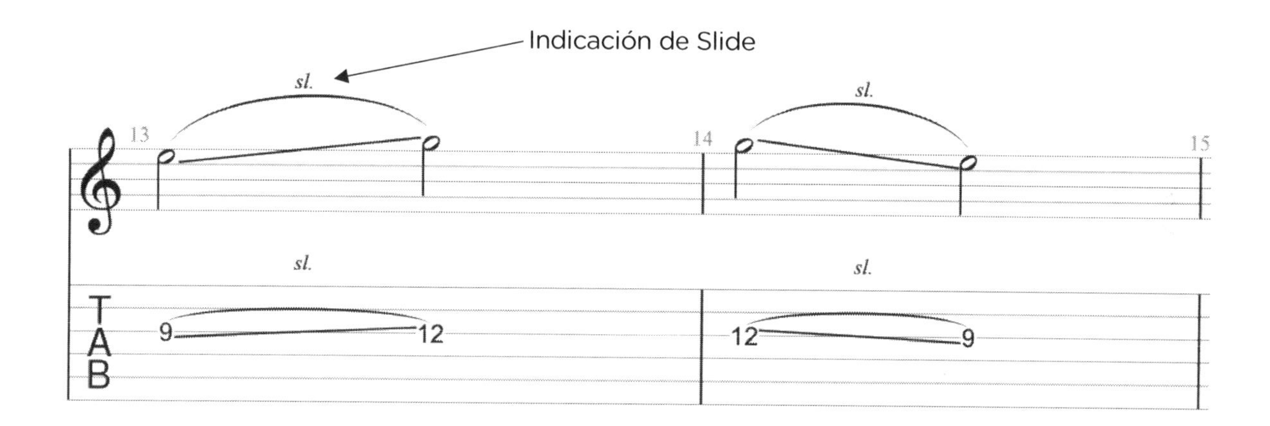

Antes de continuar me gustaría adjuntarte un video donde explico estás técnicas a detalle:

Me tomaré la libertad de hacerte otra recomendación, escucha el solo de guitarra de la canción "Comfortably Numb" de Pink Floyd. David Gilmour compuso uno de los mejores solos de la historia, repleto de todas las técnicas aquí mencionadas, que junto con los demás instrumentos crean una experiencia increíble.

Te adjunto una pequeña parte del solo.

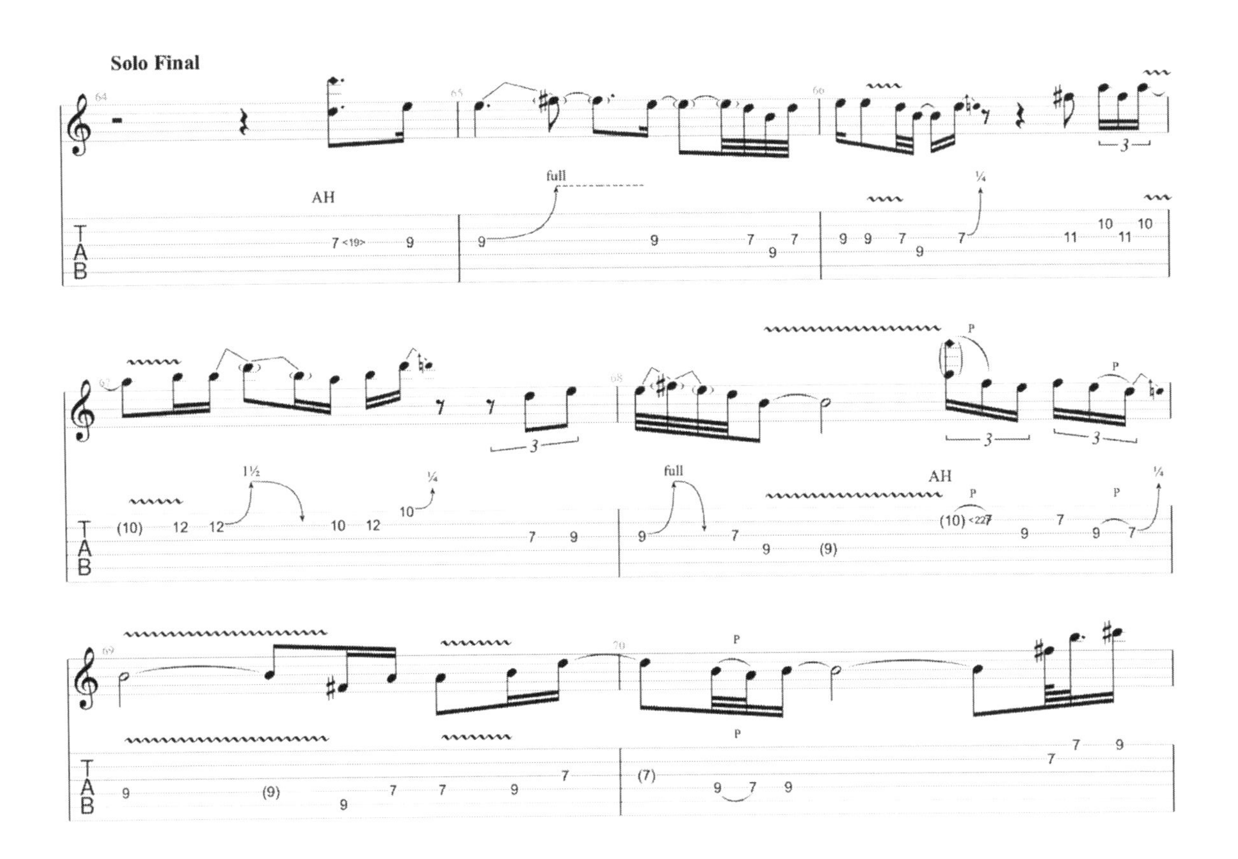

No pretendo que saques el solo en este momento, me interesa que analices las indicaciones que aparecen en la partitura/tablatura. Presta atención y te darás cuenta que esta repleta de las técnicas vistas en este capítulo.

6. Armónicos

Existen dos tipos de armónicos en guitarra, los naturales y los artificiales, por el momento nos enfocaremos en los primeros.

Los *armónicos naturales* se producen al colocar cualquiera de los dedos, sin presionar, encima de una cuerda en un punto específico del diapasón.

Cóloca tu dedo tres encima del **traste número 12** de la sexta cuerda, no la presiones, simplemente rozala ligeramente, ahora con la mano derecha realiza un plumilleo en esa misma cuerda... ¿Lo lograste? El sonido que se tiene que producir es parecido al de una "campana". Intenta este mismo ejemplo en el resto de las cuerdas.

Los armónicos naturales provienen de realizar una división matemática de la cuerda, así que a continuación te enseñaré cuales son los puntos específicos del diapáson en donde se producen estos armónicos.

- Traste 12: Se le conoce como armónico de octava ya que esta justamente a la mitad de la cuerda.

- Traste 7: Se le conoce como armónico de quinta, este resulta de dividir la cuerda en 2/3 partes.

- Traste 5: Se le conoce como armónico de doble octava ya que es justamente la mitad de este (la mitad de la mitad).

Intenta tocar los armónicos en estos trastes, experimenta y escucha con atención los sonidos que generán.

En la tablatura los armónicos se representan colocando las notas en medio de estos símbolos <>, y en la partitura dibujándolas de forma triangular.

Un ejemplo de la aplicación real de los armónicos lo podemos encontrar en la canción "Roundabout" del grupo YES. Seguramente la haz escuchado, ya que es una canción clásica y actualmente se ha utilizado en muchos memes.

Te adjunto la introducción aquí abajo:

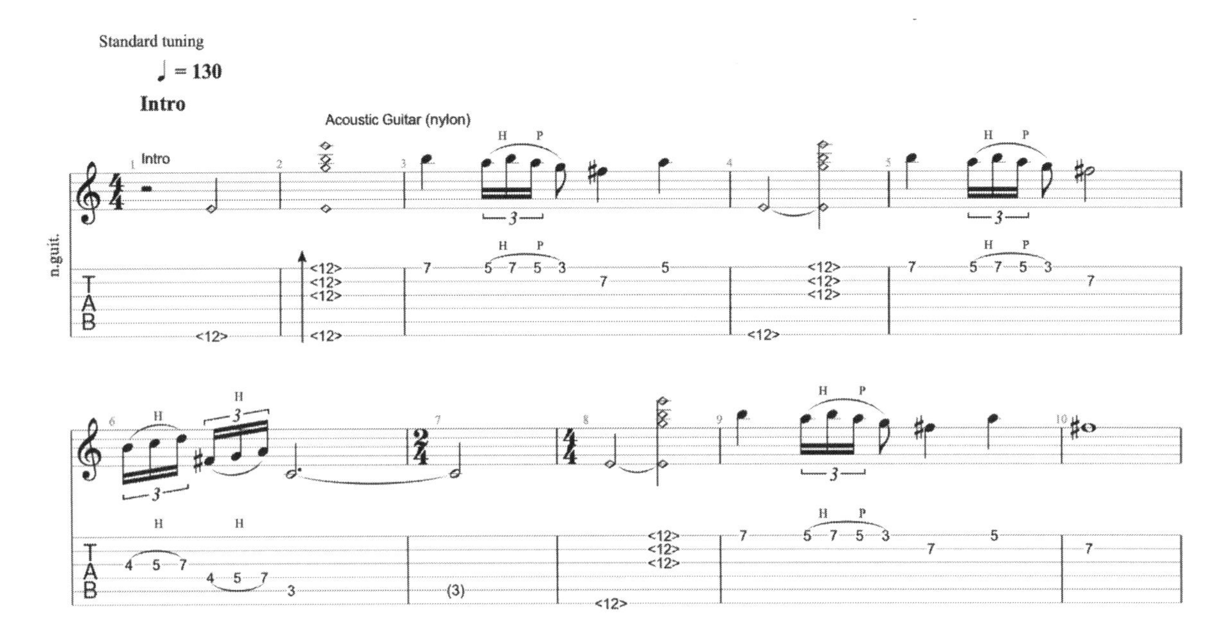

**Fíjate que también hay pull-offs y hammer-ons*

Te ajunto el video soporte de los armónicos:

Como ya lo mencione anteriormente, el aprender y aplicar estas técnicas te hará sonar mucho más sofisticado y expresivo, lo que definitivamente te convertirá en un mejor guitarrista.

MÓDULO II

ARPEGIOS

Seguramente has visto alguna vez, en una película o caricatura, a músicos sofisticados tocando un instrumento con un sonido hermoso y relajante llamado Arpa.

Si eres de mi generación, probablemente recuerdes al caballero del zodiaco "Orfeo", que justamente tocaba este instrumento.

El objetivo de los arpegios es justamente emular el sonido de un arpa, por lo cual NO tocaremos los acordes de manera simultánea, más bien lo haremos NOTA por NOTA.

Los arpegios son un excelente recurso para acompañar y componer canciones, por lo que es impresindible estudiarlos y dominarlos.

Iniciemos con algunos ejemplos usando acordes abiertos (que ya conoces). El siguiente ejemplo es un arpegio descendente (grave a agudo) del acorde de Em. Presta atención a la dirección del plumilleo.

Todos los plumilleos tienen una dirección hacia abajo, ya que siguen el movimiento del arpegio.

Un arpegio ascendente (agudo a grave) del acorde de Em se vería de la siguiente manera:

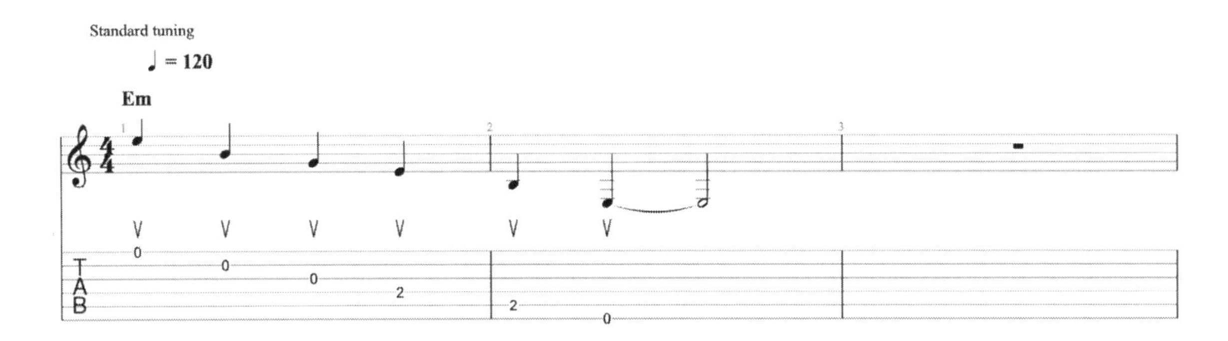

De igual forma todos los plumilleos son hacia arriba, esto para aprovechar la dirección del arpegio. Esta técnica es similar al barrido o *sweep picking.*

Ahora juntemos ambos ejemplos, presta especial atención a la primera cuerda ya que es donde se genera el cambio de dirección del plumilleo.

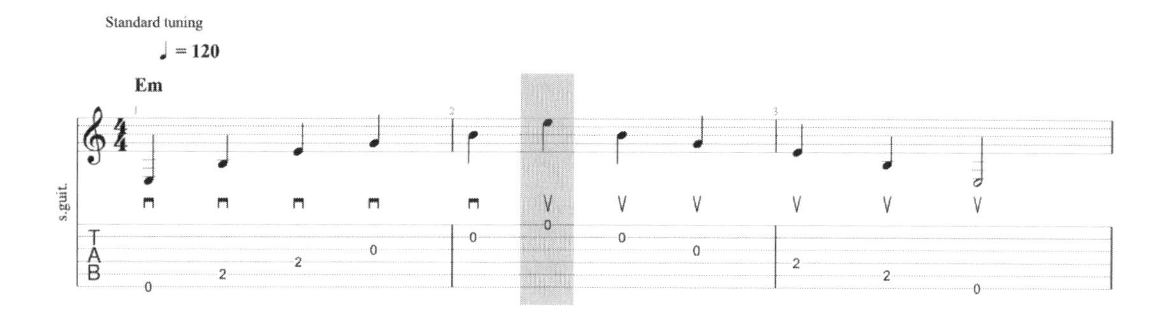

Es importante NO tapar el sonido de las notas después de tocarlas. En ocasiones te puedes encontrar con la indicación *let ring,* que justamente indica que el sonido de la nota NO tiene que apagarse.

Este mismo ejercicio lo puedes practicar con TODOS los acordes que ya conoces, tu creatividad es el límite. Te adjunto otro ejemplo.

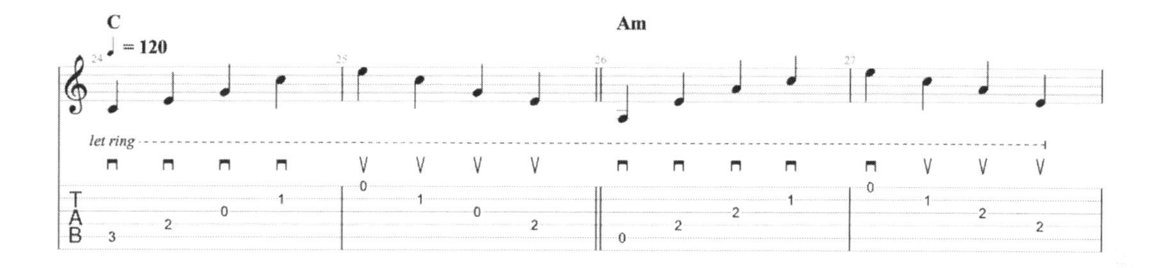

Al momento de tocar arpegios no necesariamente se tienen que tocar todas las cuerdas de ida y de regreso, puedes elegir el patrón que a ti más te guste y acomode, repito, tu creatividad es el límite.

El concepto de los arpegios es realmente muy sencillo, por lo que para dominarlos es mucho más importante la práctica. Por esa razón te adjunto algunos ejercicios y canciones para que pongas a trabajar tu mano derecha.

- Kakariko Village

Si eres aficionado a los videojuegos seguramente has escuchado este clásico tema que forma parte de la banda sonóra del juego *Zelda Ocarina of Time.* Esta canción contiene un arpegio muy sencillo en A mayor.

Mucho cuidado que el tema esta en un compás de 3/4, por lo que el acento cambia.

Fíjate bien en la dirección de los plumilleos.

- Guns N' Roses – Don't Cry

Este famoso tema de los Guns inicia con un hermoso arpegio en Am.

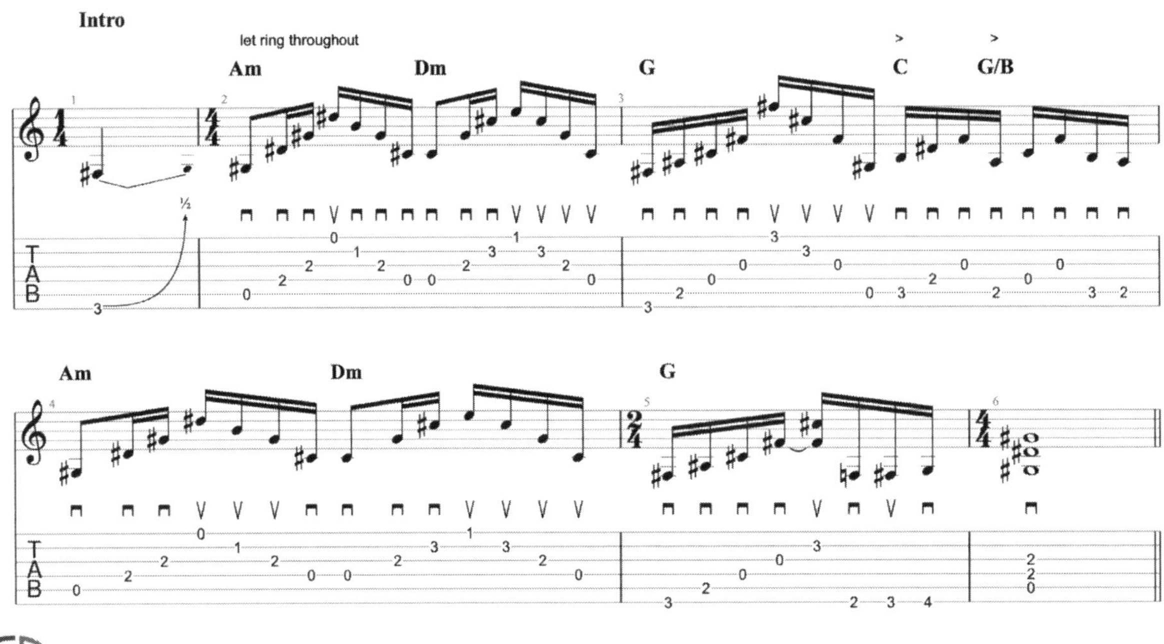

Tengo un tutorial donde te enseño a tocar este tema paso a paso, adjunto código:

<u>Hermoso Arpegio en Am</u>

En este ejercicio tocamos la *tónica o bajo* del acorde, posteriormente realizamos un patrón de *3era cuerda, 2nda cuerda y primera cuerda,* todo esto de manera descendente y ascendente. Este arpegio también esta en un compás de 3/4. Asegúrate de descargar los audios con el código que se encuentra al final del capítulo.

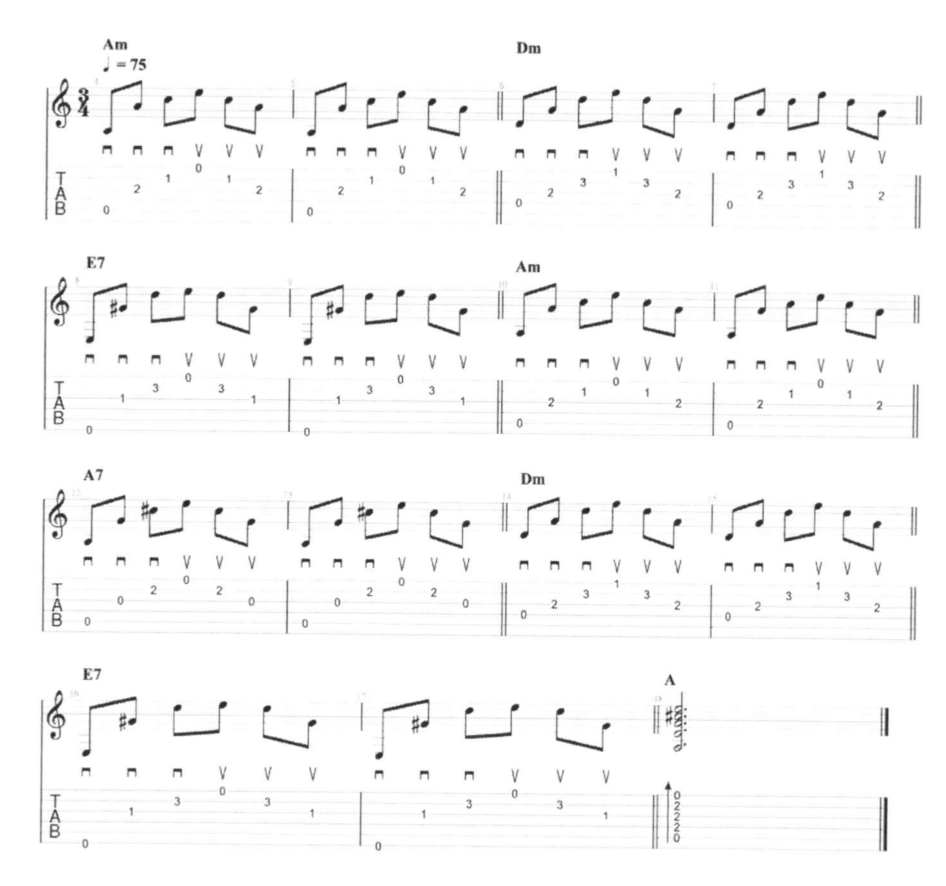

- <u>Maná - En el Muelle de San Blás</u>

Este clásico del rock en español comienza con un arpegio en *Em dórico,* este cuenta con saltos de cuerda y un patrón más irregular por lo que el plumilleo cambia. Realmente no hay una regla establecida que dicte en que dirección se deben tocar las cuerdas en casos como este, te adjunto el que yo considero es más cómodo y eficiente.

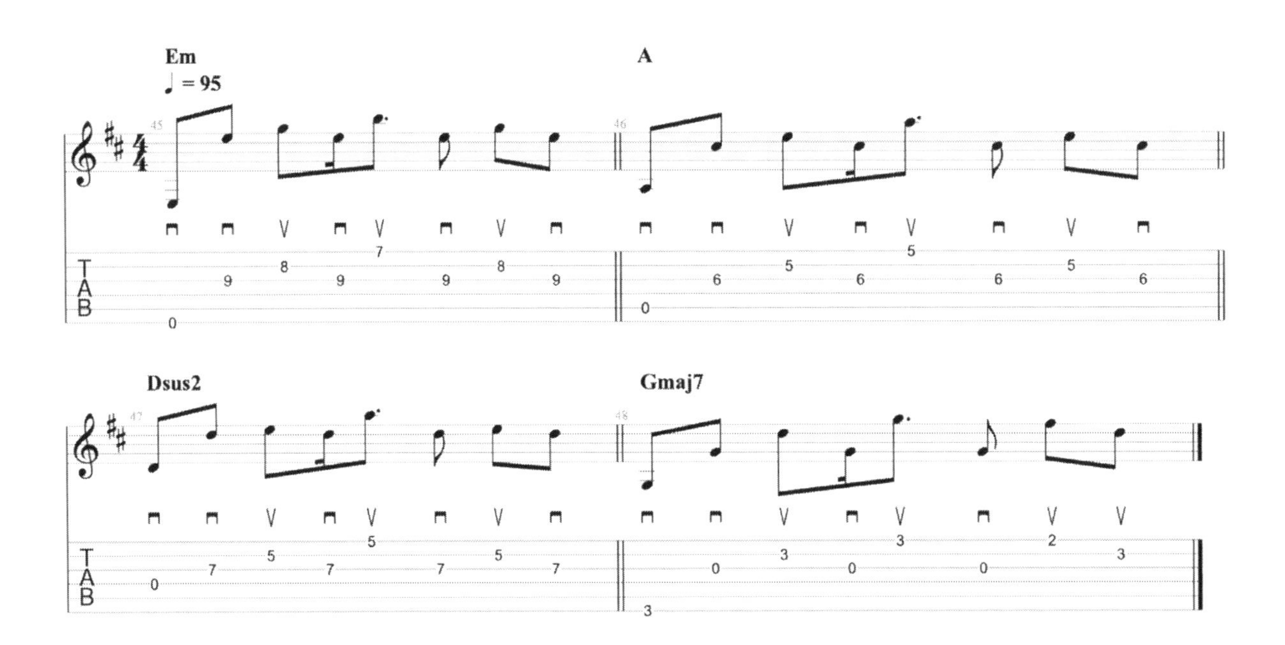

- <u>Radiohead - Street Spirit</u>

Este gran tema inicia con un hermoso arpegio en Am, este es un poco más complejo que los anteriores ya que también contiene saltos de cuerda y una pequeña melodía. De igual forma te señalo el patrón de mano derecha que considero es más eficiente.

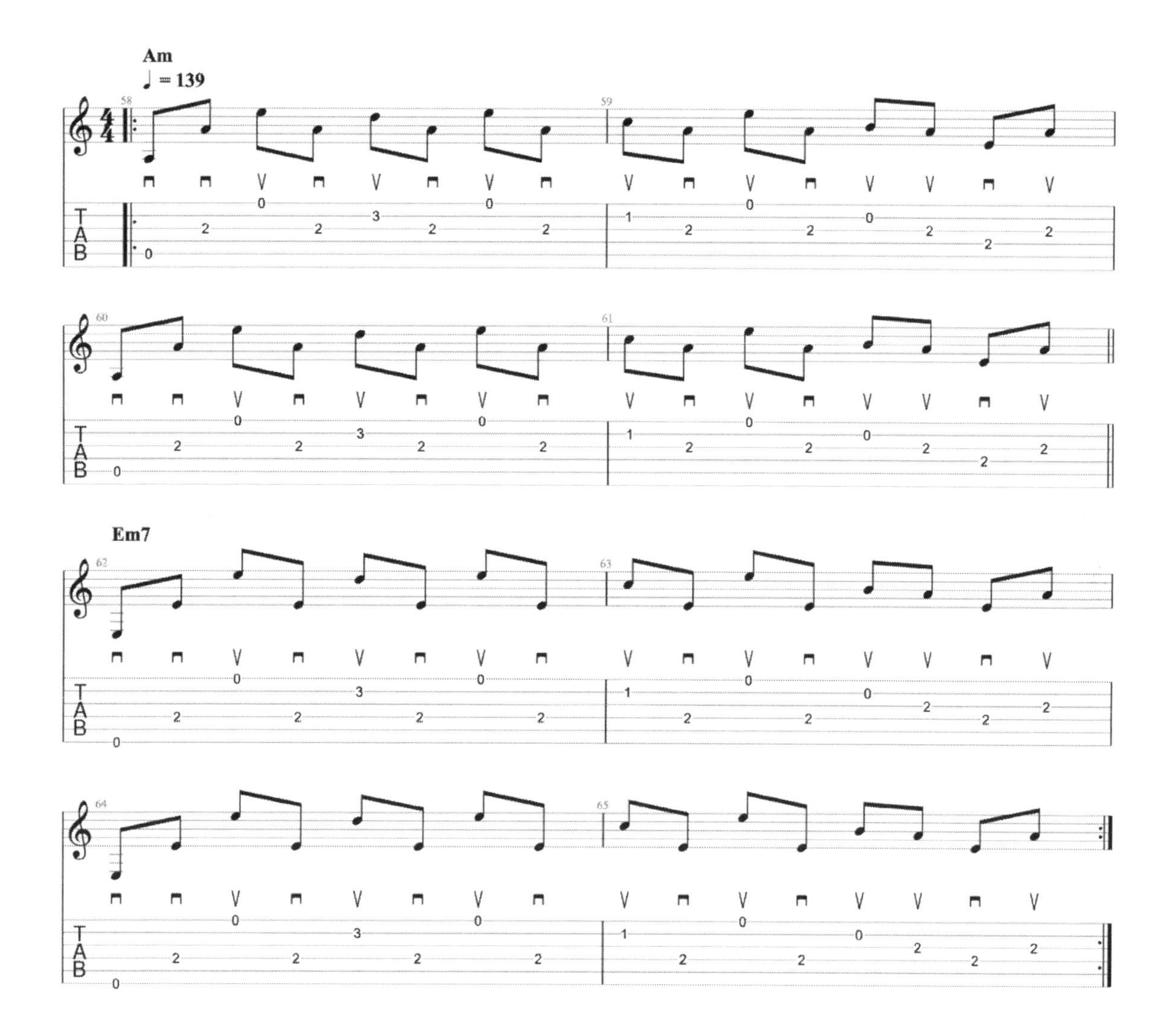

Si observas con atención en los últimos dos temas estamos combinando el plumilleo alternado con el "barrido o sweep picking". Como ya lo mencioné, no hay una regla que indiqué como se debe de tocar, lo importante es que analices las canciones y encuentres los puntos donde puedas aprovechar una técnica u otra.

En este capítulo nos enfocamos en la técnica con plumilla, pero también es muy común ejecutar los arpegios con los dedos de la mano derecha. Vale la pena también estudiarlos de esa forma así que te adjunto un video de como hacerlo:

No te voy a mentir, soy muy fan de esta técnica, así que también te adjunto un video donde te enseño otras 5 canciones que te ayudarán a practicar tus arpegios.

Y por último te adjunto el código donde se encuentran todos los audios de este capítulo.

Con este capítulo concluimos el Módulo II, ha sido un largo camino, pero me da mucho gusto haberte compartido tantas herramientas que definitivamente te ayudarán a ser un mejor guitarrista.
Pero esto no es todo, el viaje continúa en el Módulo III donde expandirás aún más tu conocimiento.

MÓDULO III

FORMACIÓN DE ACORDES

Hasta el momento hemos aprendido a tocar muchos acordes en diferentes posiciones, pero realmente no nos hemos detenido a entenderlos. Es por eso que en este capítulo aprenderemos como se forman los acordes tríadicos (tres notas) y como aparecen en una tonalidad mayor.

En el episodio anterior de armonía aprendimos que son los *intervalos,* pues básicamente LOS ACORDES se forman "aplilando" intervalos de tercera.

En la tonalidad mayor solo hay tres tipos de triadas: *Mayor, Menor y Disminuida.*

Para saber que tipos de intervalos forman los acordes nos basaremos en algunas fórmulas:

Acorde Mayor
La fórmula para formar un acorde mayor es la siguiente:
Fundamental + Tercera Mayor + Quinta Justa

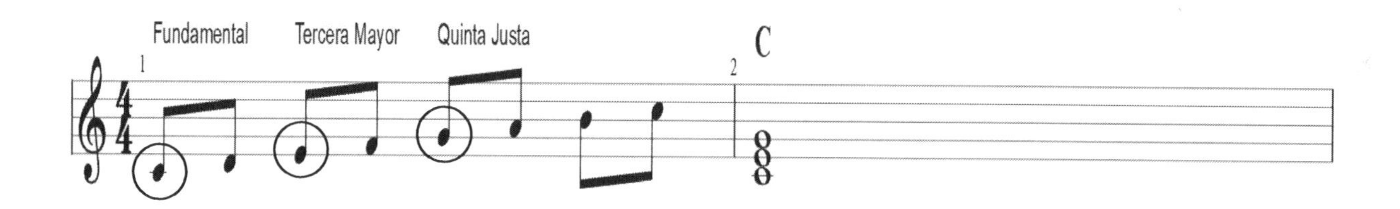

Se le llama Fundamental a la nota que le da el nombre al acorde, ya que es el *fundamento* para formar las siguientes notas. Entonces: **Do** es la *Fundamental,* luego viene **Mi** que es la *Tercera Mayor* de Do y luego **Sol** que es la *Quinta Justa* de Do. Por lo tanto se cumple a la perfección la fórmula de un acorde mayor, que en este caso resulta en el acorde de C mayor, que se compone de las notas: **C E G**

También puedes verlo como:

FUNDAMENTAL + 3ERA MAYOR + 3ERA MENOR

Puedes usar cualquiera de las dos fórmulas. Esta segunda indíca que entre la fundamental (do) y la segunda nota (mi) hay un intervalo de 3era mayor, y entre la segunda nota (mi) y la tercera nota (sol) hay un intervalo de tercera menor.

68
Tercera Menor
Tercera Mayor

Acorde Menor

La fórmula para formar un Acorde Menor es la siguiente:

FUNDAMENTAL + 3ERA MENOR + 5TA JUSTA

O también puedes verlo como:

FUNDAMENTAL + 3ERA MENOR + 3ERA MAYOR

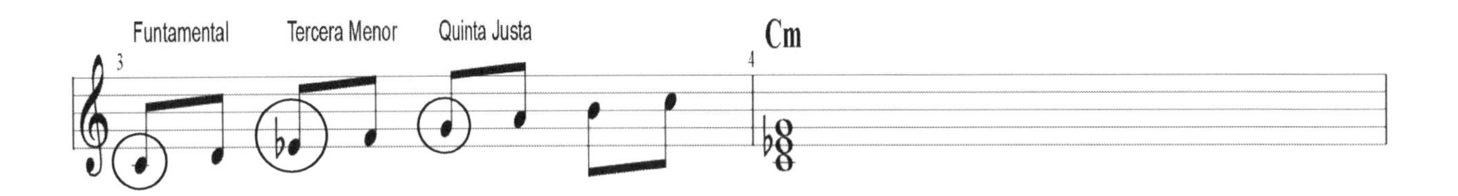

Por ende el acorde de Cm contiene estas notas: **C Eb G**

*Entre un acorde mayor y un acorde menor SOLO HAY UNA NOTA DE DIFERENCIA, es por eso que el intervalo de tercera es tan importante en la música, ya que este define la CUALIDAD de los acordes (si son mayores ó menores). Circular notas

C mayor = **C (E) G**

C menor = **C (Eb) G**

Acorde Disminuido

La fórmula para formar un acorde disminuido es la siguiente:

FUNDAMENTAL + 3ERA MENOR + 5TA DISMINUIDA

O también puedes verlo como:

FUNDAMENTAL + 3ERA MENOR + 3ERA MENOR

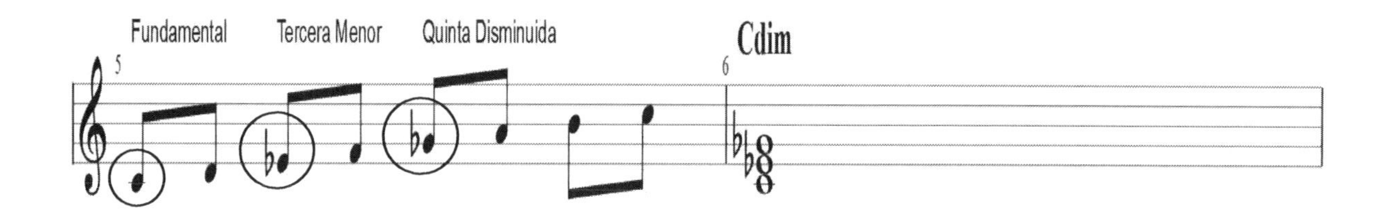

El cifrado de los acordes Disminuidos lo puedes encontrar con la palabra *dim* ó con este símbolo °.

Triadas de la Escala Mayor

Ahora que ya sabemos como formar Acordes Mayores, Menores y Disminuidos, aprenderemos que acordes surgen cuando formamos triadas en la escala de Do Mayor. Es decir, a partir de cada nota de la escala sumaremos un intervalo de tercera y uno de quinta (sin alteraciones), el resultado es el siguiente:

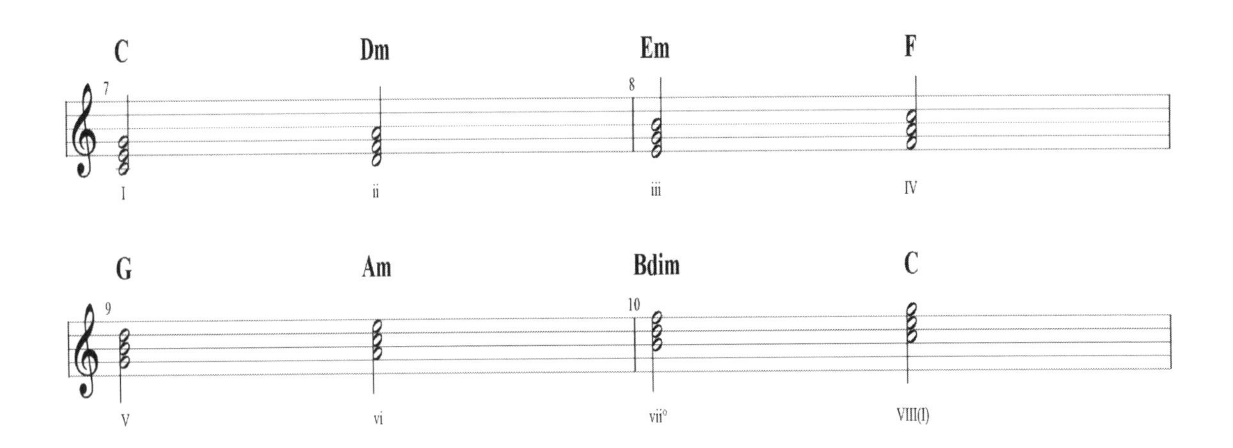

¿Qué son esos números romanos que estan debajo de los acordes? Los números romanos indican el **Grado** de cada nota en una escala mayor. Es muy sencillo, la primera nota (Do) es el I Grado, la segunda nota (Re) es el II Grado, la tercera nota (Mi) es el III Grado, y así sucesivamente hasta la séptima nota (Si), que es el VII Grado.

Los números romanos que están en mayúsculas indican que los acordes son Mayores, en minúsculas indican que son menores, y con este símbolo ° indican que son Disminuidos.

Esto aplica para **cualquier tonalidad mayor,** no importa en cual estes, siempre encontrarás los siguientes acordes:

Mayores: I, IV y V

Menores: ii, iii, y vi

Disminuido: vii°

Acordes en otras tonalidades

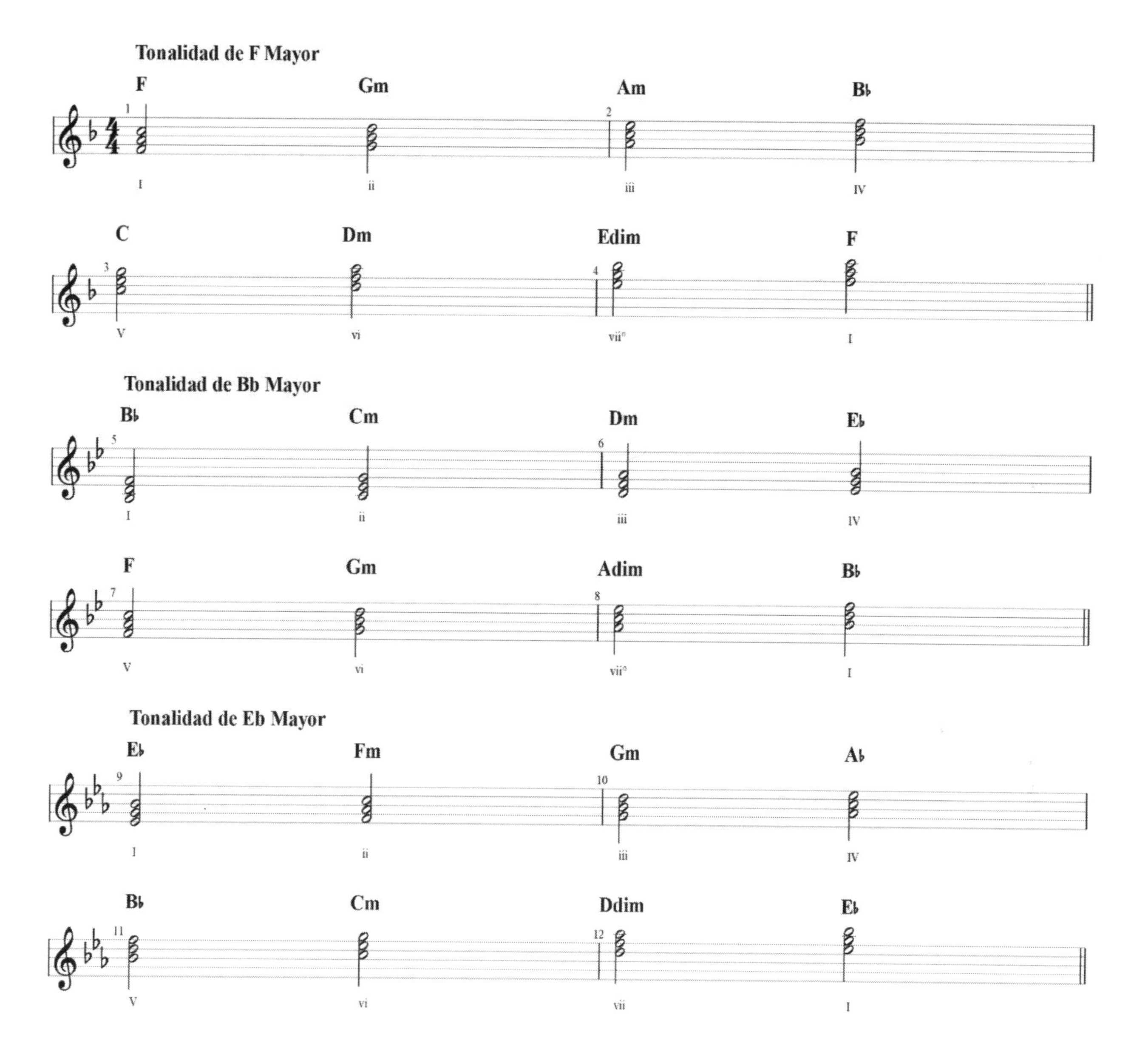

Una forma muy común de crear *progresiones de acordes* es tomar diferentes grados de la escala mayor. Por ejemplo la canción "Let it be" de los Beatles utiliza los grados **I V vi IV** en DO MAYOR.

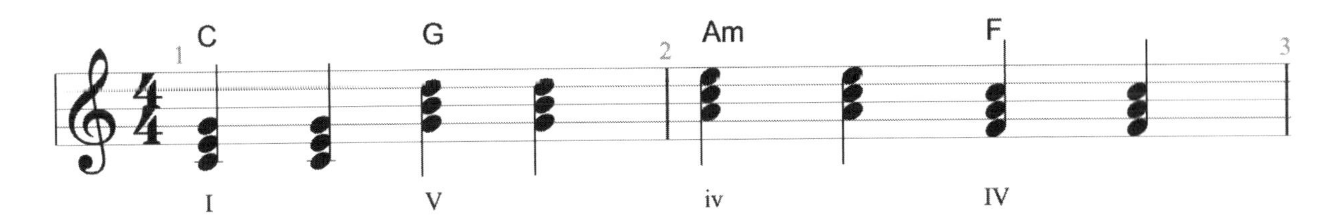

El tema "I'm Yours" de Jason Mraz utiliza exactamente los mismos grados de la escala de DO MAYOR.

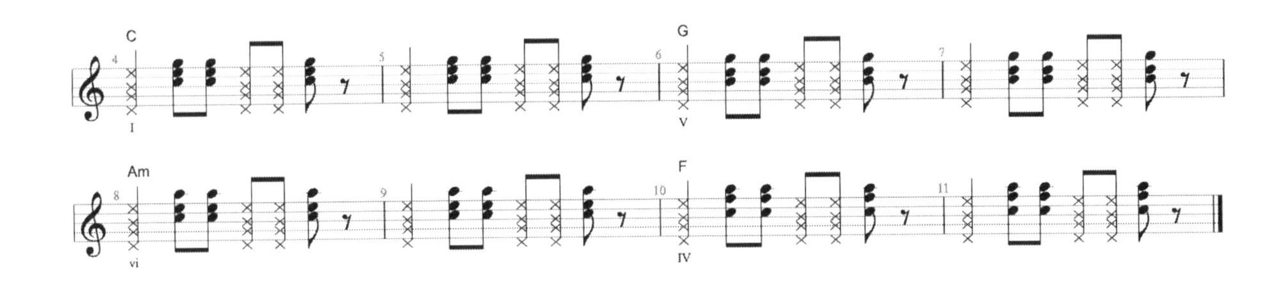

¿Te ha pasado que escuchas dos canciones y te suenan muy similares? Pues es muy probable que sea por que utilizan los mismos grados de la escala mayor, de verdad te sorprenderías de saber cuantas canciones populares utilizan los mismos. Esta progresión **I V vi IV** esta en miles de temas exitosos en géneros como el pop, punk y rock, te dejo una lista de algunas que se me vienen a la mente en este momento.

Somewhere Over The Rainbow **- I V vi IV** en G mayor.
Blink 182 – What's my age again?: **I V vi IV** en F# mayor.
Bob Marley - No Woman no Cry: **I V vi IV** en Db Mayor.
Shakira – Waka Waka (Esto es África): **I V vi IV** en D mayor.
David Bisbal – Ave María: **I V vi IV** en G mayor.
The Cranberries – Zombie: **I V vi IV** en G mayor.

¿Quiere decir que todos los artistas se copian entre si? Pues NO, simplemente utilizan este recurso para darle cierta sonoridad a la armonía de sus canciones.

Otras progresiones populares que se forman con grados de la escala mayor son las siguientes:

I vi IV V

Algunas canciones que utilizan esta progresión son:

- Ben. E King – Stand by me: **I vi IV V** en A mayor
- The Police – Every Breath You Take: **I vi IV V** en Ab mayor
- Justin Bieber – Baby: **I vi IV V** en Eb mayor

vi IV I V

Algunas canciones que utilizan esta progresión son:

- Toto – Africa: **vi IV I V** en A mayor
- Soda Stereo – De Música Ligera: **vi IV I V** en D mayor
- Luis Fonsi Ft. Daddy Yankee – Despacito: : **vi IV I V** en D mayor

Si te interesa componer tus propias canciones este puede ser un buen punto de partida, experimenta combinando diferentes grados de la escala mayor en diferentes tonalidades, analiza su sonido y elige el que más te guste y represente lo que quieres expresar.
Te adjunto una tabla donde vienen todas las tonalidades mayores con sus respectivos grados, realiza las combinaciones que quieras y diviértete ☺

	I	iim	iiim	IV	V	vim	vii°
C	C	Dm	Em	F	G	Am	B°
Db	Db	Ebm	Fm	Gb	Ab	Bbm	C°
D	D	Em	F#m	G	A	Bm	C#°
Eb	Eb	Fm	Gm	Ab	Bb	Cm	D°
E	E	F#m	G#m	A	B	C#m	D#°
F	F	Gm	Am	Bb	C	Dm	E°
F# **Gb**	F# Gb	G#m Abm	A#m Bbm	B Cb	C# Db	D#m Ebm	E#° F°
G	G	Am	Bm	C	D	Em	F#°
Ab	Ab	Bbm	Cm	Db	Eb	Fm	G°
A	A	Bm	C#m	D	E	F#m	G#°
Bb	Bb	Cm	Dm	Eb	F	Gm	A°
B	B	C#m	D#m	E	F#	G#m	A#°

RELATIVO MENOR

Seguramente alguna vez has escuchado que Do mayor y La menor son "iguales", esto es por que cada *escala mayor* tiene una *escala relativa menor.* Esta comienza en la sexta nota (grado) de la escala mayor y ambas comparten las mismas notas. Por ejemplo: La escala de La menor es el relativo menor de Do mayor.

Si formamos acordes obtenemos los mismos, pero con distinta función tonal.

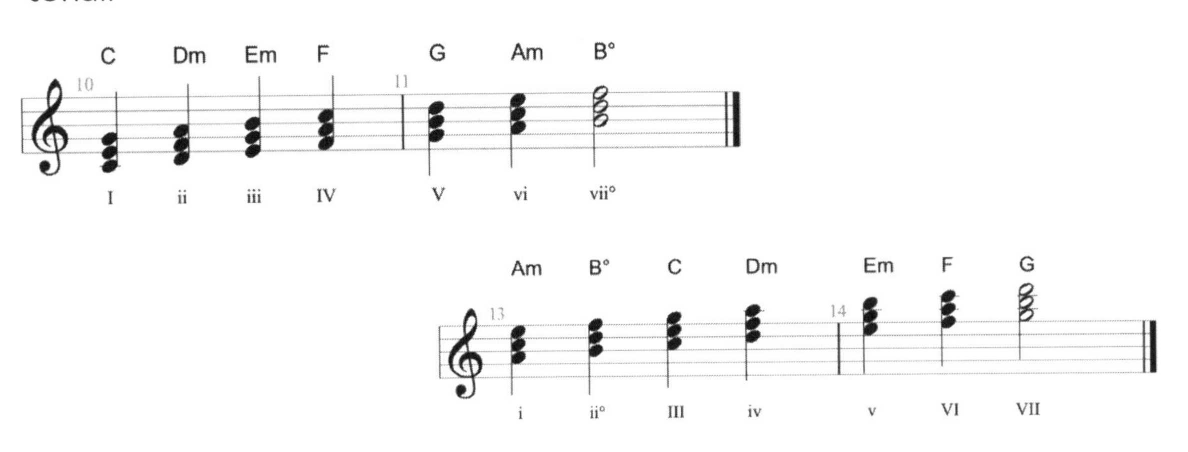

Es importante que memorices el relativo menor de todas las escalas mayores, puedes consultar la tabla de arriba para localizar el *sexto grado* de la tonalidad que gustes, de todas formas, te adjunto los relativos menores de las tonalidades más usadas por los guitarristas:

G mayor - E menor
A mayor - F# menor
Eb mayor - C menor
D mayor - B menor
E mayor - G# menor
Bb mayor - G menor

¿De que nos sirve todo esto? Conocer el relativo menor nos puede ayudar al momento de componer melodías. Por ejemplo: Si estas tocando una canción en la tonalidad de C mayor puedes usar la Escala Menor y/o menor pentatónica de A (relativo menor) para componer una melodía o improvisar un solo.
También te ayudará en temas de composición y conocimiento del brazo de la guitarra. Los beneficios de estudiar armonía son muchísimos.

Resumiendo

En cualquier tonalidad mayor siempre encontrarás las siguientes triadas:

Mayores: I, IV y V

Menores: ii, iii, y vi

Disminuido: vii°

Siempre se utilizan las mismas fórmulas para formar acordes:

Acorde Mayor: Fundamental + Tercera Mayor + Quinta Justa

Acorde Menor: Fundamental + Tercera Menor + Quinta Justa

Acorde Disminuido: Fundamental + Tercera Menor + Quinta Disminuida

El relativo menor siempre es el SEXTO GRADO de una tonalidad mayor.

Por último me gustaría adjuntarte algunos videos que te ayudarán a comprender mejor este tema:

Formación de acordes:

La fórmula del éxito en la música, 4 acordes para tocarlo todo:

MÓDULO III

5 POSICIONES DE LA ESCALA MENOR PENTATÓNICA

En el Módulo II aprendimos la posición 1 de la Escala Menor Pentatónica y su aplicación práctica. En este cápitulo seguiremos expandiendo esas aplicaciones, ya que aprenderemos otras posiciones para tocar la escala por todo el brazo y algunos licks para mejorar tus solos.

5 Posiciones de la Escala Menor Pentatónica:
Como su nombre lo indica la escala pentatónica cuenta con 5 notas o grados, por lo tanto hay cinco posiciones para tocarla, cada una iniciando en una nota de la escala.

Es importante memorizar la relación intervalica que existe entre cada grado de la escala y la tónica (fundamental).

- **A** a **C:** *3era menor*
- **A** a **D:** *4ta Justa*
- **A** a **E:** *5ta Justa*
- **A** a **G:** *7ma menor*

Te adunto las 5 posiciones de la escala en formato de tablatura y diagrama.
**Trata de respetar las digitaciones.*

Escala Menor Pentatónica de A

5 posiciones

Primera posición

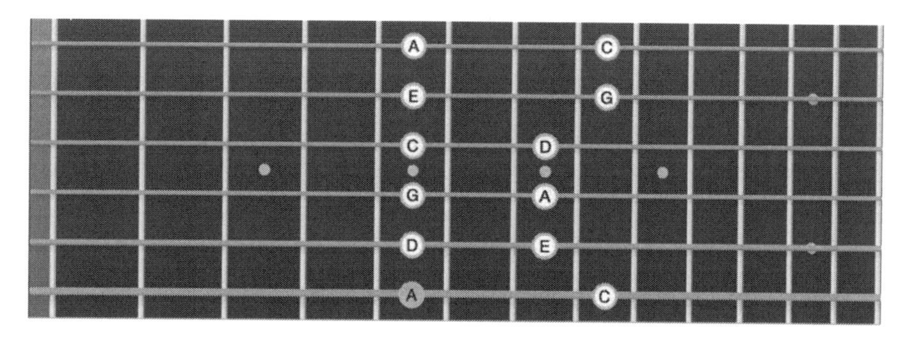

Segunda posición

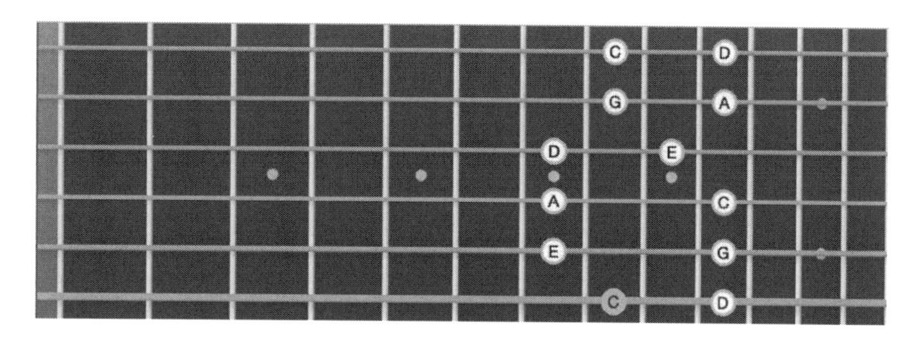

Tercera posición

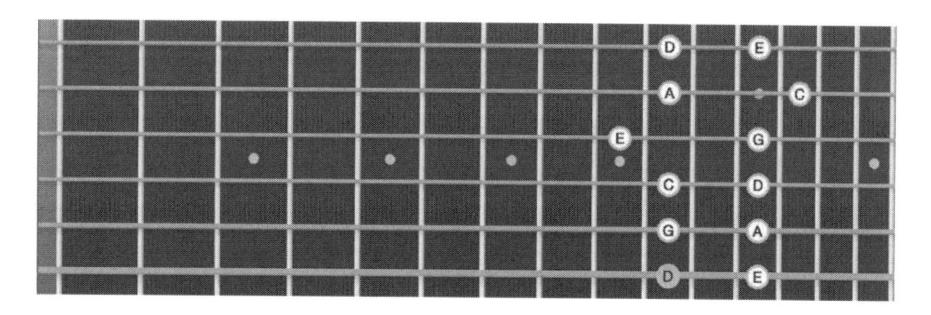

Cuarta posición

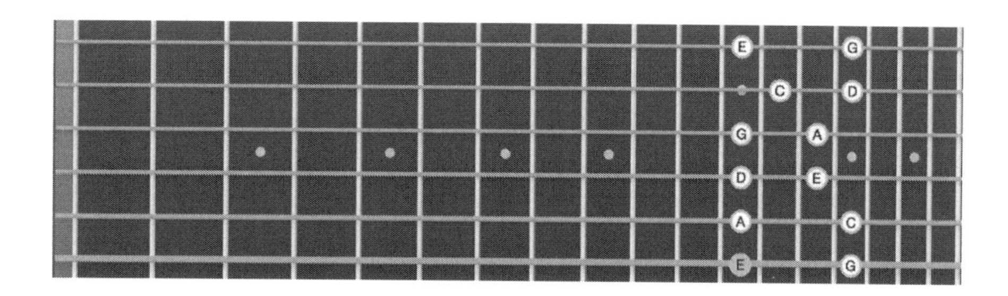

Quinta posición

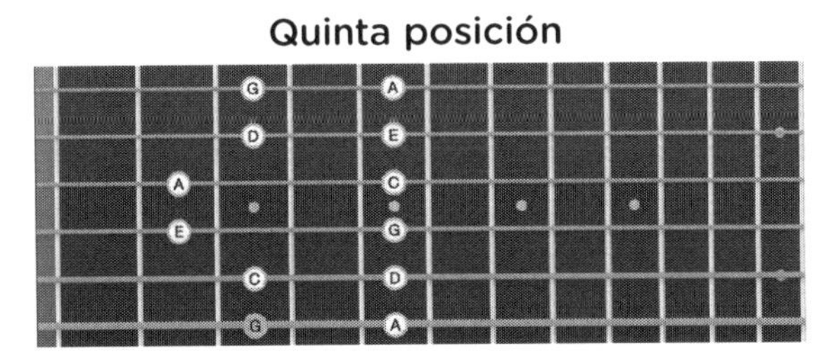

De esta manera podrás tocar la escala menor pentatónica por todo el brazo de la guitarra ¿Ahora que pasa si quieres improvisar en otra tonalidad? Pues todas estas posiciones son trasportables, lo único que tienes que hacer es conocer las notas que componen la escala y ubicar las posiciones en el diapasón. Ahora que ya conoces los intervalos musicales este proceso te resultará más sencillo, por ejemplo: si queremos saber que notas componen la escala menor pentatónica de F realizariamos el siguiente razonamiento.

Por lo tanto, si queremos tocar esta escala desde su 4to grado lo haríamos a partir de la nota **Bb,** utilizando la digitación de la *3era posición* de la escala.

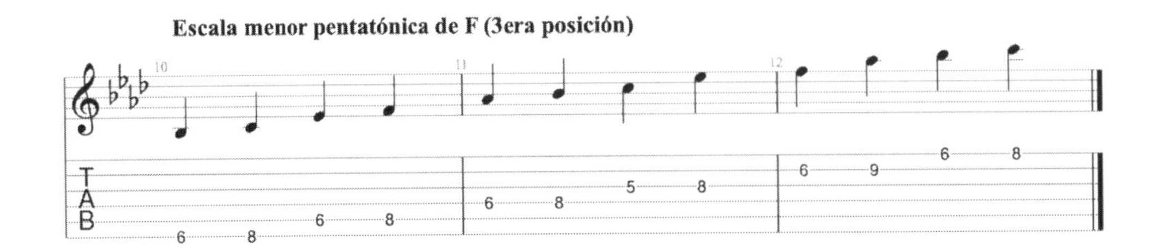

Otra manera muy útil de practicar todas las posiciones de la escala es estudiándola en pares de cuerdas y de manera horizontal. Te adjunto una imagen con el ejercicio en la pentatónica de Am, pero recuerda, puedes transportarlo a la tonalidad que tú quieras.

LICKS

Los Licks de guitarra son frases que generalmente se usan para improvisar o crear solos, estas melodías "predeterminadas" las puedes modificar a tu gusto.

A continuación te adjunto algunos usando la pentatónica menor de A:

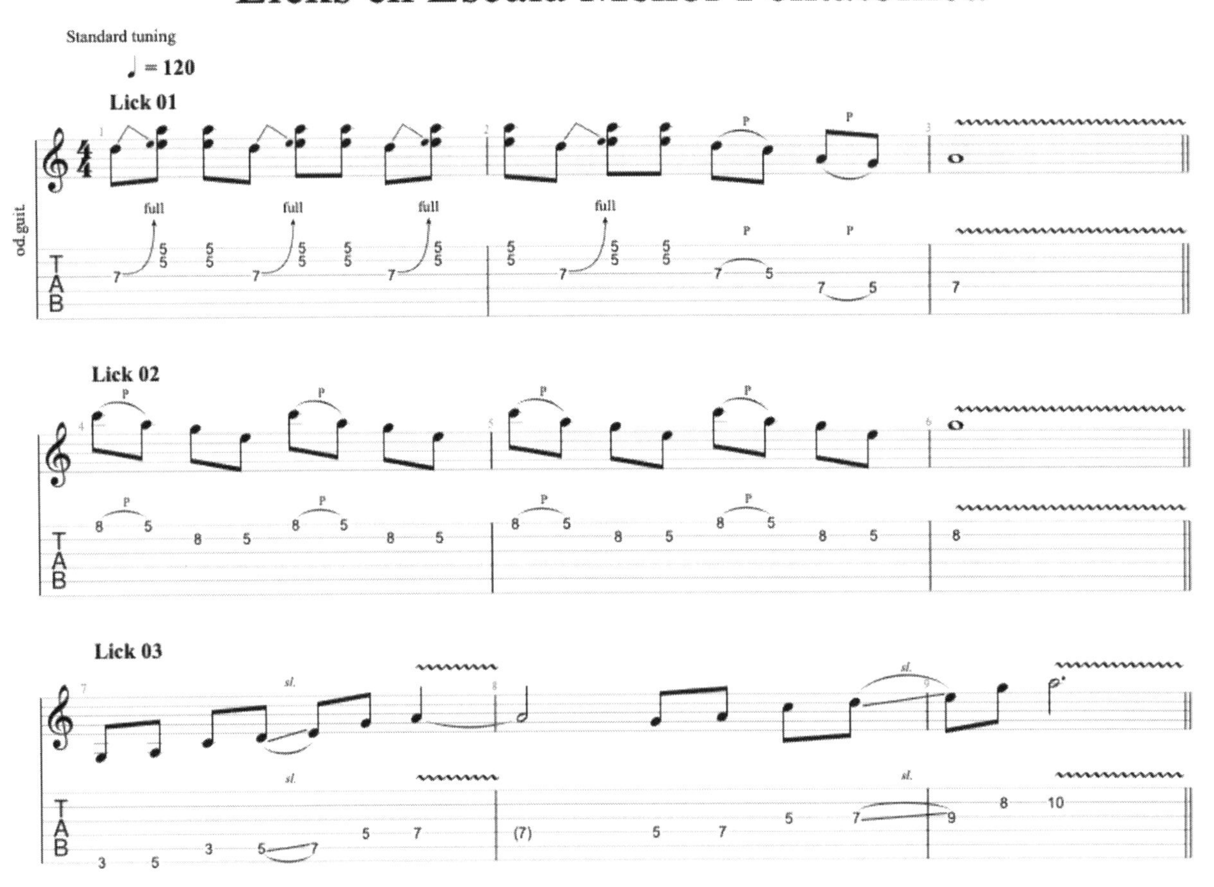

Estos son solo algunos licks sencillos que puedes incorporar a tu manera de improvisar o crear solos en cualquier pentatónica menor. Hay muchísimos más, y lo mejor de todo es que tu puedes inventar los tuyos. Estos tres licks que acabamos de aprender son muy usados en el Pop, Rock, Funk etc... por miles de guitarristas de todo el mundo.

Descarga los audios de los licks aquí:

Si tienes alguna duda, te adjunto un video donde explico las 5 posiciones de la escala menor pentatónica:

Por último me gustaría hacerte algunas recomendaciones:

- Respeta las digitaciones.
- Estudia todas las posiciones de la escala con metrónomo.
- Busca *backing tracks* de blues e improvisa utilizando todas las posiciones.
- Busca la *nota blue* en TODAS las posiciones e incorpórala a tus solos.

MÓDULO III

ESCALAS MAYORES

La escala mayor es una de las más utilizadas por los guitarristas, se usa principalmente para improvisar y componer melodías. Aprenderla es fundamental, ya que nos ayudará a comprender mejor la armonía y el diapasón de nuestro instumento.

Técnica empleada:

Mano izquierda: A diferencia de los cuadrafónicos, aquí usaremos tres notas (tres dedos) por cuerda. Los dedos variarán de acuerdo con la forma de la escala y con la anatomía de la mano de cada persona. Por ejemplo, mientras que a uno se le facilite tocar una escala con los dedos "1", "3" y "4", a otro se le facilitará tocar la misma escala con los dedos "1", "2", y "4".

Mano derecha: Usaremos una técnica llamada "Economy Picking". Esta técnica normalmente se emplea cuando hay un patrón de tres notas por cuerda. Podríamos decir que es como un híbrido entre el *plumilleo alternado* y el *sweep picking.*

Economy Picking

¿En qué consiste la técnica de Economy Picking?
Consiste en que cada vez que haya un cambio de cuerda, ya sea hacia abajo o hacia arriba, el plumilleo siga esa dirección. Observa bien el sentido de los plumilleos en los primeros 4 compases, y luego compáralos con los plumilleos de los compases 5 a 8.

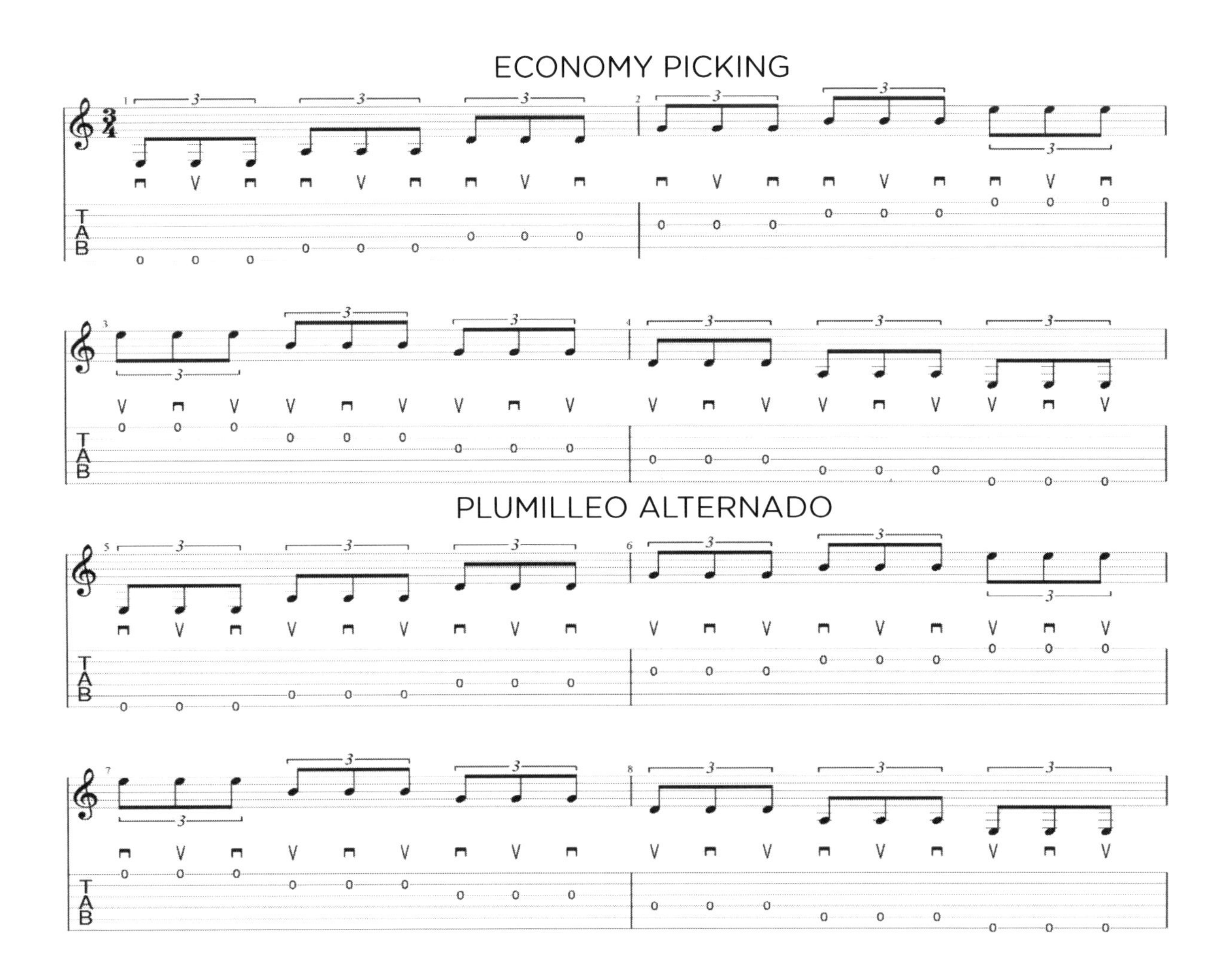
ECONOMY PICKING
PLUMILLEO ALTERNADO

Ejercicio de Preparación:

Para que te vayas acostumbrando a esta técnica vamos a iniciar con un ejercicio de preparación. Date un momento para analizar bien la dirección del plumilleo de la mano derecha.

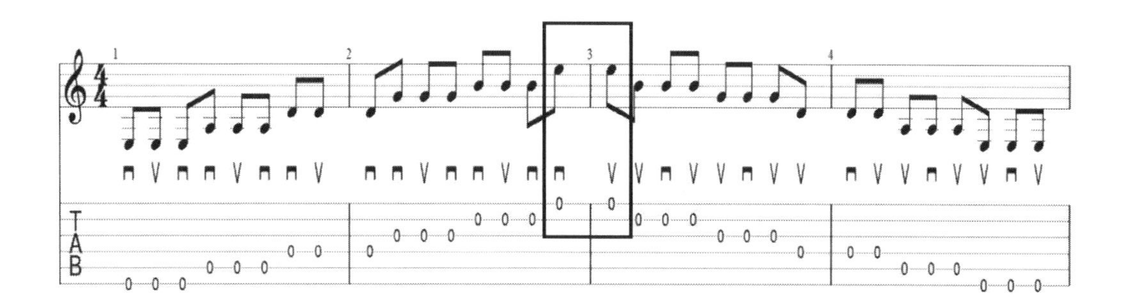

Observa que en todas las cuerdas tocas tres notas, a excepción de la primera cuerda (resaltado en el cuadrado), esto es para que cuando "subas" a la segunda cuerda la dirección de tu mano sea hacia arriba. Puedes practicar este ejercicio a cualquier *tempo* que gustes, ya sea con una nota por beat, dos notas por beat, o si puedes, tres notas por beat. Por ejemplo: configura tu metrónomo en 50 BPM y trata de *tararear* tres notas por beat diciendo la palabra TA- KI- TO, o cualquier otra palabra (que exista o no) que tenga tres sílabas, despues intenta tocar con la mano derecha el ritmo que estas *tarareando.* Relaja tu mano y poco a poco te irás dando de cuenta de como "fluye con el movimiento".

*Por ahora solo practica este ejercicio con las cuerdas al aire, para que puedas concéntrate en el movimiento de tu mano derecha.

Escalas Mayores

Hay diferentes formas y digitaciones para tocar escalas mayores. En este capítulo aprenderemos SIETE posiciones (o grados) distintas para tocar UNA escala mayor. Por ejemplo: la escala mayor de Do tiene SIETE posiciones distintas, cada una de estas inicia en una nota de la misma escala.

Creo que es más sencillo verlo de esta forma:

La escala de Do Mayor contiene las notas: **DO-RE-MI-FA-SOL-LA-SI**

La primera posición es: **DO**-RE-MI-FA-SOL-LA-SI-(DO).

La segunda posición es: **RE**-MI-FA-SOL-LA-SI-DO-(RE).

La tercera posición es: **MI**-FA-SOL-LA-SI-DO-RE-(MI).

La cuarta posición es: **FA**-SOL-LA-SI-DO-RE-MI-(FA).

La quinta posición es: **SOL**-LA-SI-DO-RE-MI-FA-(SOL).

La sexta posición es: **LA**-SI-DO-RE-MI-FA-SOL-(LA).

La séptima posición es: **SI**-DO-RE-MI-FA-SOL-LA-(SI).

Por ahora aprenderemos las escalas mayores de las tonalidades más "guitarristicas": C, G, D y A, ya que estas son las más usadas en estilos como Pop, Rock, Blues y en ocasiones en Funk y Jazz.

Iniciemos con la escala mayor de Do. En el Módulo I ya te enseñe esta escala en su tercera posición (o tercer grado, ya que empieza desde la nota Mi). Realmente puedes seguir tocándola así, pero para efectos de practicar el Economy Picking, vamos a cambiar la digitación.

EN EL PRIMER MÓDULO LA APRENDIMOS ASI: (en los recuadros estan las notas que vamos a cambiar)

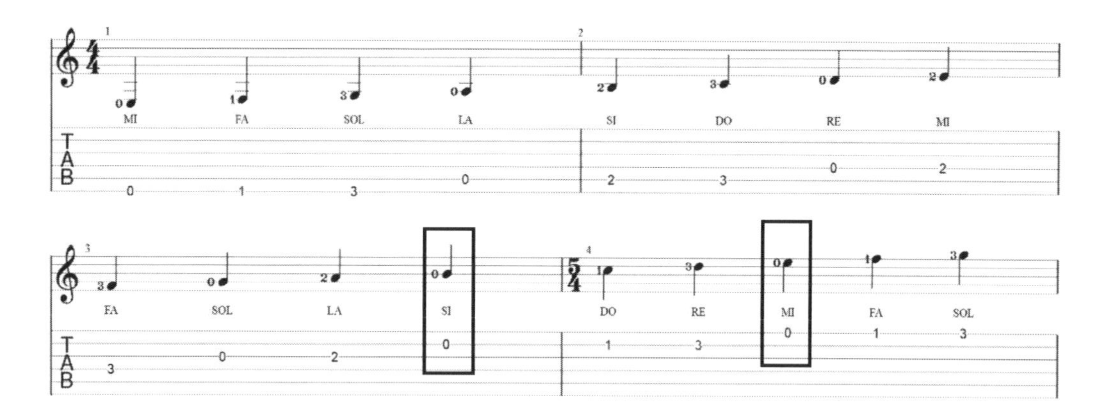

Ahora la tocaremos así:

Do Mayor – Tercera Posición (Mi)

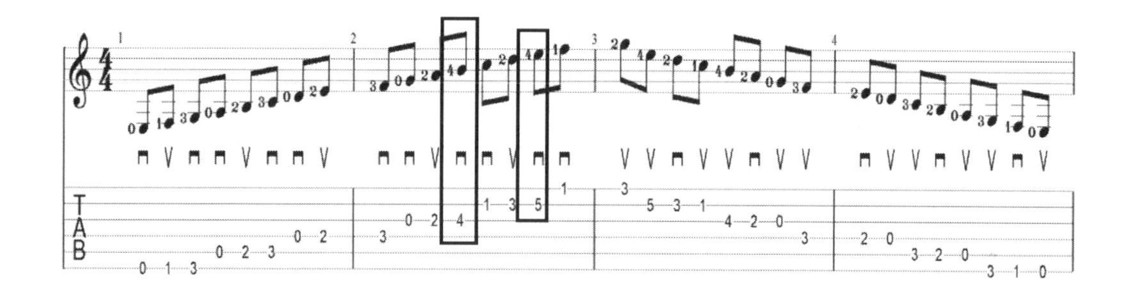

La segunda y la primera cuerda son las que cambiamos de digitación, siguen siendo las notas **Si** y **Mi** respectivamente, pero ahora tocadas en otra parte de diapasón.

Presta especial atención a la dirección del plumilleo, estudialo siguiendo los consejos que mencioné en el ejercicio de preparación.

Ahora aprenderemos las 6 posiciones restantes de la escala Mayor de Do. Pon mucha atención a la digitación de la mano izquierda (escrita a un costado de cada nota en el pentagrama). En cuanto a la mano derecha: nada cambia, sigue siendo el mismo patrón de **Economy Picking.** En todas las posiciones serán 3 notas por cuerda, a excepción de la **primera cuerda** por las razones ya mencionadas anteriormente.

7 Posiciones de la Escala de Do Mayor

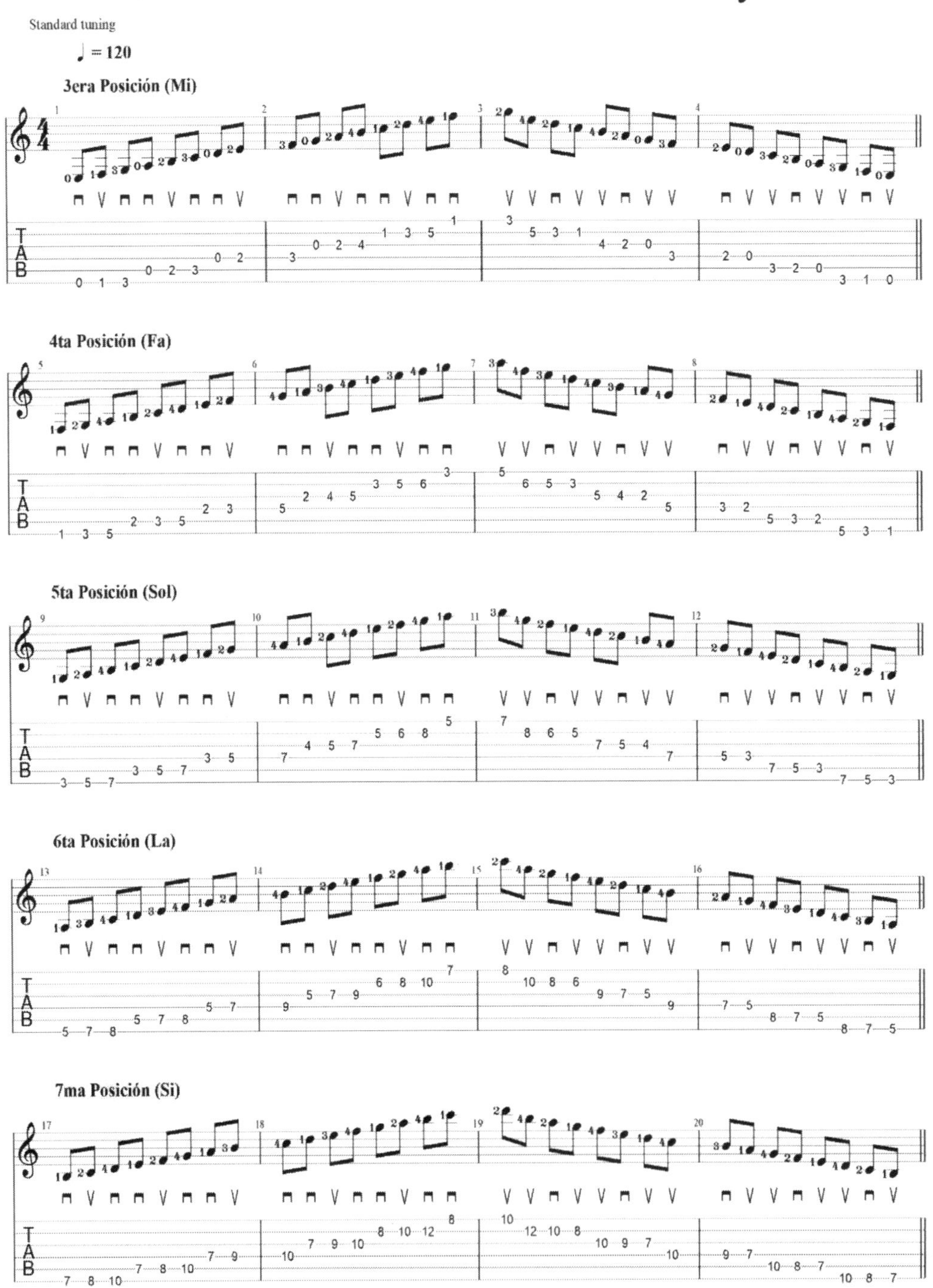

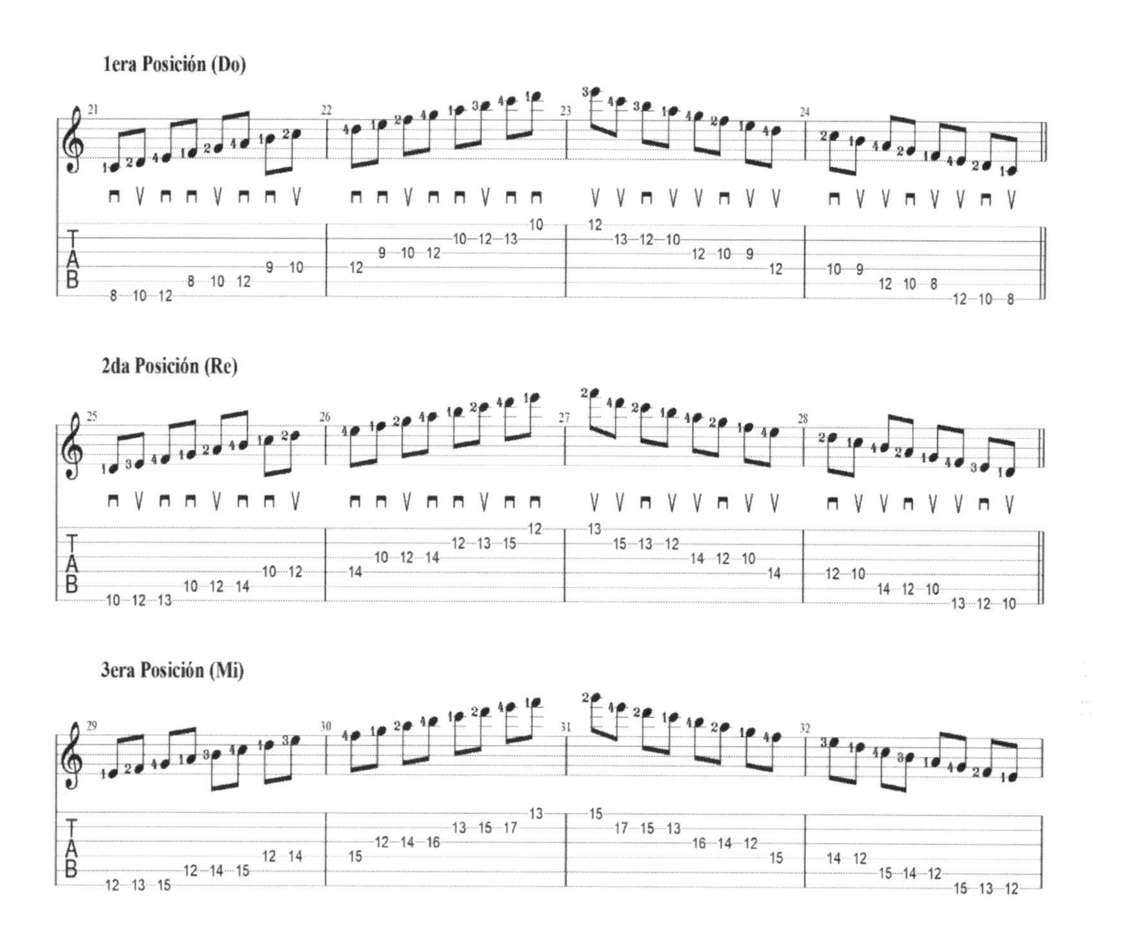

Recuerda que después del traste 12 la guitarra se "repite", es por eso que la 3era posición aparece dos veces. Si tienes una guitarra eléctrica con 24 trastes probablemente puedas repetir hasta la 6ta o 7ma posición.

Además de aprender las notas es importante memorizar muscularmente las posiciones, ya que de esta forma vamos a poder transportarlas a otras tonalidades. Para ayudarte en ese proceso te adjunto estas mismas 7 posiciones pero en formato de diagrama.

3ra Posición

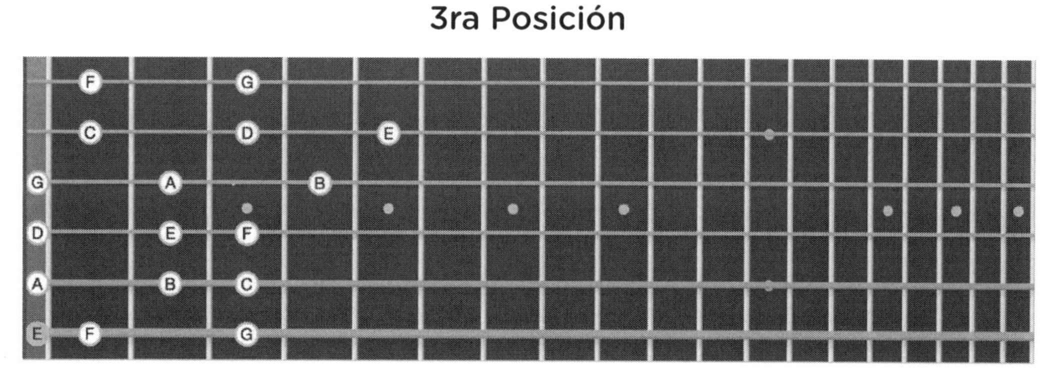

4ta Posición

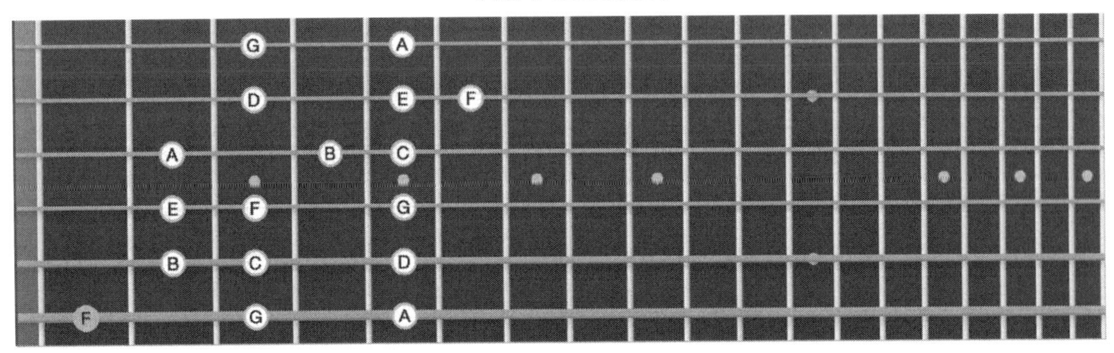

5ta Posición

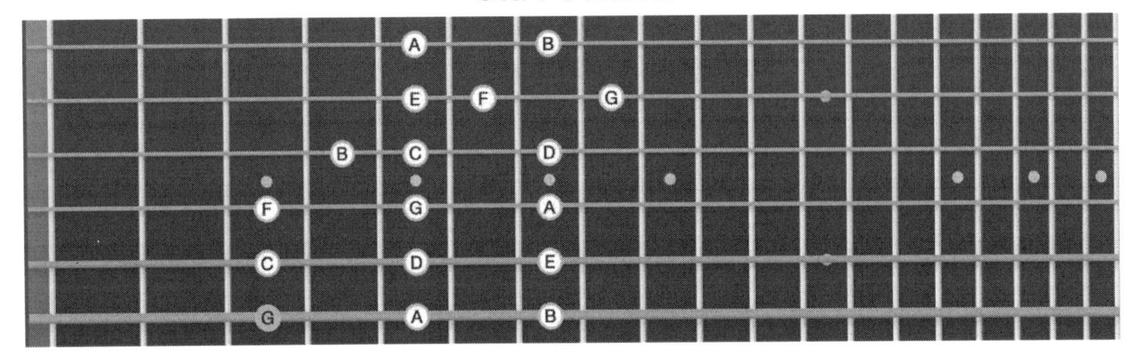

6ta Posición

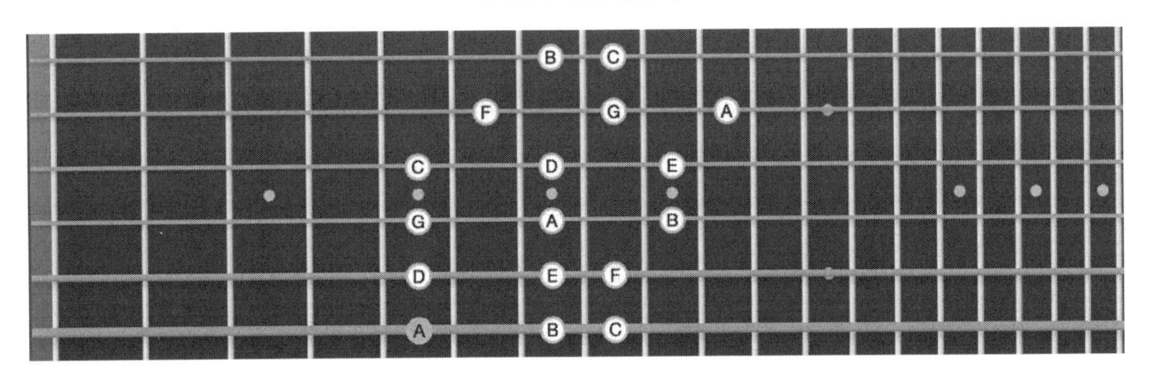

7ma Posición

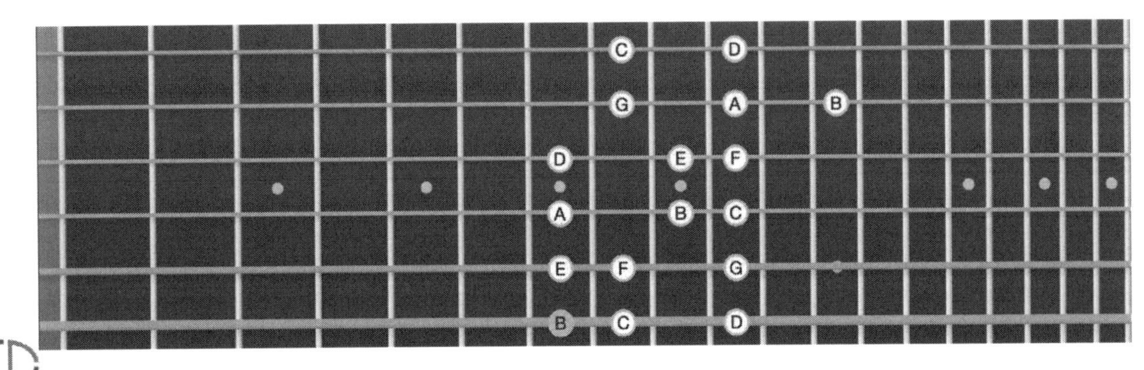

1era Posición

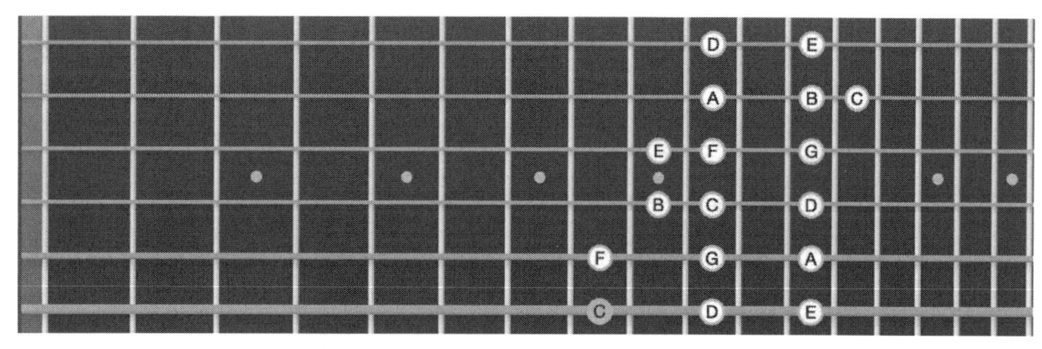

2nda Posición

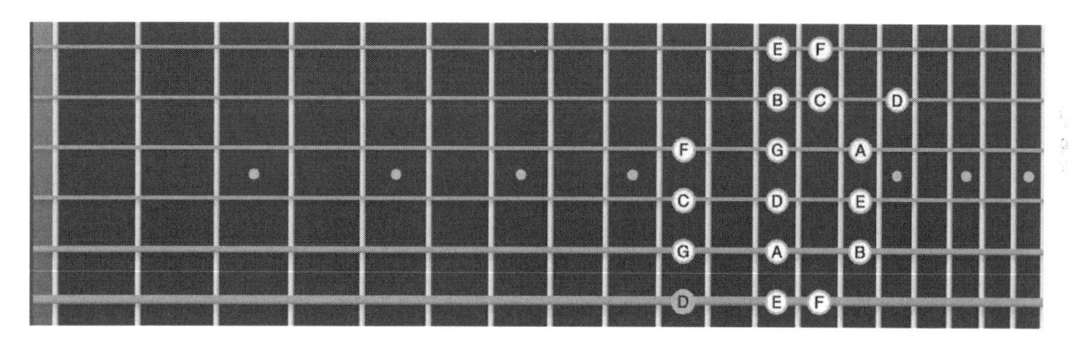

3era Posición (Una octava arriba)

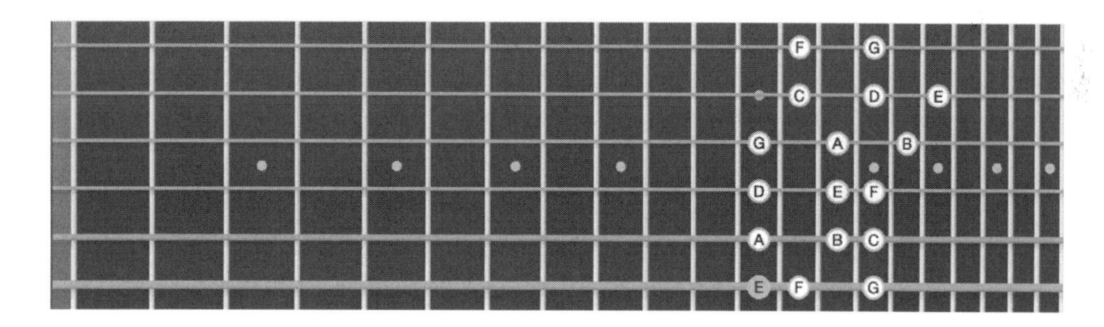

Recuerda, estas siete posiciones siguen conteniendo las mismas notas de la escala de Do Mayor:

DO-RE-MI-FA-SOL-LA-SI-(DO).

Ahora aprenderemos las siguientes escalas mayores: G, D y A.

Las notas de la escala de G son: SOL-LA-SI-DO-RE-MI-**FA#**-(SOL).

Las notas de la escala de D son: RE-MI-FA#-SOL-LA-SI-**DO#**-(RE).

Las notas de la escala de A son: LA-SI-DO#-RE-MI-FA#-**SOL#**-(LA).

Si observas con atención, en estas escalas estamos agregando alteraciones (sostenidos), y entre una y otra solo cambia una nota. Entenderlo así te hará más fácil su aprendizaje al momento de trasladarlas a la guitarra, verás que, por ejemplo, la única diferencia entre la escala de Do mayor y Sol mayor es que Do tiene un **Fa,** y Sol un **Fa#.** O la diferencia entre la escala de Sol mayor y Re mayor es que Sol tiene **Fa#** y un **Do,** y la escala de Re tiene un **Fa#** y un **Do#.**

Te adjunto las siete posiciones de la escala mayor de Sol. La digitación y el plumilleo van a ser los mismos que aplicamos en la escala de Do mayor, solo que aquí las posiciones las tocaremos en otra parte del diapasón.

7 Posiciones de la Escala de Sol Mayor

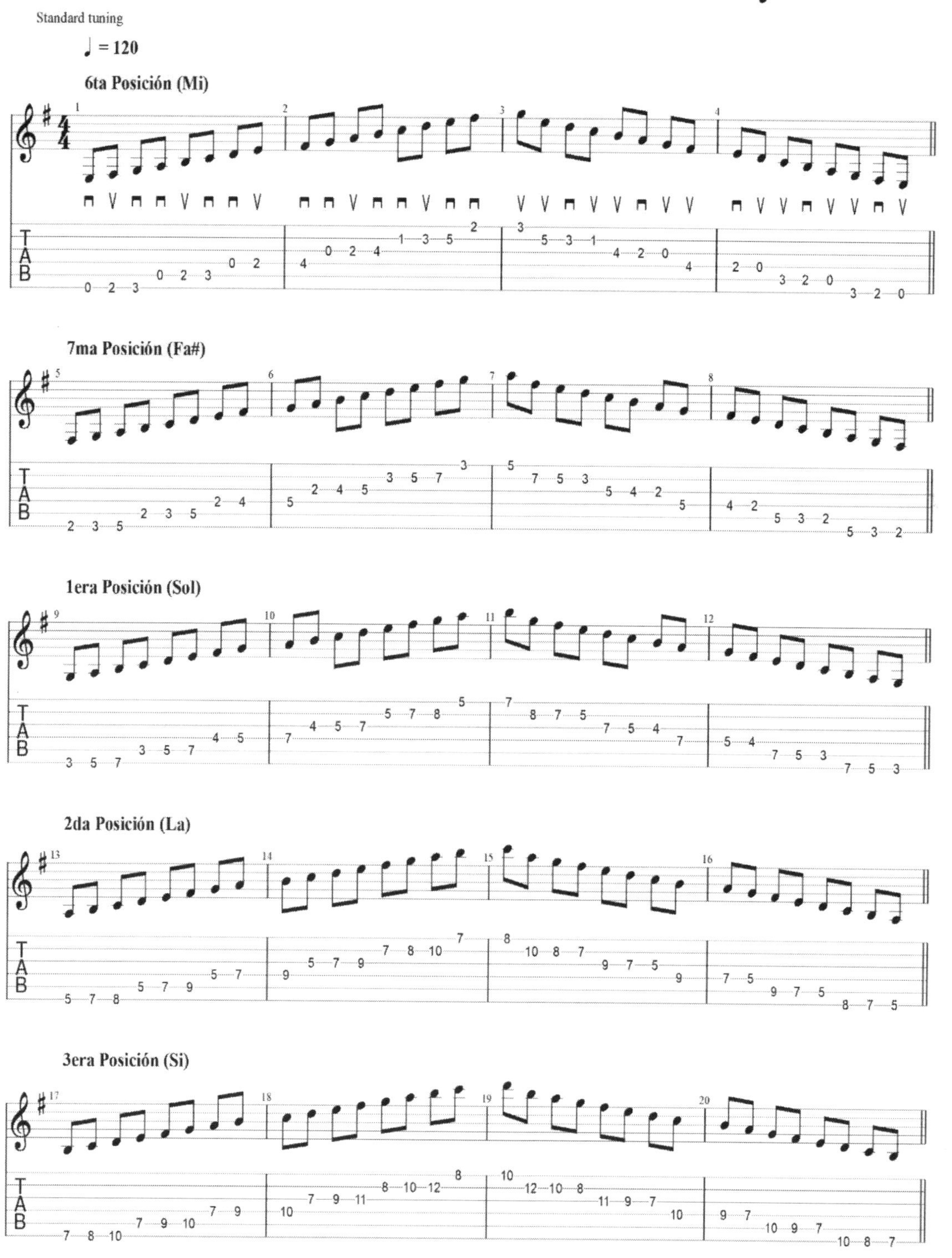

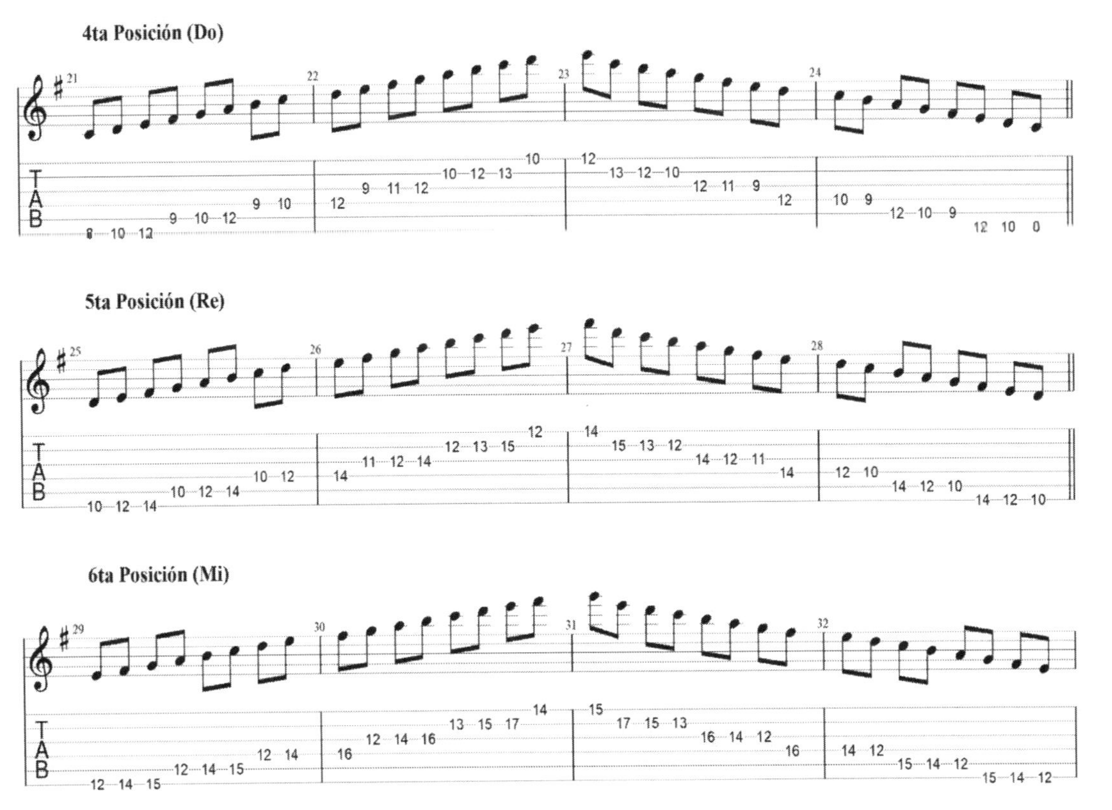

Como ya lo mencione anteriormente, el truco esta en memorizar "muscularmente" las posiciones, para que así puedas transportarlas de una manera más sencilla. Por ejemplo: compára la 5ta posición de la **escala mayor de Do** con la de **Sol.**

La primera inicia en la nota Sol y la segunda en la nota Re, pero realmente el patrón es el mismo.

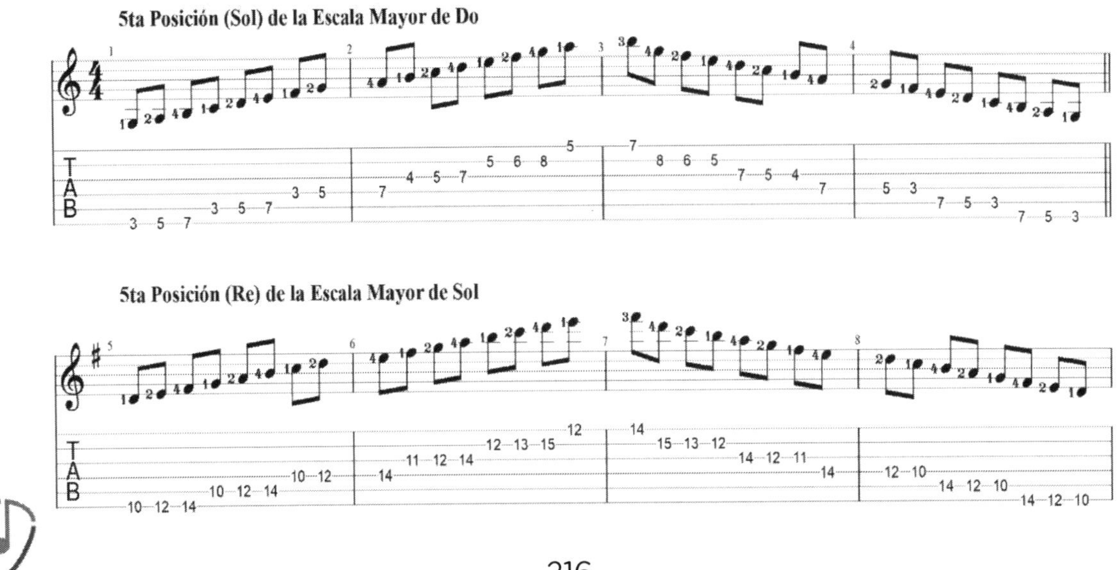

7 Posiciones de la Escala de Re Mayor

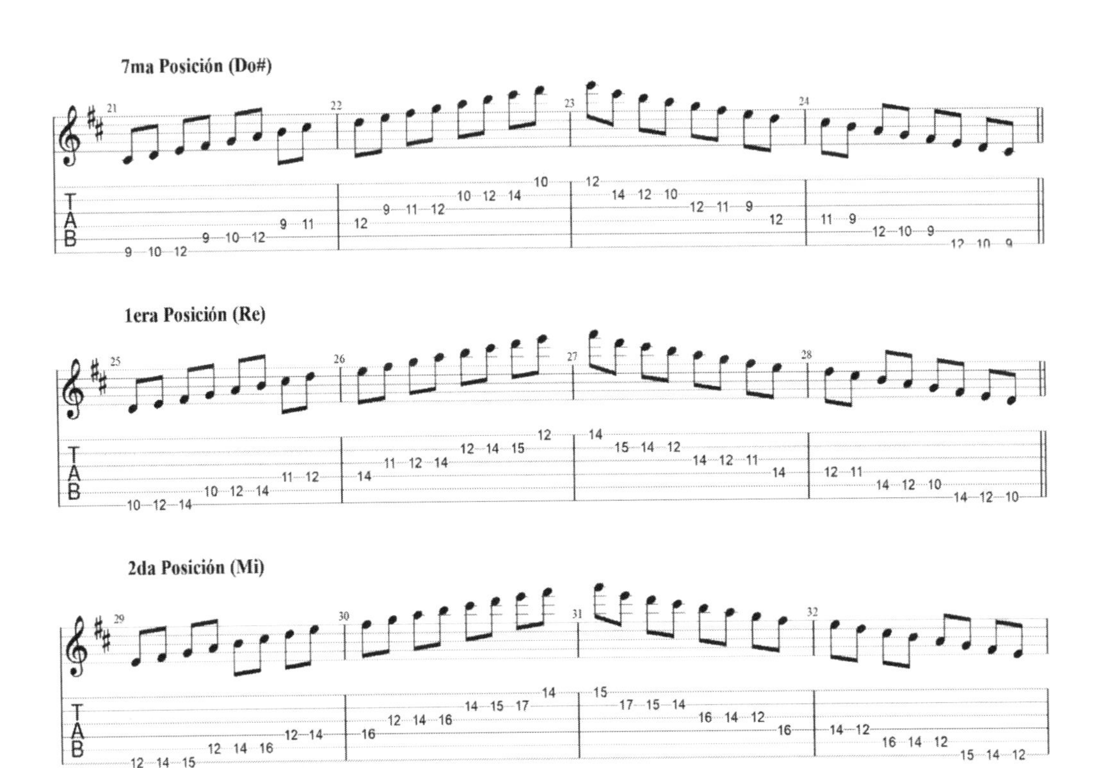

Recuerda practicar con metrónomo y gradualmente incrementar la velocidad.

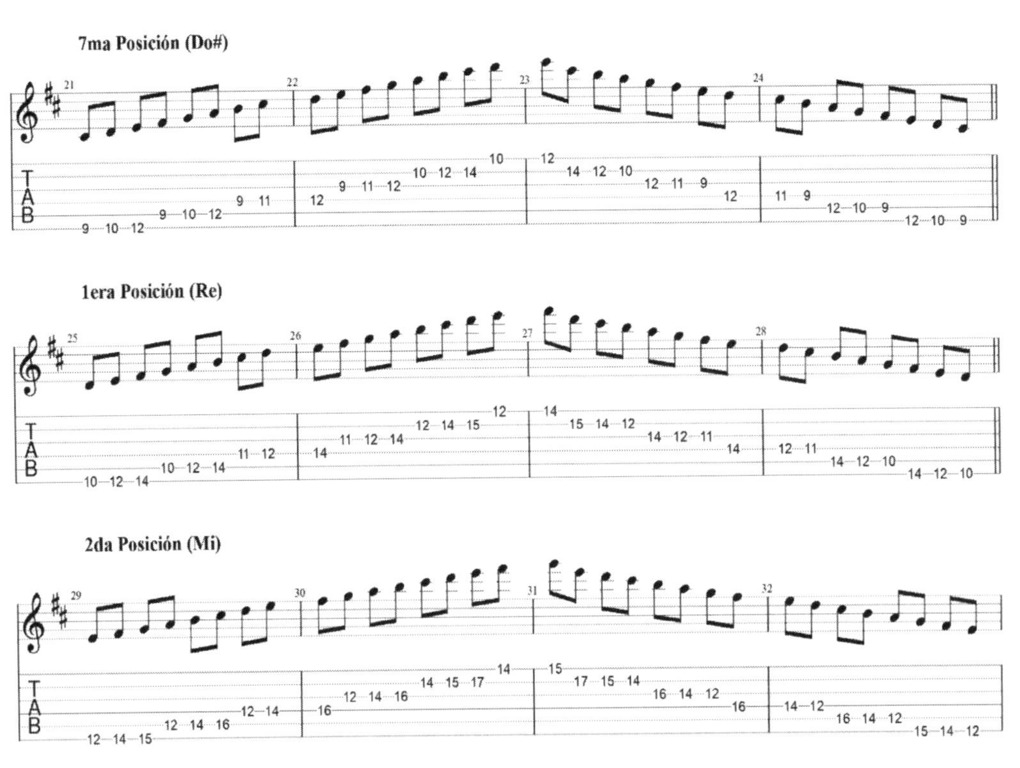

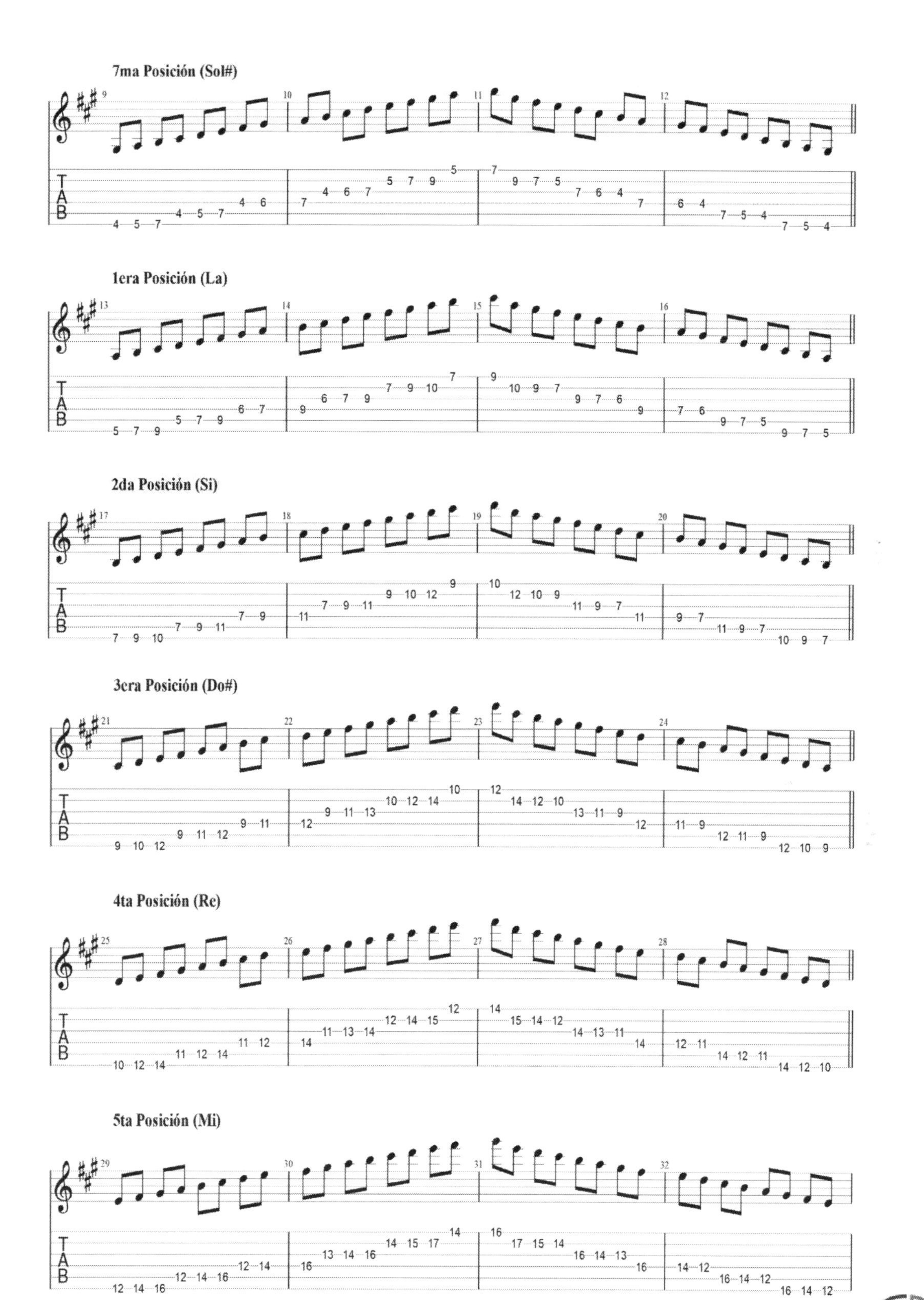
7ma Posición (Sol#)
1era Posición (La)
2da Posición (Si)
3era Posición (Do#)
4ta Posición (Re)
5ta Posición (Mi)

Yo sé, es un poco complicado digerir tanta información, para ayudarte un poco más vamos a realizar un par de comparaciones; la primera va a ser tocando todas las escalas que hemos aprendido en su 7ma posición, observa que la digitación no cambia, solo estamos transportando el mismo patrón (como en la comparación de la quinta posición entre las escalas de Do y Sol).

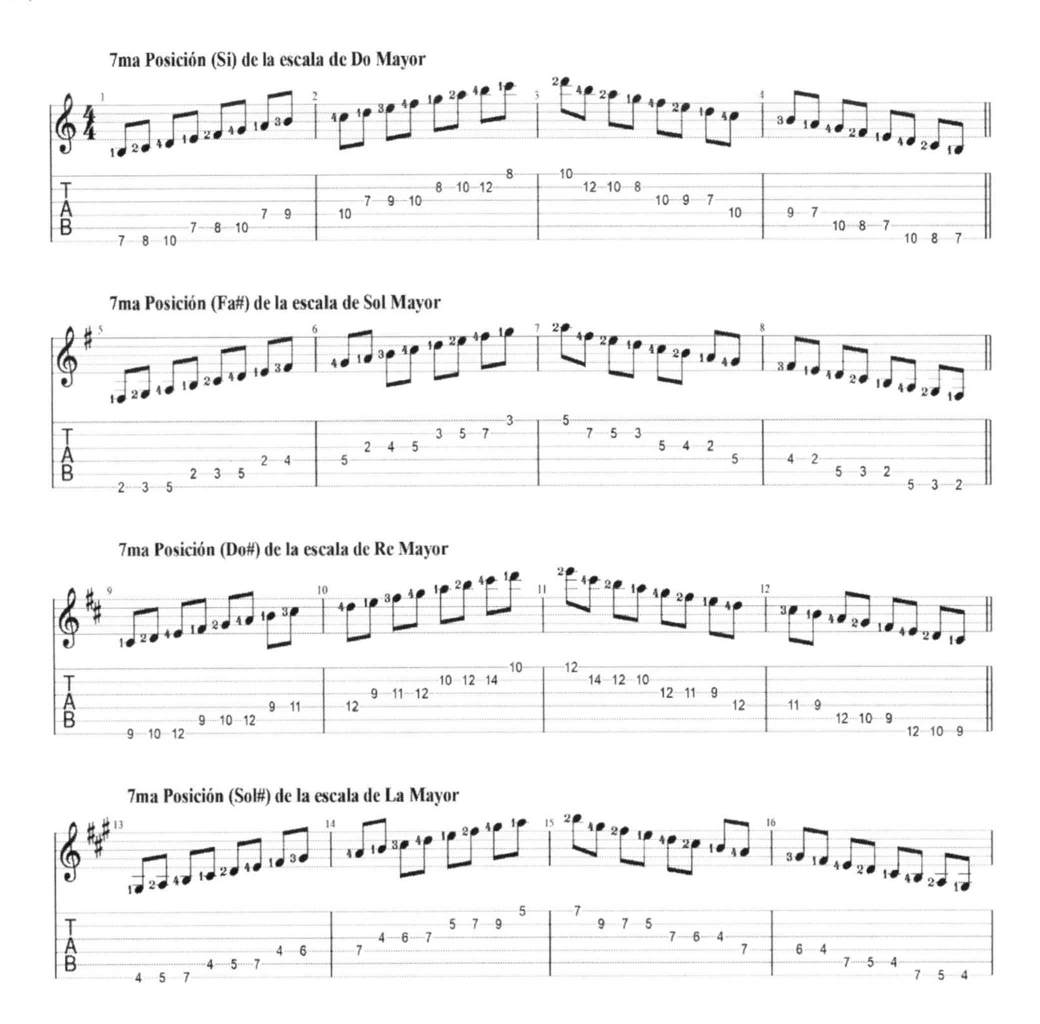

La segunda forma de comparar estas escalas es tocándolas partiendo del mismo lugar. Por ejemplo, escojamos el quinto traste (sexta cuerda) y toquemos todas las escalas mayores que hemos aprendido a partir de este, donde se ubica la nota **LA.** Por lo tanto:

En la Escala de Do: **LA** es la sexta posición. DO-RE-MI-FA-SOL-**LA**-SI-(DO).
En la Escala de Sol: **LA** es la segunda posición. SOL-**LA**-SI-DO-RE-MI-FA#-(SOL).
En la Escala de Re: **LA** es la quinta posición. RE-MI-FA#-SOL-**LA**-SI-DO#-(RE).
En la Escala de La: **LA** es la primera posición. **LA**-SI-DO#-RE-MI-FA#-SOL#-(LA).

Observa como van cambiando ligeramente las notas si las tocamos en este orden:

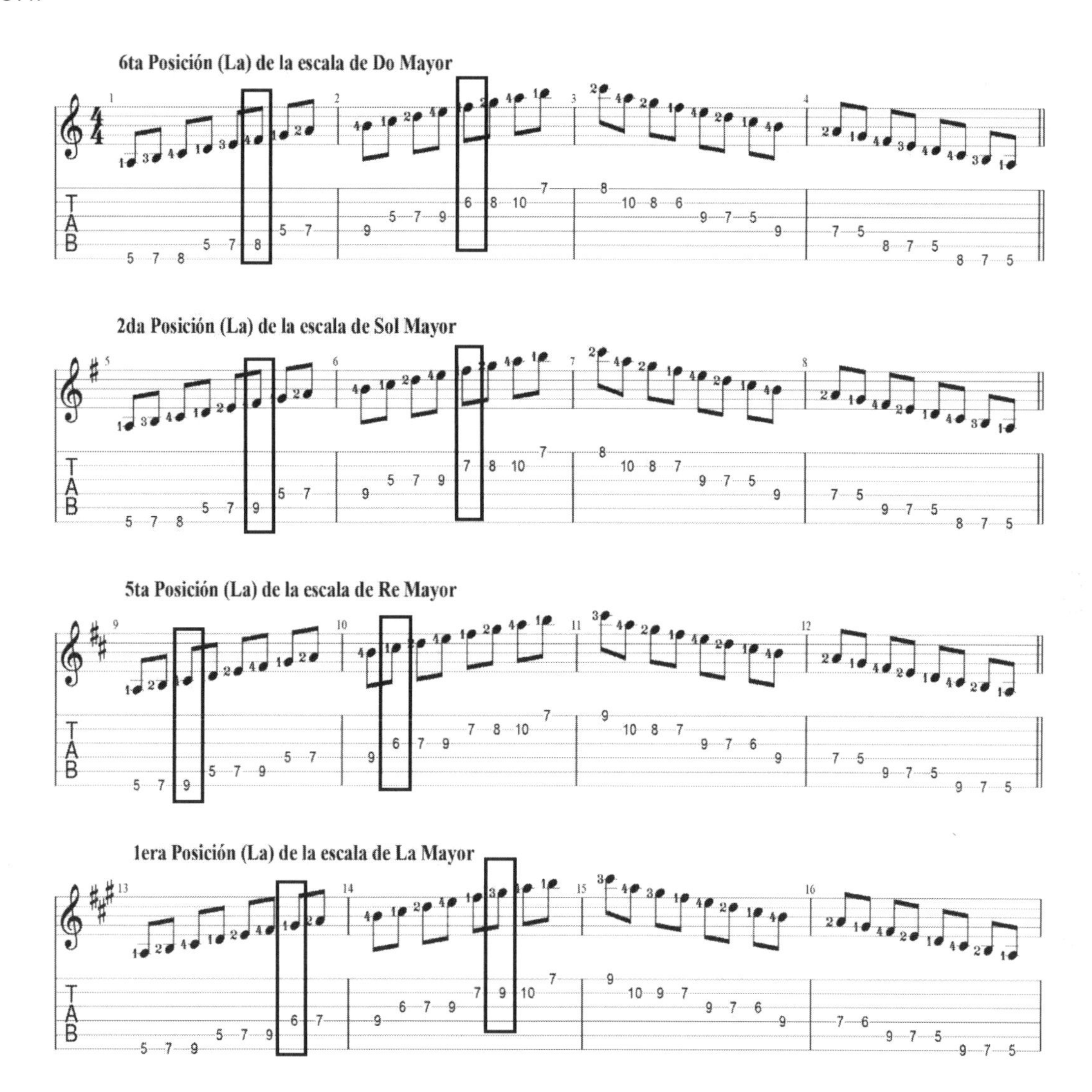

Entonces, una vez teniendo una posición bien aprendida la puedes transportar a cualquier otro traste y estarás tocando la escala en otra tonalidad. También te recomiendo practicar varias tonalidades en un solo traste, ya que esto te ayudará al momento de improvisar solos en una armonía que cambie constantemente de acordes.

¡Felicidades! Ya te aprendiste las escalas mayores de: Do, Sol, Re y La, que son las tonalidades más usadas en la guitarra.

Practica cada escala en todas sus posiciones y también en un mismo traste, en algunos casos tendrás que ajustarte por motivos de tonalidad. Por ejemplo: en el octavo traste de la sexta cuerda se ubica la nota DO, a partir de ahí puedes tocar la primera posición de DO y la cuarta posición de SOL. En las escalas mayores de RE y LA tendrías que empezar un traste adelante, es decir en la nota DO SOSTENIDO, ya que esta alteración corresponde a estas tonalidades.

Como te habrás dado cuenta, a partir de este modulo el conocimiento de armonía es fundamental para comprender todo de una mejor manera. ¡Todo esta relacionado! asi que asegurate de siempre repasar los capitulos de armonía expuestos en este libro.

Como siempre me gustaría finalizar recomendándote música en donde puedas encontrar ejemplos reales de lo aprendido en el capítulo.

ESTILO ROCK & ROLL (BLUES): Escucha "La Bamba" de Ritchie Valens, el riff de guitarra en la introducción esta en la escala de Do Mayor, pero partiendo de la nota Sol (5to grado).

ESTILO FUSIÓN (ROCK, FUNK Y JAZZ): Escucha a este gran guitarrista: Frank Gambale, te recomiendo "My Little Viper", este tema utiliza mucho el Economy Picking en melodías y solos.

Por último, te adjunto un video donde explico las siete posiciones de la escala mayor con economy picking, seguro te ayuda con el aprendizaje:

Y eso es todo por este capítulo, asegurate de seguir todos los consejos para tener un avance más constante, nos vemos en el siguiente ☺.

MÓDULO III

¿EL FINAL?

Hemos llegado al último capítulo, ha sido un largo viaje en donde hemos aprendido muchísimo, desde las partes de la guitarra hasta escalas y teoría musical. En este episodio final me gustaría repasar ciertos términos y darte algunas herramientas para que puedas salir y tocar en el mundo real.

Acordes

Los acordes se forman con intervalos de tercera. En guitarra hay muchas posiciones para tocarlos, durante el curso ya aprendimos algunas. De todas formas te adjunto algunos acordes que quizás puedas usar en una composición o encontrarlos en alguna canción.

ACORDES MAYORES

- **Raíz en Quinta Cuerda**

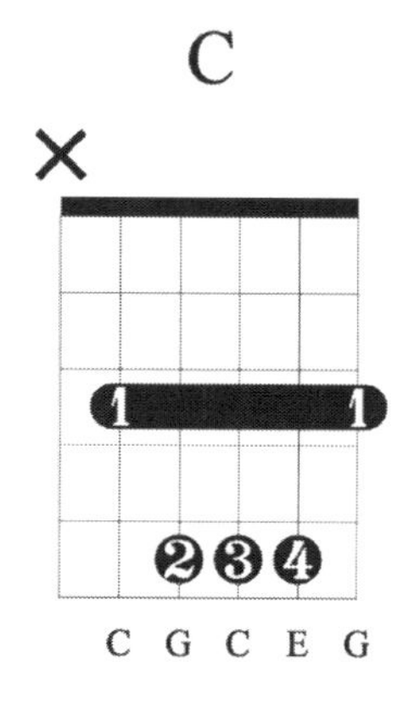

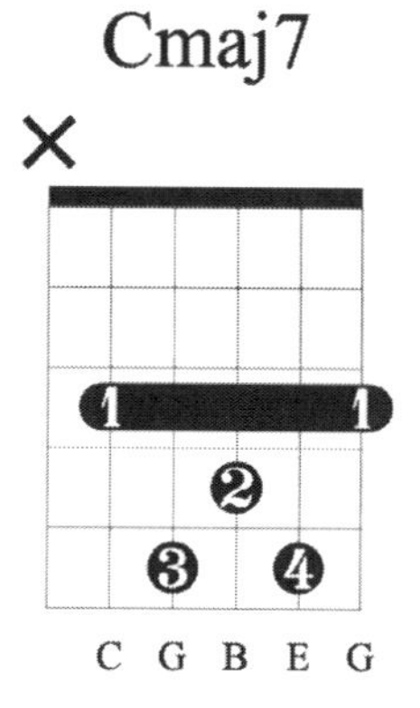

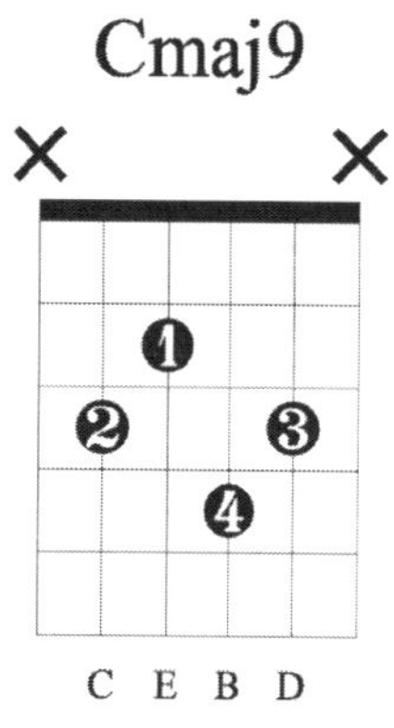

- **Raíz en Sexta Cuerda**

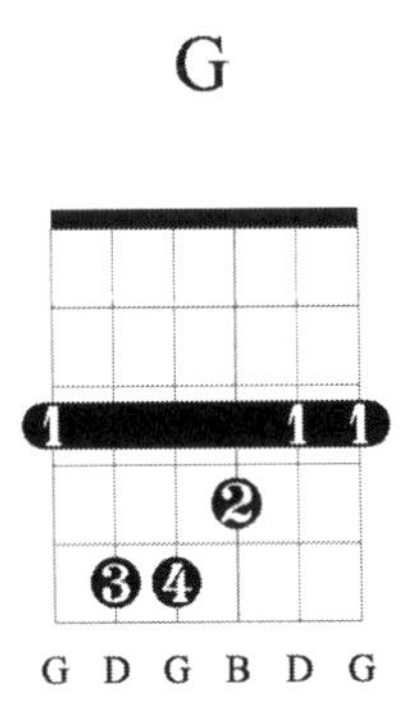

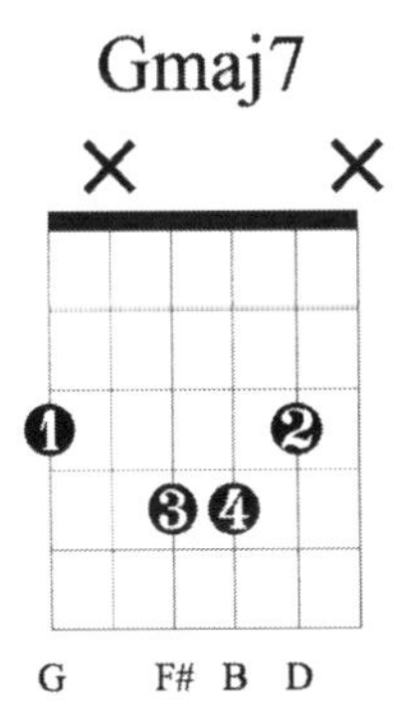

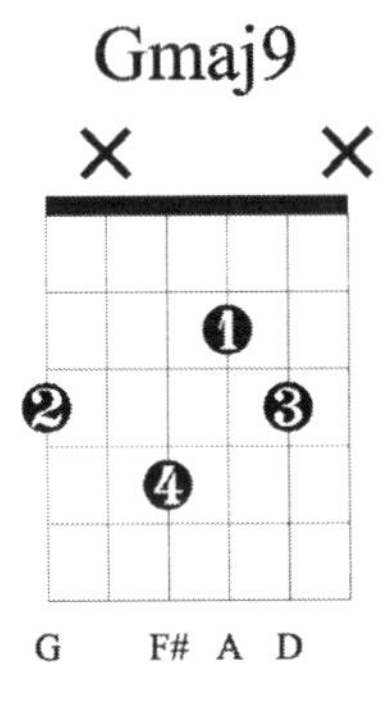

ACORDES MENORES

- **Raíz en Quinta Cuerda**

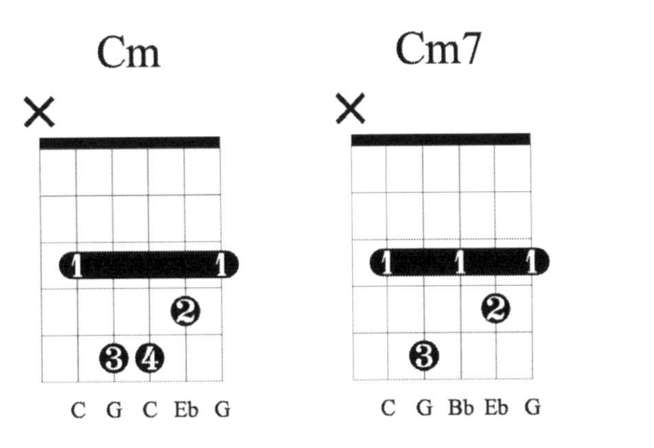

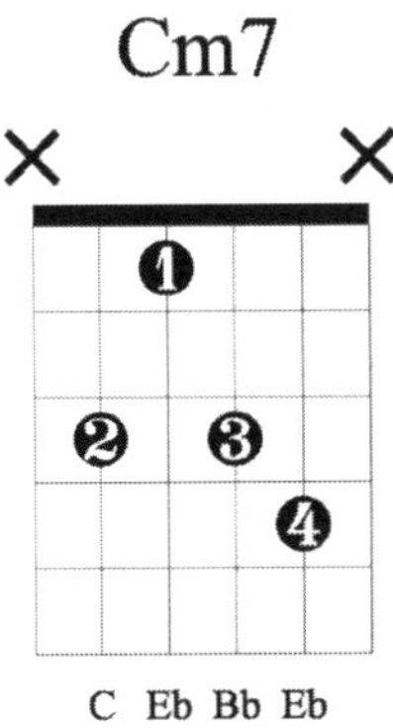

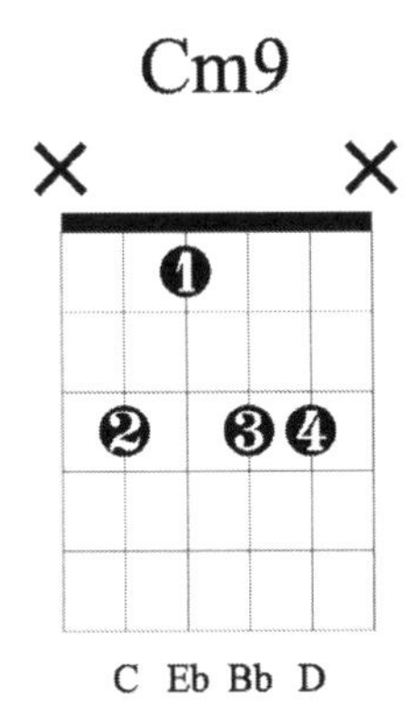

- **Raíz en Sexta Cuerda**

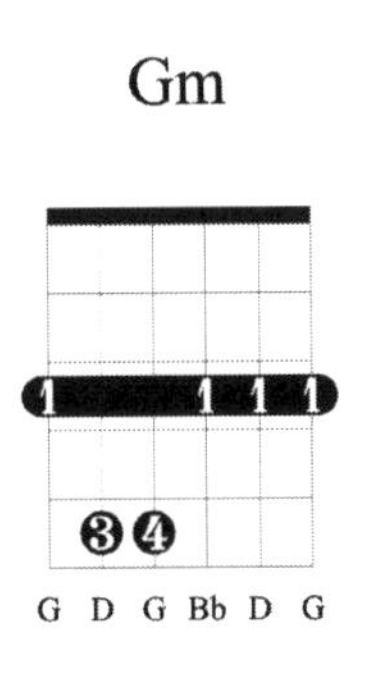

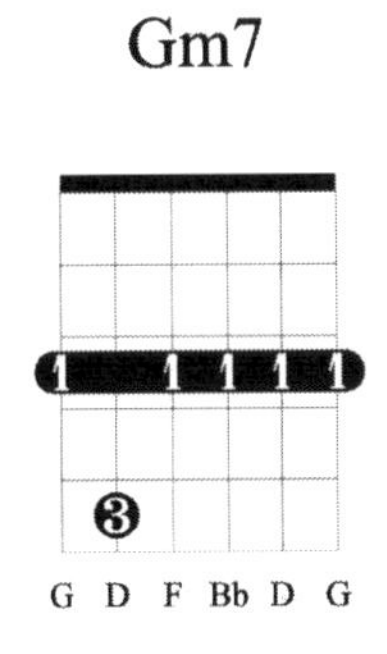

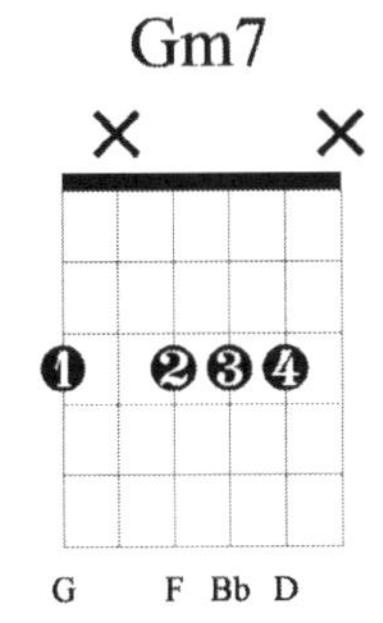

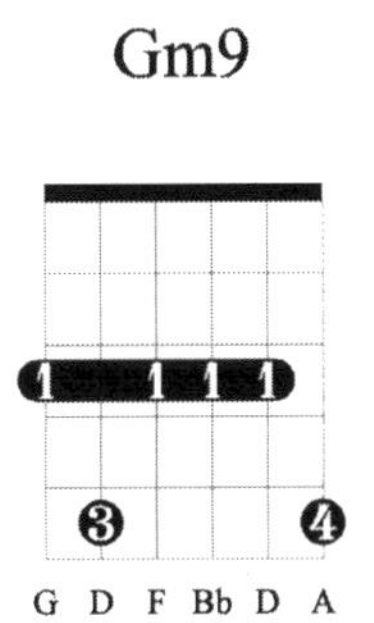

ACORDES DOMINANTES

- **Raíz en Quinta Cuerda**

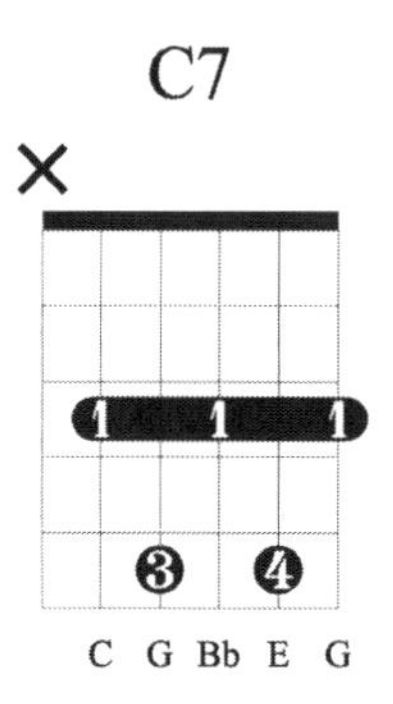

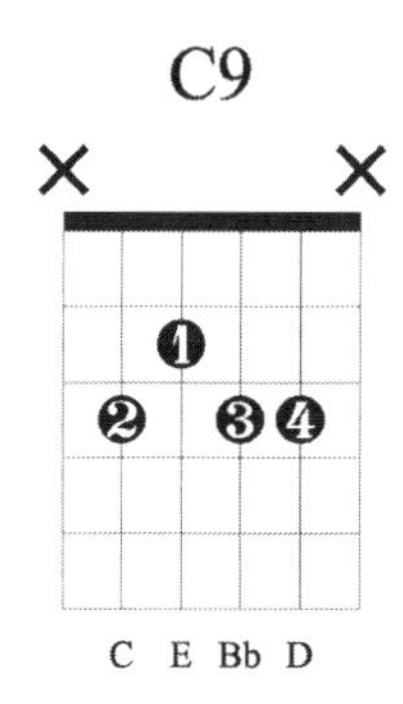

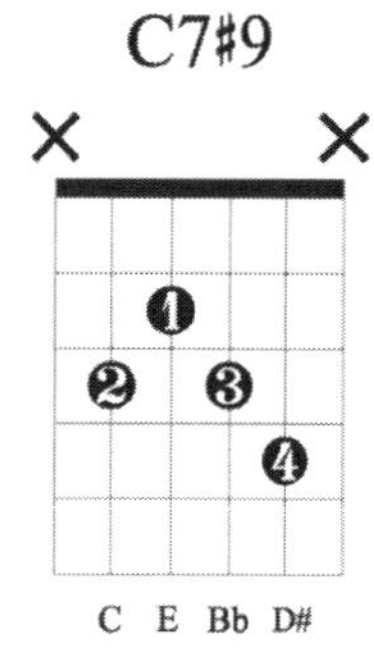

- **Raíz en Sexta Cuerda**

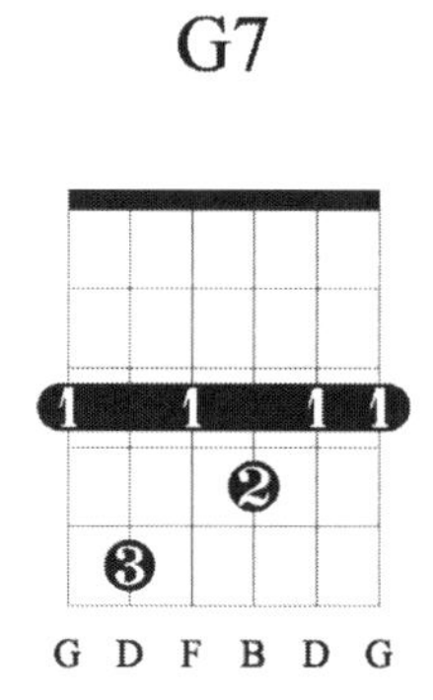

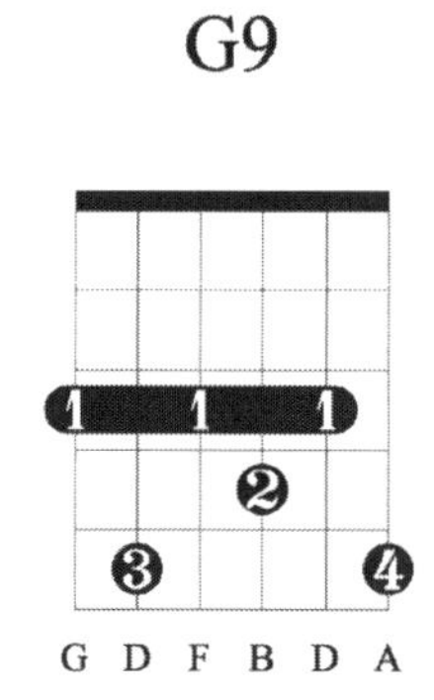

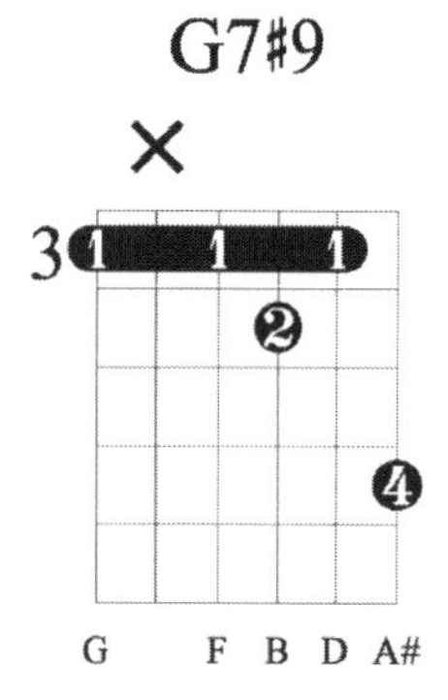

ACORDES DISMINUIDOS

- **Raíz en Quinta Cuerda**

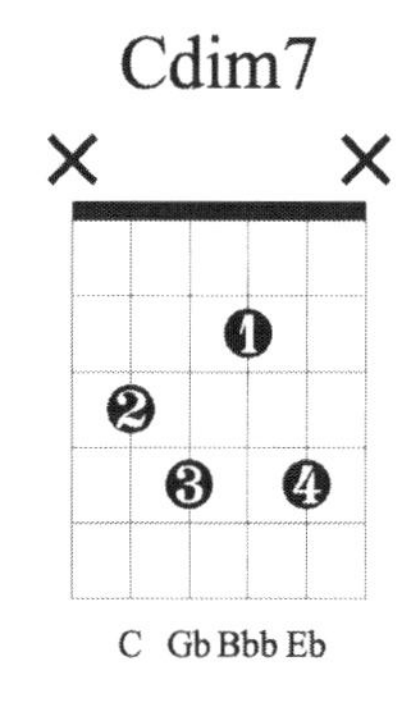

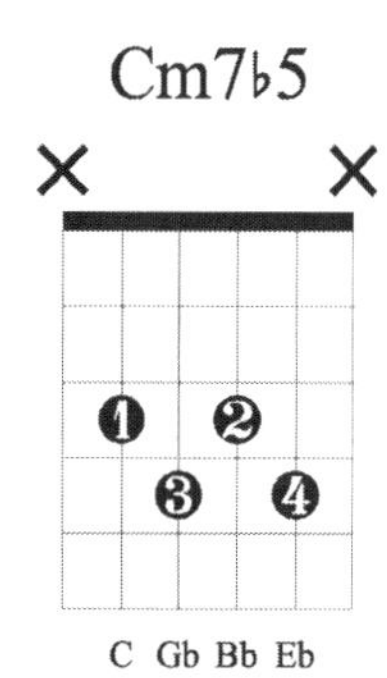

- **Raíz en Sexta Cuerda**

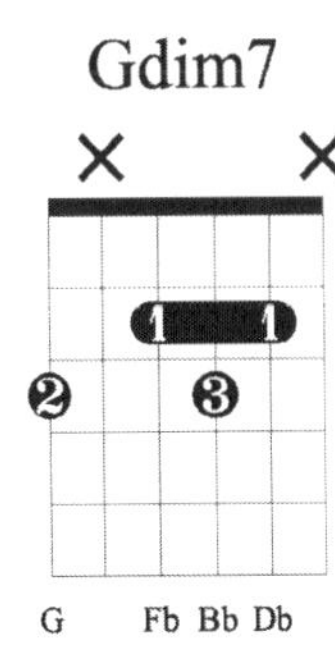

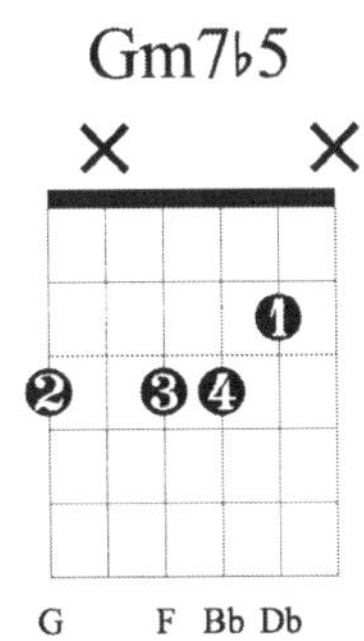

Te adjunto algunos videos en donde hablo de acordes para que puedas mejorar tu aprendizaje.

Inversiones de Acordes

Acordes Disminuidos

Acordes Suspendidos

Ritmo
Aprendimos las figuras rítmicas más utilizadas en la música popular, esta herramienta te ayudará a tocar de una mejor manera tanto rasgueos como melodías.

Te adjunto algunos de los compáses y patrones de rasgueo más populares.

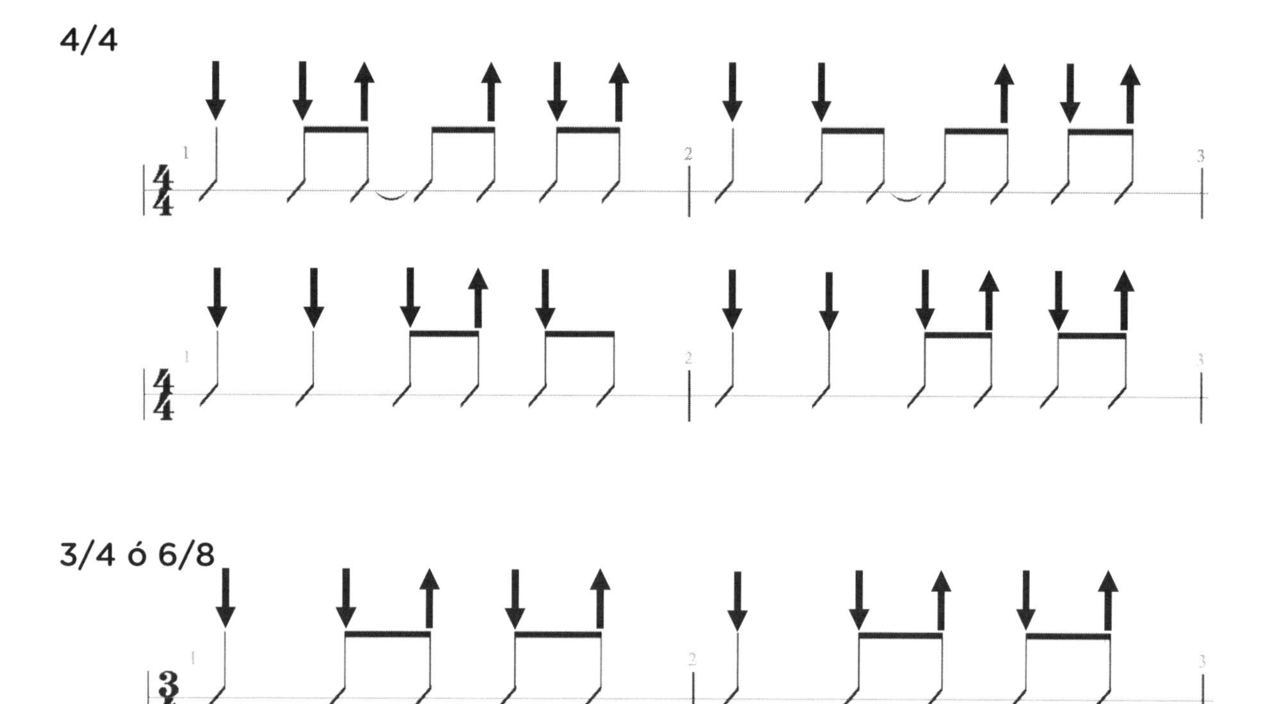

De igual forma te adjunto algunos videos donde hablo de este tema:

5 Rasgueos más populares

Tutorial de Ritmo

Teoría Musical
Aprendimos que son los intervalos y como se forman los acordes, esto te servirá para componer y para comprender de una mejor manera las canciones que ejecutas con la guitarra.

De igual forma aprendimos las progresiones de acordes más populares usando los grados de la escala mayor.

Te adjunto de nuevo la tabla con todas las tonalidades mayores, experimenta y diviértete formando tus propias progresiones.

	I	iim	iiim	IV	V	vim	vii°
C	C	Dm	Em	F	G	Am	B°
Db	Db	Ebm	Fm	Gb	Ab	Bbm	C°
D	D	Em	F#m	G	A	Bm	C#°
Eb	Eb	Fm	Gm	Ab	Bb	Cm	D°
E	E	F#m	G#m	A	B	C#m	D#°
F	F	Gm	Am	Bb	C	Dm	E°
F# Gb	F# Gb	G#m Abm	A#m Bbm	B Cb	C# Db	D#m Ebm	E#° F°
G	G	Am	Bm	C	D	Em	F#°
Ab	Ab	Bbm	Cm	Db	Eb	Fm	G°
A	A	Bm	C#m	D	E	F#m	G#°
Bb	Bb	Cm	Dm	Eb	F	Gm	A°
B	B	C#m	D#m	E	F#	G#m	A#°

Te adjunto un video donde hablo de la formación de acordes:

ESCALAS

Si quieres componer melodías o improvisar un solo de guitarra, las escalas son un muy buen punto de partida.
En este método aprendimos *la escala menor pentatónica y la escala mayor* por todo el brazo de la guitarra.

Si te encuentras en una *tonalidad mayor* puedes usar *la escala mayor* o la *pentatónica menor* del 6to grado (relativo menor) para tocar una melodía.

Por ejemplo: Una progresión **I vi IV V** en C mayor.

||: C | Am | F | G :||

En esta situación podrías utilizar la escala mayor de C ó la escala menor pentatónica de A (relativo menor) para crear una melodía o un solo de guitarra.

Recuerda memorizar el relativo menor de todas las tonalidades mayores.

De igual forma te adjunto un video de formación de escalas:

BLUES

Si te interesa más el sonido de la guitarra eléctrica, el blues es un muy buen punto de partida. Estudia la forma del blues y utiliza la escala pentatónica para crear increíbles solos de guitarra.

Recuerda utilizar técnicas como el *bend, vibrato, slide, hammer on y pull off* para darle más expresión y sentimiento a tus solos.

Te adjunto algunos videos de blues para que tengas más herramientas a la hora de tocar este gran género:

3 Licks de Blues

5 Turnarounds de Blues

3 Licks estilo John Mayer

Y así llegamos al final de esta guía para tocar guitarra, de verdad espero que te haya servido y que pronto puedas poner en práctica todo lo aprendido en este libro.

También me gustaría comentarte que este es el primer método de varios, habrá más libros en el futuro profundizando en temas como armonía aplicada, acordes, ritmo, improvisación etc... Asegúrate de suscribirte al canal y seguirnos en redes sociales para que te enteres de todos los lanzamientos.

Por último: Nos ayudarías bastante calificando con 5 estrellas este método, así que no te vayas sin dejarnos una buena calificación y una reseña, hasta pronto ☺.

Si te gusto el libro recuerda dejarnos una reseña ☺

Made in the USA
Middletown, DE
23 October 2024

63141831R00130